电子科技大学本科规划教材

"大国兴衰史"

教学案例集

主　编／朱　晶

副主编／刘宗灵　唐登蘡　刘岩岩

燕山大学出版社

·秦皇岛·

序

古人不见今时月，今月曾经照古人。历史的长河劈开山谷蜿蜒而来，带着人间的哀乐与逝去的悲欢，在百转千回的旋涡里激荡起朵朵浪花，时时触碰着今人心底最脆弱的那一根琴弦。今天的我们，能从中撷取一朵辨识它的光泽吗？又能将它合适地融入今人的生活吗？

来去匆匆数年耳，湖山一角已沧桑。为了让一所以理工科为主体的高校的莘莘学子能够穿透岁月的光影，摩挲历史之树结下的累累果实，从光阴的故事中感受历史人文的魅力，课程组从2014年2月里一个春寒料峭的日子出发，开设了"大国兴衰史"这门面向全校本科生的核心通识课程，至今已近十年矣。这十年中，历史讲述者静静地见证着历史，历史的聆听者默默地创造着历史。那一幕幕历史活剧及其中蕴含的机理逻辑，在每个白天或晚上的课堂上徐徐展开，铺陈在那一张张年轻稚嫩的脸庞面前，散发着历久弥珍的气息，重塑着听众对过往岁月的认知。回望过去，让人心生感慨的不是那些投鞭断流、指点江山的王侯将相，让人铭心刻骨的或也不是那些曾经一度辉煌无比的盛世。世界霸权的兴衰更替，有时不过是"眼看他起高楼，眼看他宴宾客，眼看他楼塌了"的主角更迭。正如20世纪90年代大火的电视剧《三国演义》片尾曲中所演唱的："暗淡了刀光剑影，远去了鼓角铮鸣……湮没了黄尘古道，荒芜了烽火边城。"历史上再辉煌的宏图伟业也终有落幕的一天，截断沧海、倒转乾坤的精英强人也终有谢幕的一日，他们虽然也多多少少会在历史的画卷里雕刻下自己的印迹，但唯有对历史的底层逻辑与社会演进的规律探寻，才是具有永恒生命力的要素。如常人所言，历史是由许多的偶然性与必然性要素所熔铸而成的。在大革命的狂飙中被送上断头台的法王路易十六，是否能预料到波旁王朝的复辟以及19世纪法国政体的多次摇摆？掘尽王室财富支撑哥伦布远航的西班牙伊莎贝拉女王，在船队归来之前，是否怀疑过自己的抉择？一生孜孜寻求实现俄罗斯"千年帝国梦"的彼得大帝，能否预见到自己后世子民在今日的困局？但是，在偶然性与必然性交织纠葛形成的历史之网中，终究还是有人类逐步迈向现代文明的潜在脉络。

我们的"大国兴衰史"课程教学，既是为当代大学生梳理历史知识，勾勒历史线索，提炼历史经验教训，同时也是一种正向价值观的熔铸与陶冶过程。例如，在网络舆论中常常引起热议的"大国崛起"与"小民尊严"的话题，自来本就是一体两面的关系，并非截然相反的对峙峭壁，也不是永不相见的参商两曜。在地缘政治博弈与大国竞争日趋白热化的今天，没有前者的庇护，哪有后者的安全？当然，没有后者的实现，前者也失去了任何存在的意义。这些话题的意义与内涵，就需要课程组在课堂讲授当中解析明白，也需要教师促进学生通过课下延伸阅读去获得更好的理解与认知。为了丰富课程教学体系，提升课程教学资源库建设的成效，本课程组组织精干师资力量通力合作编撰了这部《教学案例集》，精心遴选、编辑与整合了若干精要的案例，并附录了可以进一步帮助拓宽眼界的阅读资料书目，希望能对本课程教学效果起到良好的促进作用，也希望在公开出版之后能为国内相关领域的教育工作者提供些微帮助与支撑。需要说明的是，本书案例呈现部分多为已出版或发表的论著，选入本书时，只修改了个别错字和标点，其余一般不作改动。当然，因编者自身的见闻、眼界与能力毕竟有限，案例集中难免会有不少的纰漏与不足之处，既需请识者谅之，也希望本书发行之后能得到方家的不吝指正与批评！

是为序。

刘宗灵

2023 年 2 月 22 日于蓉城清水河畔知秋斋

目　　录

导论　何为大国 ·· （ 1 ）

　　案例一　地理因素与国家权力 ··········· （ 1 ）

　　案例二　自然资源与国家权力 ··········· （ 6 ）

　　案例三　工业能力与国家权力 ··········· （ 11 ）

　　案例四　人口与国家权力 ··············· （ 17 ）

　　案例五　军事准备与国家权力 ··········· （ 23 ）

　　案例六　民族性格与国家权力 ··········· （ 28 ）

　　案例七　外交质量与国家权力 ··········· （ 33 ）

第一章　潮涨潮退世纪间：伊比利亚半岛的兴衰 ········· （ 40 ）

　　案例一　伊比利亚半岛扩张的内在冲动 ··········· （ 40 ）

　　案例二　葡萄牙帝国的海外霸业 ··········· （ 47 ）

　　案例三　拿住欧洲人的舌头 ··········· （ 53 ）

　　案例四　宗教裁判和偏狭的代价 ··········· （ 58 ）

　　案例五　哈布斯堡家族争霸欧洲的战争 ··········· （ 63 ）

　　案例六　带着诅咒的黄金 ··········· （ 68 ）

　　案例七　伊比利亚的衰落 ··········· （ 74 ）

第二章　荷兰的扩张及短暂的黄金时期 ⋯⋯⋯⋯⋯（79）

案例一　宽容的国度 ⋯⋯⋯⋯⋯⋯（79）

案例二　弃国宣誓 ⋯⋯⋯⋯⋯⋯⋯（85）

案例三　金融制度革命 ⋯⋯⋯⋯⋯（91）

案例四　世界范围的贸易网络 ⋯⋯（96）

案例五　新尼德兰殖民地 ⋯⋯⋯（102）

案例六　从荷兰精神到荷兰现象 ⋯（108）

案例七　金钱就是你的上帝 ⋯⋯（113）

第三章　从边缘到全球和再回欧洲之路：英国的兴衰 ⋯⋯⋯（120）

案例一　有限君主制的起源 ⋯⋯（120）

案例二　王室婚姻与国家命运 ⋯（125）

案例三　专制制度不走运 ⋯⋯⋯（131）

案例四　如此议会 ⋯⋯⋯⋯⋯⋯（136）

案例五　《专利法》对英国经济的刺激 ⋯⋯（141）

案例六　精妙绝伦的离岸平衡手 ⋯（147）

案例七　兴也殖民，衰也殖民 ⋯（153）

案例八　联合王国闹分家 ⋯⋯⋯（158）

第四章　理性、激情与荣光：法国两百年之兴衰 ⋯⋯⋯⋯⋯（166）

案例一　百年战争 ⋯⋯⋯⋯⋯⋯（166）

案例二　三十年战争与国家至上原则的确立 ⋯⋯⋯（172）

案例三　朕即国家：绝对君主制的诞生 ⋯⋯⋯（181）

案例四　启蒙运动 ⋯⋯⋯⋯⋯⋯（190）

案例五　从贵族革命到民众革命 ·················· （196）

案例六　昙花一现的拿破仑帝国 ·················· （203）

案例七　阿尔萨斯和洛林：法德千年恩怨纠葛 ·········· （211）

案例八　法兰西的大国梦 ······················ （218）

第五章　美国的崛起及其霸权的张弛 ·············· （226）

案例一　新大陆的政治风貌 ···················· （226）

案例二　到费城去开会 ······················ （232）

案例三　陪审制与美国政治文化 ·················· （240）

案例四　罗斯福新政 ························ （246）

案例五　美国总统与最高法院的恩恩怨怨 ············ （251）

案例六　冷战给美国带来了什么 ·················· （255）

案例七　美国总统大选的乱象 ···················· （259）

案例八　美国衰落了吗 ······················ （263）

第六章　统一、毁灭与再造：德国盛衰变奏曲 ·········· （273）

案例一　皇权与诸侯：七选侯当家 ················ （273）

案例二　普鲁士精神溯源 ······················ （278）

案例三　普鲁士的教育改革 ···················· （284）

案例四　德国的统一 ························ （290）

案例五　俾斯麦：马背上的魔术师 ················ （296）

案例六　法西斯主义在德国的兴起 ················ （301）

案例七　德国制造 ·························· （305）

案例八　德国对战争的反省 ···················· （310）

第七章　日本百年成败进退之"迷思" ……………………………（317）

案例一　明治维新：迈向现代的第一步 …………………………（317）

案例二　民族文化意识对日本兴衰的影响 ………………………（324）

案例三　岩仓使节团（1871 年） …………………………………（330）

案例四　《大日本帝国宪法》 ……………………………………（339）

案例五　弃官从商的涩泽荣一 ……………………………………（344）

案例六　统治"大东亚共荣圈" …………………………………（348）

案例七　战后经济的腾飞 …………………………………………（355）

案例八　面对战争罪孽：教科书风波 ……………………………（361）

致谢 ………………………………………………………………（367）

导论　何为大国

案例一　地理因素与国家权力

案例呈现

什么因素构成一国相对于他国的权力？一国权力所依赖的最稳定的因素显然是地理。例如，向东达三千英里宽的大西洋和向西达六千英里宽的太平洋将美国与其他大陆隔开，这一长久不变的因素确定了美国在世界上的位置。尽管这一因素的重要意义在今天已不同于美国立国初期，但交通、通讯和战争技术的发展并没有完全消除大洋的隔离作用。今时今日，虽然这一因素不如一两百年前那样重要，但是，美国被广阔的水域与欧洲和亚洲大陆相隔，而不是直接与法国、中国或俄国这样的国家接壤，这对美国权力地位的影响非同小可。换言之，美国的地理位置仍是具有长久的重要意义的基本因素。无论它今天对政治决策的影响多么不同于历史上的其他时期，所有国家的外交政策都必须考虑这一因素。

同样，英吉利海峡这一狭窄水域将英国与欧洲大陆隔开。朱利乌斯·恺撒不敢忽视这一因素，征服者威廉一世、菲利普二世、拿破仑或希特勒也不敢忽视。无论其他因素在历史的过程中如何改变了它的重要性，两千年前重要的东西今天仍然重要，并且所有关心外交活动的人都必须考虑到这个因素。

意大利的地理位置具有与英国的岛屿位置相同的意义，阿尔卑斯高耸的山岳将意大利半岛同欧洲的其余部分分离开，并且阿尔卑斯山谷向南缓缓下沿到意大利北部平原，向北则陡然下降。这种地理形势是意大利和其他与意大利有关的国家进行政治和军事谋划中的一个重要因素。因为在我们所知的所有战争环境中，这种地理情况使意大利进攻中欧极为困难，而从北部入侵意大利的困难就小得多。结果是意大利遭受入侵的次数比它对外侵略的次数要多得多。从布匿战争的汉尼拔到第二次世界大战的克拉克将军，这一永久的地理因素决定了政治和军事战略。

比利牛斯山脉对于西班牙的国际地位起了某种不同的、但同样持久的作用。人们常说欧洲止于比利牛斯山脉。比利牛斯山使西班牙难于接触外部世界，它事实上起的是阻碍作用，它将西班牙拒之于改造了欧洲其余地区的思想、社会、经济和政治发展的主流之外。西班牙也逃避了欧洲大陆上大部分政治和军事的巨大灾难。这种处于大陆政治的边沿的地位，至少部分是比利牛斯层峦叠嶂所造成的地理上的隔绝状态的结果。

最后让我们考察一下苏联的地理情况。苏联的广阔地域占了地球陆地面积的七分之一以上，是美国领土的两倍半。从白令海峡到科尼斯堡（前东普鲁士的首都，现称加里宁格勒）的航空距离约有五千英里。从濒临巴伦支海的摩尔曼斯克到位于伊朗北部边界的阿什哈巴德约有两千五百英里。领土广阔是巨大力量的永久源泉，迄今为止，它挫败了外界进行军事征服的所有努力。辽阔的地域使外国侵略者侵占的领土与仍未被侵占的领土比起来相形见绌。

一国丧失了相当部分的领土而没有希望尽快收复的话，被征服的人民进行抵抗的意志通常会崩溃。正如我们已看到的那样，这是军事征服的政治目的。相似的征服对于俄国的抵抗却有刺激作用，特别是当征服不是为了有限的目的，而是企图扼杀作为国家而生存的俄国的时候，如在拿破仑或希特勒指挥下的征服。因为不仅俄国被征服的部分与仍掌握在俄国手中的土地比起来微不足道，而且侵略者每前进一步都会遇到更多的困难。他不得不维持一个越来越大的部队，并通过在敌国纵深处不断伸长的交通线供给部队。因此，只要征服俄国的目标制订有误并倾向于毫无限度，那么，对俄国领土的征服就会成为征服者的包袱而不是资产。不是征服者在吞并领土并从中获取力量，而是领土在吞噬着征服者，削弱他的力量。

核战争的可能性增加了作为国家权力的一个来源的领土面积的重要性。若使核威胁可信，一个国家需要有足以分散其工业和人口中心以及核装置的领土。核破坏面积之大和英法之类传统国家的领土相对之小，给这类国家进行可信的核威胁的能力带来极为不利的影响。所以，只有领土具有准大陆面积的国家，如美国、苏联和中国，才能充当核大国的角色。

然而，另一地理因素对于苏联的国际地位既有利也有弊。我们指的是这一事实，即苏联与其西部邻国之间既没有高山也没有大河将它们隔开，波兰和东德平原自然延伸到俄罗斯平原。这样，俄国的西部边界不存在抵御侵略的自然屏障，无论是在苏联境内还是苏联的西部邻国境内。因此，从 14 世纪到 20 世纪，白俄罗斯和俄国本土最西部地区不断呈现攻击与反击的景象，并且是俄国和其西部邻国的战场。缺乏自然边界——即像意大利或西班牙那样的由地理因素先天决定的边界——是俄国和西方冲突的永久根源。同样，尽管原因相反，法国和德国之间用莱茵河作为边界的可能性是这两个国家自罗马以来冲突的长期根源。法国一直期望占有这条河，但又无力争得。至于俄国，布尔什维克的外交部长维辛斯基在反驳对他在达达尼尔海峡问题上奉行沙皇政策的谴责时说："如果一艘军舰要从地中海驶入黑海，无论在莫斯科的政府是沙皇的还是共产党的，它都必须穿过达达尼尔海峡。"这是对地理的绝对重要性的总结。[①]

思考讨论

1. 如何看待地理因素对国家权力的影响？
2. 就地理因素而言，中国是否具备成为大国的条件？

案例解析

地理因素是国家权力所依赖的最稳定的要素。随着现代交通通信手段和军事技术的发展，尽管地理要素在国家力量中的地位和重要性不如一两百年前，但它仍然是国家力量构成的一个不可改变的最基本的因素。

国家的地理位置和领土面积是地理因素对国家权力产生影响的两个重要方面。地理位置赋予一国在地缘政治中先天的优势或劣势。比如与英国相比，法国在地缘政治上就处于非常不利的境地。英国是一个处于海岛的商业大国，英吉利海峡这一地理屏障使英国自诺曼入侵后就没有遇到大规模外敌入侵的危险，所以能够将所有资源集中于海军，海军又被用于保护和扩张殖民贸易，并由此而获得军事冒险所需要的税收收

---

① ［美］汉斯·摩根索：《国家间政治：权力斗争与和平》，徐昕、郝望、李保平译，北京大学出版社 2006 年版，第 148—150 页。

入。由于国内无须维持大规模的常备军，英国得以把有限的财政补助用来资助或煽动大陆上的反法同盟。然而，法国却深受其"水陆两栖的地理位置"之苦。法国想成为"最大的陆上强国和最大的海上强国之一……部分陆地部分海洋的战略，决定了法国不能像英国（或普鲁士和奥地利）那样，将所有的能量投入一个或另一个方向；不管其是否愿意，她不得不同时做两手准备"。①

无论是传统战争还是核战争时代，领土面积都赋予一国权力极大的重要性。抗日战争时期，中国广袤的国土被视为国家力量的永久源泉，是挫败日本军事征服的一个重要砝码。辽阔的地域使日本侵占的领土与其未侵占的领土比起来微不足道，中国仍可在未被侵占的广大后方积聚力量，与敌再战。1938 年，毛泽东在《论持久战》中指出："中国是一个庞大的国家，就是日本能占领中国一万万至二万万人口的区域，我们离战败还很远呢。我们仍然有很大的力量同日本作战，而日本在整个战争中须得时时在其后方作防御战。"② 与此同时，庞大的国土造成广阔的战场，也为中国军队采取运动战的战略方针，迅速前进和迅速后退，以及迅速集中和迅速分散提供了有利条件。此外，从地缘政治角度看，尽管中日两国地理接近，加剧了中国抗战的困难，但中苏的地理接近，却成为中国争取苏联支援进行抗战的有利条件。③

延伸阅读

1. ［美］汉斯·摩根索：《国家间政治：权力斗争与和平》，徐昕、郝望、

---

① ［美］西达·斯考切波：《国家与社会革命》，何俊志、王学东译，上海世纪出版集团 2007 年版，第 72—73 页。

② 毛泽东：《论持久战》，《毛泽东选集》第二卷，人民出版社 1991 年版，第 444 页。

③ 毛泽东：《论持久战》，《毛泽东选集》第二卷，人民出版社 1991 年版，第 456 页。

李保平译，北京大学出版社 2006 年版。

2. 毛泽东：《论持久战》，《毛泽东选集》第二卷，人民出版社 1991 年版。

教学建议

本案例设置的主要目的在于通过对世界主要国家地理位置、领土面积及其地缘政治地位的分析，引导学生理解地理因素对于国家权力的影响。

本案例讲述时可与英国、美国、西班牙、德国、俄罗斯、日本等国历史上的战争与和平、发展模式选择等问题密切联系，引导学生了解地理环境何以成为一国权力所依赖的最稳定的因素。

案例二　自然资源与国家权力

案例呈现

石油是一种非常重要的战略资源。20 世纪后半期以来，国际石油规制发生了很大的变化，石油常常成为国际政治、经济和军事斗争的焦点因素。1960 年，石油规制表现为同主要石油消费国政府密切相关的私人垄断。当时的石油价格在每桶 2 美元左右，有时被称为"七姐妹"的 7 家跨国石油公司决定石油产量。石油产量和油价取决于这些跨国公司的石油产量，以及富裕的、进口绝大部分石油的国家的需求量。

然而，1973 年的第四次中东战争使国际石油规制发生了重大变化。石油生产国决定石油产量，从而极大地影响了石油价格，石油价格不再单独由富国市场决定。权力和财富发生了从富裕的石油进口国到较穷的石油输出国的大转移。

1973 年 10 月 6 日，第四次中东战争爆发，阿拉伯产油国开始利用石油作为实现作战目的的另一种武器。阿拉伯国家使用石油武器的原则是"不对自己的朋友造成伤害"，而其目的即在于通过运用石油武器迫使美国等国家放弃支持以色列的立场，让以色列彻底从 1967 年 6 月占领的阿拉伯领土中撤出，恢复巴勒斯坦人的合法权利。

从总体上来说，在第四次中东战争的最初阶段，尽管阿拉伯产油国同意使用石油武器，但尚未形成有力而一致的举措，从而未形成钳制美国和以色列的有效力量，这也是第四次中东战争初期美国对阿拉伯国家的石油禁运未予重视的原因。1973 年 10 月 14 日美国向以色列空运武器的公开化、19 日美国向以色列提供 22 亿美元的军事援助，成为阿拉伯产油国逐步采取提高油价、削减产量及石油禁运等措施的拐点。

在美国军援以色列的行动公之于众之后，沙特、科威特、伊拉克等 6 个海湾产油国于 10 月 16 日在科威特城召开会议，决定将轻原油价格提高 17%，即提高到每桶 3.65 美元。石油公司认为，产油国单方面决定石油牌价势必会对消费国的经济产生深远影响，也会造成未来油价的不稳定。事实上，这仅仅是石油危机的开始，随之而来的产量削减、石油禁运进一步将石油危机推向高潮。

17 日，阿拉伯石油输出国组织在科威特城举行会议，决定各成员国每月减产 5%。18 日，沙特决定立即将石油产量削减 10%。阿联酋、利比亚、卡塔尔等国也先后进行了相应的产量削减。然而这并没有阻挡住美国的援以行动，19 日，尼克松政府决定向以色列提供 22 亿美元军事援助。此时埃及军队正陷于困境，叙利亚首都大马士革也正处于以色列的进逼之下，因此美国对以色列的军事援助成为促成阿拉伯石油输出国组织决定对支持以色列的国家实施石油禁运的动因。

鉴于战争爆发后西方各国的不同立场，阿拉伯石油输出国组织将西方国家分为三类进行选择性禁运：第一类是支持以色列的美国和荷兰，对其实行完全禁运。从 10 月 18 日到 31 日，大多数阿拉伯石油输出国组织成员国对美国和荷兰实施了石油禁运。第二类是享有特许权的国家。由于英法两国早在 10 月 18 日之前就表明了不支持以色列和美国的立场，因此英法享有出口特许权，不受出口削减限制。第三类为欧共体的其他国家和日本，对其将每月减少出口 5%。

从 10 月 6 日战争爆发到 26 日战争结束，阿拉伯国家采取了提高油价、削减产量及实施禁运等令世界石油市场交错跌宕的措施，但这并没有改变美国对以色列的军事援助政策。因此，在第四次中东战争结束后，阿拉伯国家继续使用石油武器，试图以此实现战场上未能达到的目的。

第四次中东战争结束后，为实现埃及、叙利亚与以色列的谈判，阿拉伯国家继续运用石油武器来施加政治压力。1973 年 11 月 4 日，阿拉伯石油输出国组织在科威特城再次宣布，各成员国一致同意在 9 月份产量的基础上削减 25%，到 12 月则将继续削减 5%，但这不会影响到对阿拉伯国家友好的国家的出口份额。到 1974 年 1 月，阿拉伯产油国的原油产量从预期的每天 2230 万桶，下降到 1790 万桶，下降幅度为 19.7%，比 1973 年 9 月的产量下降了 11.8%。

除了以上措施外，石油输出国组织还采取了令世界石油市场更为激荡的措施：提高油价。1973 年 12 月 22—23 日，石油输出国组织各成员国的部长，在德黑兰决定将石油价格由每桶 5.12 美元提高到 11.65 美元。基辛格称之为“第二次石油冲击”，是“20 世纪的关键性事件之一”；石油输出国组织在 48 小时内的决定，就使美国、加拿大、西欧和日本一年多支付 400 亿美元。

面临空前能源压力的西方国家，纷纷表明自己的立场。1973 年 11 月 6 日，欧共体的 9 个成员国在布鲁塞尔发表共同声明，要求以色列结束对阿拉伯国家领土的占领。日本政府也发表声明，强烈反对以色列继续占领阿拉伯国家的领土。而对于美国提出的旨在缓解石油供应压力的建立国际能源行动组织的建议，西欧各国及日本都反应冷淡。事实上，在第四次中东战争结束后，美国就对石油危机所产生的影响进行了一系列的评估，如何解决石油危机也成为尼克松政府外交决策的主要内容。而阿拉伯方面所关心的阿以和平问题却成为美国解除石油危机的筹码，这也使基辛格在促进阿以和解方面仅限于原则问题而非具体方案的探讨。进入1974年后，伴随石油危机的进一步发展与埃及和以色列的和平谈判陷于僵局，基辛格看到了解决石油危机与实现脱离接触的机会，这促成了基辛格的穿梭外交，也最终实现了埃及、叙利亚与以色列的脱离接触及石油危机的解决。[①]

思考讨论

1. 结合第四次中东战争导致的石油危机，谈谈石油作为一种自然资源，如何改变了国际政治格局。

2. 你认为还有哪些自然资源对国家权力产生影响？

3. 如何保障我国的能源安全？

案例解析

自工业革命以来，尤其是第一次世界大战以来，随着战争机械化程度的不断提升，石油作为一种能源对于工业和战争来说越来越重要，国家权力也越来越依赖于对石油这一重要资源的控制。

现代战争中的大多数机械化武器和车辆都是用石油驱动的，法国总理克雷孟梭在一战期间曾说："一滴油的价值相当于我们战士的一滴鲜

---

① 刘合波、王黎：《生存资源与国际危机：第一次石油危机探析》，《国际论坛》2012年第4期。

血。"然而，世界石油地域分布不平衡，消费区域与资源区域严重错位。一个国家石油能否自给自足，某种程度上影响着其相对权力的变化。苏联石油可以自给自足，因此变得更为强大，而缺乏石油资源的日本一度变得相当虚弱。沙特阿拉伯、伊朗、科威特等中东国家因为占世界石油总储量的60%以上，对国际事务产生的影响力得以迅速上升。1973至1974年的第四次中东战争中，阿联酋等几个阿拉伯主要石油生产国纷纷要求支持以色列的西方国家改变对以色列的庇护态度，决定利用石油武器教训西方大国。这些石油生产国减产提价或者中断供应，引发第一次石油危机，导致世界市场石油价格上涨三倍多，几乎所有工业化国家的经济增长都明显放缓。石油禁运以及油价的暴涨，迫使西欧国家和日本在政治上做出了一些让步。法国和日本为了保证自己的石油供应，采取了独立的立场。美国也不得不在1973年的斋月战争后，成为阿以争端的调停者。可见，石油已经成为发达国家的"生命血液"，在国际政治中具有"革命性"的重要性。

除了石油，某些对工业生产，尤其是对战争有重要意义的原材料等自然资源，对国家权力也拥有莫大的影响力。这一影响力在某种程度上取决于某一特定阶段的战争技术。第二次世界大战爆发以前，是否控制铀对于国家权力无足轻重。然而，自从人们在1940年代掌握了如何从铀原子中释放出原子能，并且把这种能量用于战争以后，一个国家是否拥有铀，在很大程度上影响着它在国际政治中的权力地位。苏联、美国、英国、加拿大等国权力上升了，其他缺少或无法得到铀的国家地位就相对降低了。

此外，一个国家粮食是否能够自给自足，或者接近自给自足，同需要粮食进口的国家相比具有很大的优势。美国在粮食方面可以自给自足，所以不会由于担心国内民众挨饿而在外交政策上束手束脚。杂交水稻之父袁隆平之所以被《人民日报》誉为"侠之大者，国之仁士"，是由于他解决了中国人的吃饭问题，保障了国家的粮食安全。英国在第二次世界大战前只能生产英伦三岛所需粮食的 30%，在战争中由于德国的潜艇战和空袭，英国进口粮食的能力受到极大的挑战，从而使国家生存面临威胁。

延伸阅读

1. ［美］小约瑟夫·奈、［加］戴维·韦尔奇：《理解全球冲突与合作：理论与历史》（第十版），张小明译，上海人民出版社 2018 年版。

2. 黄晓勇：《中国的能源安全》，社会科学文献出版社 2014 年版。

教学建议

本案例设置的主要目的在于通过对历史和现实的梳理，帮助学生理解自然资源对于一国在国际政治中权力地位的影响，并引导学生思考，随着工业技术的发展，哪些自然资源会在未来的国际竞争中影响世界政治。

本案例教学过程中可以从 20 世纪后半期三次石油危机入手，通过解释历史上和现实中粮食、石油、铀、天然气、煤等资源如何对国际政治发挥作用，帮助学生理解自然资源对一国权力地位的影响，并引导学生思考未来如何保证中国的粮食安全和能源安全。

案例三　工业能力与国家权力

案例呈现

17 世纪，英格兰人对风力、水力和动物力的消耗达到了有史以来任何民族所不及的程度，这是因为英格兰人借助于日益复杂的机器，增进了对这些能源的利用。反过来看，这些机器本身又极易作出调整，以适应一种使用新能源的机械化要求。于是第一批蒸汽机被研发出来，意味深长地叫作"骡子"（mules）。

但是一个问题仍有待解答：英格兰何以能如此密集地使用这些自然资源？譬如，它何以能生产这么多的铁和玻璃？它何以能加热硝皮容器和染缸？尤其是，它何以出得起一半的粮食去酿造啤酒，出得起一半以上的土地去畜养牲畜？奥秘何在？

在一定程度上，奥秘在于煤炭工业的发展。一般说来，农耕社会必须将大量土地用来造林，以便为取暖、烧饭、手工艺活动提供木材。这条规律给农业用地设置了严格的限制，使英格兰以外的所有文明裹足不前。但是英格兰人早在盎格鲁－撒克逊时代就开始大量用煤了，16 世纪后半叶更是用量激增。

我们都知道煤炭是 19 世纪工业革命的灵魂，但是我们很容易忽略一个事实：自中世纪以来，采煤是英格兰的一项重要活动，为的是制热、冶炼和生产肥料。"英格兰是个完美的世界！又拥有了东、西印度！请修改您的地图吧：纽卡斯尔就是秘鲁。"[①]——字里行间表达的快乐，完全可以出自 17 世纪以前的诗人的笔端。里格利论证说，早在有效的蒸汽机最终问世之前好几百年，英格兰就是一个综合利用动物力、风力、水力、煤力的经济体。

1560 年代，煤炭约占英格兰能量总耗的 10%；1700 年，即工业革命之前很久，煤炭约占 50%；1750 年则占到了 60%。据估计，1700 年的煤产量约为 220 万吨，若用木材满足同样的人均能耗，"那将意味着

---

① 这是 17 世纪诗人约翰·克利夫兰的诗行。他用纽卡斯尔暗示英格兰煤业带来的财富。英格兰东北部的纽卡斯尔 13 世纪成为煤炭出口港，16 世纪后成为煤炭出口中心。

必须把 200 万—300 万公顷的土地用来造林。基于同样的假定，1800 年甚至需要 1100 万公顷的林地，等于必须贡献出全国地表面积的三分之一以上，才能满足所有的能耗"。另据估计，1700 年英格兰的煤产量是世界其余地区的 5 倍。及至 1800 年，英格兰的煤产量仍为欧洲其余地区的 5 倍。

不久以后爱默生将要指出："蒸汽管使英格兰的人口和财富翻了四五倍。"而此时，英格兰人正在越来越多地利用储量丰富的炭能，这种新能源正在一步步将他们从能源陷阱中解放出来。例如，新能源使他们能够燃烧石灰充当肥料，以提高农业生产力，能够在数量日增的城市里取暖和烧饭，能够发展半工业化的制造业，包括制革、印染、制铁、制玻璃、制盐。在蒸汽机完善之前很久，英格兰人已在多种用途上转向了煤炭，17 世纪末，伦敦人甚至将煤炭运用于初级的水泵发动机。由此可见，更有效的蒸汽机作为一项最终演进，既是一次革命性的突变，也是一次长期渐变过程的一个阶段。

在 18 世纪工业革命之前的数百年蕴蓄阶段，煤炭在英格兰发挥了重要作用，它催生了工业革命的许多因素，包括农业的高产和劳动力的高薪。煤炭对于维持工业革命的动力也同等重要。里格利最近指出："煤炭对于工业革命的战略意义……在于一个事实：煤炭使发展得以持续，不会因为有机经济（organic economies）天生的能源限制而停顿。"他相信，只要提到英国工业革命，最关键的问题一定是"它为什么没有停下脚步；而答案一定是：因为它开启了通向一种迥异能源的门径"。

当时英格兰已经开发了高水平的工艺技术和可信知识，能够游刃有余地驾驭物质，尤其善于通过机器（齿轮、杠杆等），将"自然"能源转化为人类可用的东西。意大利、德国和法国开发的复杂技术也大量涌进英格兰，在这里被整合，并被一些重要的先进理论所补充，例如罗伯特·波义耳（Robert Boyle）发现的真空理论。炼铁等冶金技术也达到了必要的高水平。这一切成分联袂而至，恰好吻合了一种模式，犹如一把复杂的钥匙吻合一把锁；而这种模式又恰好能将人口一劳永逸地解脱出农耕陷阱。一段时间以后，这个"开锁程序"将被全世界效仿，而且一连效仿了两个世纪。

英格兰发生的事情委实令人惊异，或令人羡慕，或令人震惊——端取决于你的口味。就托克维尔而言，他觉得 19 世纪英格兰的农业是"全世界最富饶和最完美的"，然而大约同一时代的海涅却感到："这里到处都在使用机器，它们取代了人类的多种功能，但是机器的包打天下在我看来有些诡异：这些天才的玩意儿带着一股子狂热劲头，驱动着轮子、杆子、筒子，以及无数的小钩子、小栓子、小齿轮，却使我充满恐惧。英格兰生活的确然性、精密性、疯狂性、正确性，也同样使我充满焦虑。正如英格兰的机器像煞了人类，那里的人类也像煞了机器。"

在亚当·斯密时代以前，英格兰人已然是一个半工业的民族。然而最终改变一切的，是他们能够借助于蒸汽机，特别是瓦特的双冷凝器蒸汽机，将煤炭转变成可以驱动机器的能量形式。突然之间，一个原来主要靠动物和植物将阳光转化为点点滴滴的可再生炭能的世界，变得可以使用千百万年的能量储藏了——最初是煤炭储藏，然后是石油储藏。机械化、城市化、工业化、工厂化的时代在这个小小的岛屿上诞生了，50年后又开始向其他地方蔓延。

英格兰的农业和工业双双占据 50 年的优势，这使得它的帝国更加强大，而它统治的帝国领土又向它提供了原材料和销售产品的市场，使它能源源吸入食糖、茶叶、咖啡、橡胶、棉花等，然后加工和出口。英格兰特有的社会结构和经济结构曾防止它随波逐流地滑向勤业道路，[①]此时又作为一揽子表征中的一部分而向外传播，即将征服世界。我们的当今世界基本上是一个发源于英格兰的工业世界——尽管全球一半以上的人口仍在土里刨食。[②]

思考讨论

1. 日本和中国也拥有丰富的煤炭储备，但日本和中国却没有率先发生工业革命，为什么？

2. 工业能力如何影响一个国家的权力？

案例解析

英格兰拥有的煤炭使其成功逃离农业陷阱，率先迈入工业化国家的行列。然而，德国、法国、日本和中国也拥有大面积的煤田，但这些煤田却没有得到大规模的开采，也没有帮助这些国家在第一次工业革命中独领风骚，原因在于，并不是煤炭创造了工业革命，而是工业革命挖掘出了煤炭需求的问题。换言之，英格兰煤炭工业的发展是财富与技术相融合的工业能力的集中体现。

工业能力决定一个国家是否具有现代机械、交通工具、兵器等制造能力及能力的大小。人类在 18 世纪进入工业革命后的三百多年来，工业能力取代农业和商业，成为决定现代国家力量大小、强弱的基本因

---

① 日本学者速水融在区分欧亚大陆两端的文明时指出，亚洲文明以增加劳动力的手段提高农业或手工业产量，是为"勤业革命"；英国以及后来的欧洲其他文明以机器和非人力能源代替人力的方式增加产量，即所谓的"工业革命"。

② ［英］艾伦·麦克法兰：《现代世界的诞生》，管可秾译，上海人民出版社 2013 年版，第 43—47 页。

素。尽管某些自然资源对国家权力分配具有极其重要的影响，但倘若没有足够的工业能力相匹配也无济于事。例如日本、中国和广大亚非拉美地区，尽管不乏煤炭资源，但却缺乏把这些资源转换成工业能量的能力。因此，是否拥有煤炭，在前近代的这些地区，对于国家权力的影响无足轻重，而英国的煤炭储藏则使这个岛国成为世界最早的工业强国。同样地，虽然刚果有着丰富的铀矿，但这仅仅提高了该国在军事战略方面的重要性，却并没有影响刚果相对于其他国家的权力。因为刚果缺乏与丰富的铀相适应的工业能力，不能将铀用于工业和军事用途。另一方面，对英国、美国、加拿大、捷克斯洛伐克和苏联（俄罗斯）来说，拥有铀则标志着权力的巨大增长。这些国家拥有工业设施或能够建造工业设施，或者它们可以方便地利用邻国的工业设施，把铀转变为能量，用于和平或战争时期。

现代战争的交通和通信技术使得重工业的全面发展成为国家权力不可或缺的因素。因此，处于领先地位的工业国家实质上就是大国。工业化等级上的变化，必然伴随着或导致权力等级上的相应变化。与德国相比，法国作为一个大国的衰落显然始于 1870 年普法战争的失败，尽管它的衰落在一战后的十年里似乎暂时得到了控制。法国的衰落在某种程度上是其落后的工业在政治上和军事上的反映，也是德国工业在欧洲大陆占据主导地位的反映。

延伸阅读

1. ［美］汉斯·摩根索：《国家间政治：权力斗争与和平》，徐昕、郝望、李保平译，北京大学出版社 2006 年版。

2. ［英］保罗·肯尼迪：《大国的兴衰：1500—2000 年的经济变革与军事冲突》上，王保存等译，中信出版社 2013 年版。

本案例设置的主要目的在于引导学生结合影响国家权力的几大要素，理解工业能力在国际政治牌局中发挥的作用。尤其是要帮助学生意识到，一个国家拥有丰富的自然资源，并不意味着国家权力必然得以提升，因为工业能力决定了这个国家是否能够将自然资源真正转化为国家权力。

本案例讲述过程中可以联系历史与现实，结合美国、苏联、英国、印度、刚果等国是否具备将原材料转化为工业基础的能力，以及德国、苏联重工业发展对国家权力的提升等实例，引导学生理解工业能力对于一国权力地位的塑造，进而领会制造业在国家经济社会发展中至关重要的地位。

案例四　人口与国家权力

案例呈现

1937 年日本发动全面侵华战争，1941 年发动太平洋战争，至 1945 年战败为止，持续的战争消耗了大量的人力、物力。在人口被当作兵力和战斗力的年代，人口无疑对战争的胜负起到全关重要的作用，甚至被提升到关系日本民族存亡的高度。

1941 年，近卫内阁制定并发布了《人口政策确立要纲》（以下简称"要纲"），作为战时人口政策的纲领性文件。"要纲"开头指出："建设东亚共荣圈，谋求其久远、健全发展是皇国的使命，为达成此目的，确立人口政策，使我国人口急速且永远地发展增殖，谋求人口资质的飞跃性提高，确保于东亚的统治能力，合理分配人口是当务之急。""要纲"提出具体目标，即通过增加出生和减少死亡来增加人口，要求在 20 年后的 1960 年时日本总人口达到一亿。为增加出生，结婚年龄要提前三年，每对夫妻要生育五个孩子。具体措施有奖励结婚、制定家庭补贴制度，减轻多子女家庭赋税负担，禁止避孕和堕胎等。减少死亡主要通过降低婴儿死亡率和预防结核来达成，目标是 20 年内死亡率降低至 3.5‰。此外，不仅要注意人口数量的增加，还要求人口素质的提高。

日本之所以谋求人口的"急速且永远的"增殖，是对当时的人口现象的危机感而来。日本人口在 1935 年左右达到 7000 万，但是出生率从 1920 年以后呈现降低趋势，并且随着战争的进程还有继续下降的可能。死亡率虽也在降低，人口自然增长率仍然处于高位。从理论上来讲，死亡率不可能无限制下降，因此如果放任不管，日本人口迟早会出现停滞，出生率的降低将会导致"日本民族的凋敝"。当时的知识分子还以出生率低、老年人多过青年人的法国在战争中败于实施人口增殖政策的纳粹德国为例，提醒人们出生率降低的危害。

同时，妄图建设"大东亚共荣圈"、充当亚洲盟主的日本非常在意出生率与周边国家的差距。厚生省在 1941 年出版的《国民优生图解》中，使用多幅图片和数据向人们展示提高人口数量和质量的必要性，其中讲到：

"我们要在世界舞台上称霸，需要注意的不是法国、英国、德国，实际上是同样处于亚洲、将日本包围起来的'支那'、苏联、印度。……出生率远远高于我国的苏联、'支那'、印度的全部人口更是我国的二至四倍。因此，比较每年出生的婴儿数，我国出生一人，'支那'出生七人，印度五人、苏联三人。我国要与此等多产国家为伍、伸张国运，绝对需要国民的自觉。"

日本从大正时代开始出生率降低的主要原因在于近代化过程中人口集中于城市，晚婚化倾向越来越严重，同时婚内出生率也在降低。厚生省人口局推测从 1925 年至 1935 年的十年间，出生率从 34.92‰ 下降至 32.63‰，新生儿减少了约 40 万人。其中因推迟结婚年龄导致的减少约 23 万人，婚内出生率降低导致减少了约 17 万。而婚内出生率降低一方面是由于节制生育，另一方面是女性的生殖力衰弱造成。

20 世纪 20 年代以来的节制生育运动与人口增殖政策背道而驰，政府深感忧虑。"要纲"中指出要"有民族自觉、排除个人主义世界观"即针对于此。1943 年厚生省人口局发行的《国民优生法解说》中明确指出：

"国力的基础是国民的人口，而人口必须是健全的。墨索里尼将之称为'人口战'，确实非常准确。我们必须成为这场战争的胜利者，同时必须觉悟这场战争不是那么容易的。……主要原因是健全的人因为节制生育减少出生，不健全的人却无自觉地繁殖。如此看来，人口战的敌人是在内部。"

实际上，为了让"健全的人"越来越多，让"不健全的人"不再繁衍，1940 年公布并于翌年 7 月开始实施了《国民优生法》。厚生省预防局优生课长床次德二曾解释制定该法的理由有以下几点：一、阻止因结婚难、结婚年龄推迟、计划生育的蔓延而导致的出生率下降；二、近来在国防力和劳动力方面人力资源不足；三、防止恶性遗传疾病；四、提高国民体力。从实施该法的过程来看，颁布《国民优生法》的目的主要是通过杜绝恶性遗传病人生育避免人口素质下降，同时让身体健全者多生育。为防止恶性遗传病人的增加，要对其实施号称"优生手术"的绝育手术，同时禁止身体健全者绝育，对违反者要进行惩罚。该法颁布后，截至 1945 年，对调查中有恶性遗传疾病的病人 17085 人中的 538 人实施了绝育手术，仅占2.6%，大概是因为忙于战争或战败来得太快而实施得不彻底。同时，为了让"身体健全者"越来越多，严格禁止身体健康者进行绝育和流产手术。《国民优生法解说》指出："健全者因为不想要孩子、孩子太多、为了保持美貌、免除责任等原因进行不孕手术或采取X光照射等其他措施，导致健全人口的减少"，"避孕是不利于国家的行为"。《国民优生法》的实施规则规定，要求实施不孕手术和流产手术的医生有义务在7天前提交申请，接受审查是否应该进行手术。在战争体制下，人们的生育行为成为服务于战争的工具，避孕被视为违背国家利益的利己行为，人口扩张政策被发挥到极致。①

思考讨论

1. 人口数量何以成为国家权力的重要来源？

2. 除人口数量外，哪些相关的人口因素同样对国家权力产生影响？

案例解析

一个国家没有较多的人口就无法建立和保持现代战争胜利所需要的工业能力，就不能把足够数量的人力投入地上、海上和天空的作战，甚至充实军官队伍。因此，人口数量成为国家权力的重要来源。全面侵华战争和太平洋战争爆发后，日本的人力、物力被大量消耗。如何实现人口迅速增长，为持续性的战争提供源源不断的劳动力和战斗力，成为摆在日本政府和军部面前的重大问题。

鉴于人口数量对国家权力的影响，处于竞争关系的国家人口的相对数量，特别是人口的相对增长率变得格外重要。1870—1940年期间的

---

① 郑亚楠：《近代日本人口政策的历史考察》，博士学位论文，南开大学，2014年5月，第121—125页。

法国和德国便是如此。这一时期，法国人口增长了400万，而德国人口激增了2700万。到1940年，德国大约有1500万人随时可以服兵役，而法国只有500万人。

当然，人口过多也会对国家权力产生不利影响。印度人口增长过快，但粮食供应又无法满足国内人口的增长。2022年全球饥饿指数中，印度得分29.1，被纳入"重度饥饿"范畴。在某种程度上，人口不再成为国家权力的资本，而是国家发展的障碍。

在其他因素大致相似的情况下，与竞争者相比，一国人口的急剧减少将导致国家权力的下降，而人口的大量增加则意味着国家权力的增长。19世纪末，大英帝国统辖的人口约4亿，占世界总人口的1/4，它是当时世界发展的领头羊。然而，到了1946年，尽管其人口接近5.5亿，但随着拥有4亿人口的印度在1947年独立，英国的国家权力大打折扣。

在人口数量之外，人口的年龄结构也成为国家权力计算中的一个重要因素。拥有相对多的20—40岁之间的可以用于军事或生产领域的人口的国家，相对于人口老龄化的国家将具有显著的优势。老龄化带来的劳动力短缺和兵源短缺将对一国的经济社会可持续发展乃至国家安全产生难以估量的消极影响，从而削弱其综合国力。放眼世界，经济发展较快的国家，如亚洲的中国、印度、印尼等，非洲的尼日利亚等国，大多拥有比重较大的年轻劳动人口。相反，人口老龄化严重且无法逆转的国家，则往往陷入经济衰退的旋涡。这在日本表现得最为典型。1949—2020年，日本65岁及以上人口占比由4.9%增至28.9%，大幅高于美国、英国、法国、德国分别16.6%、18.7%、20.8%、21.7%的比重，老龄化水平居世界第一，预计到2065年该比例将达到38.4%。人口数量锐减和急速老龄化导致日本劳动力供给不足、劳动生产率增速趋缓，进而导致经济增速持续放缓，社会保障难以为继，国力日趋衰弱。

与此同时，人口质量对国家权力的影响亦不容小觑。根据第七次人口普查的数据，从人口质量上看，我国人口受教育水平明显提高，人口素质不断提升。15 岁及以上人口的平均受教育年限从 2010 年的 9.08 年提高至 9.91 年。16—59 岁劳动年龄人口平均受教育年限从 2010 年的 9.67 年提高至 10.75 年，文盲率从 2010 年的 4.08% 下降为 2.67%。全国人口中，拥有大学（大专及以上）文化程度的人口为 218360767 人，与 2010 年第六次全国人口普查相比，每 10 万人中拥有大学文化程度的由 8930 人上升为 15467 人，人才红利新的优势在未来经济社会发展中将逐步显现。[①] 人口质量的提升，有利于未来中国国家权力的增长。

延伸阅读

1. ［英］保罗·莫兰：《人口浪潮：人口变迁如何塑造现代世界》，李果译，中信出版社 2019 年版。

2. ［日］吉川洋：《人口与日本经济》，殷国梁、陈伊人、王贝贝译，九州出版社 2020 年版。

教学建议

本案例设置的主要目的在于帮助学生理解人口数量、年龄结构、人口质量等方面的因素如何影响国家权力，并引导学生思考一个国家应当实行怎样的人口政策以实现资源与人口协调发展，从而提升综合国力。

本案例讲述过程中可以结合近三百年来英国、法国、德国、美国、日本、韩国、印度等国的人口政策与人口状况，帮助学生理解人口何以成为影响一国

---

① 张翼：《我国人口素质不断提升——解读第七次全国人口普查数据》，《光明日报》2021 年 5 月 12 日。

权力的重要因素，并结合我国第七次人口普查数据，在借鉴其他国家经验教训的基础上，引导学生思考目前中国应当推行怎样的人口政策以实现经济社会可持续发展和综合国力的稳步提升。

案例五　军事准备与国家权力

案例呈现

一直以来，人们理所当然地以为皇家海军就是无敌的。现在有人告诉他们不列颠的海上防御正处于一团混乱之中。克里米亚战争之后不列颠帝国扩张到了无与伦比的程度，而联结帝国散布各处的疆域的正是海军。它维持海上航道畅通，守卫由不列颠建立的全球贸易体系。同时它还堵死了不列颠本土与欧洲的往来门户，使这个国家能作为一个世界强国安然行事，不必像以前那样忧惧横渡英吉利海峡和狭海而来的入侵大军。世界贸易的咽喉——唐斯锚地、直布罗陀、苏伊士运河、好望角和新加坡——全都在不列颠掌控之下。所以，问题在哪儿？

从根本上说，权力带来了恐惧。不列颠对海军的依赖程度前所未有。1846年时议院已经废除了玉米的保护性关税，不列颠农民不得不参与世界市场的竞争，劳动力从乡野村郊迁移到了迅速扩张的工业城镇。如果没有进口食物，国家就会陷入饥荒。如果失去海上控制权，她就会贫穷。不列颠站在了一个令人颇感不安的位置上，而且民众们也意识到不列颠和她的大帝国是脆弱的，或许比地球上任何一个国家都要脆弱。费舍尔有言："如果我们的海军被击败，我们需要担心的不是外敌入侵，而是饥荒。"几十年来，不列颠能保持海上统治权以及帝国增长，很大程度上是因为欧洲正忙于内部问题，并且欧洲内外都还没有一支真正意义上的海上力量。现在的形势仍是缓和的。不过随着各国在发展殖民地和建造战舰上奋起直追，缓和形势行将结束。

如果不列颠在北部海域的战舰没有足以碾压法国、俄国和德国的优势，那么她将无法保障本土海域的安全，而这是她建造庞大帝国的基础。不过，她同样还要保持本国海军力量在地中海、南非、印度洋、中国海域以及美洲沿海的统治地位。失去其中任何一环都会导致整个系统瓦解。如此看来，不列颠的海军力量在任何地方都必须占据优势，否则她会全盘皆输。

在数代人中都未曾出现的海军主义狂热正在抬头。费舍尔达到了自己的目的，这是一个关于如何操控人心的有益教训。

对如何搭建海军自身的供应网络，费舍尔也是行家里手。1886 年，他就任海军军械总监，任上最大的贡献是从陆军那里夺过了海军军备的控制权。他引入速射火炮对付鱼雷艇和商掠船。费舍尔对新式技术激情洋溢，是一个更乐于坐办公室、站上讲台和监督实验的官员，所以这个职务正适合他，而且眼下时机亦佳。《蓓尔美街报》引发的争议重塑了公众在之后 10 年里的注意力。当时法俄两国的地中海舰队合二为一，在整个帝国版图中引发持续恐慌，其中不列颠利益受法俄威胁最大的地区是土耳其、波斯、阿富汗和中国。

不列颠方面对此的回应必然是狂欢式的军费开销和船舰建造。1889 年《海防法案》（*Naval Defence Act*）正式确立"两强标准"：依照法律要求，皇家海军的舰队规模不得低于世界上规模第二大海军与第三大海军的总和。不列颠首先着手建造了 10 艘在火炮与速度方面超过世界上任何船舰的新式战列舰。另外还建造了 42 艘保护贸易与通信的巡洋舰，订购了 18 艘护卫舰队的鱼雷炮艇。耗资总计 2150 万英镑。

费舍尔就是在这样的大背景下晋升为将官的。1890 年，他获授少将军衔。1891 年至 1892 年，他是朴次茅斯的少将监造官，《海防评估》发布后他订购了一批新式战列舰，并负责监督其中部分战舰的建造。得益于他的积极投入和对细节的把控，新舰以额定预算在规定时间内建造完毕。不过他在朴次茅斯期间最瞩目的功绩是建造了一艘先驱式战舰——HMS"君权"号。她又大又快，而且高干舷使她看上去比先前刚完工不久的战舰更为威风壮观。这个特质造就了君权级远洋战列舰。她最引人注目的地方要数纵向安置在巴贝特（babettes）——敞开式装甲的旋转炮塔——上的 4 门 13.5 英寸巨型大炮。她还安装了与鱼雷艇、巡洋舰战斗的 10 门 6 英寸速射炮，还有 6 根鱼雷管。

1894 年，费舍尔升到了第三海务大臣的位子。他负责的是采购和设备，这都是他爱干的工作。和职业生涯中大多数时候一样，他还是把注意力集中于未来的威胁上。这在 19 世纪 90 年代具体所指的就是法国鱼雷艇所构成的威胁，英吉利海峡对面正在大批量建造这种船舰。在他的监督下海军设计并建造了一种新型战舰——鱼雷艇驱逐舰，亦即通常所说的驱逐舰。驱逐舰能追得上鱼雷艇，舰上安装了攻击鱼雷艇的速射炮，而且它们的活动范围足以覆盖它们所要保护的舰队。

……

危若累卵的不仅是不列颠的国威，还有费舍尔自身信念的最核心根基。他不是一个战斗型的军官，而且他讨厌战争。他预见到使用 20 世纪技术的战争将是十分恐怖的。他很清楚，自己一直在深度参与这 40 年的军备竞赛，而且他还会继续求之若渴地探索所有科技战的新进展。

将和平与大决战阻隔开的唯一力量就是皇家海军。

这是费舍尔眼中世界格局的中心所在。至少在不列颠，有很多人认同他这种观点。庞大的皇家海军维持和平局势的唯一依凭就是威慑力。这是一项近乎神圣的职责。费舍尔一心想要赢得军备竞赛就是这个原因。只有在技术上遥遥领先并铸造起一座威吓骇人的武器库，皇家海军才能继续维持世界秩序、阻止战争。贸易、商业和通信全都仰赖于海军的海上控制权，否则就是毫无秩序的混乱局面。"我希望的不是战争，我希望的是和平！"费舍尔告诉 W. T. 斯泰德，"这才是我希望把海军推上至高地位的原因。"①

思考讨论

1. 军事准备何以成为国家权力的重要来源？
2. 哪些因素影响着一个国家的军事力量？

案例解析

19 世纪英国之所以能够成为日不落帝国，与皇家海军带来的军事力量密不可分。倘若没有世界第一海军作为后盾，那么英国的地理位置、自然资源和工业能力等因素都难以对其国家权力造成如此大的影响。许多因素影响着一个国家的军事力量，其中最有影响的因素是技术创新、领导才能、武装力量的数量和质量。

从技术层面看，国家和文明的命运往往取决于战争技术上的差距。15—19 世纪，欧洲之所以能够迅速扩张，在很大程度上得益于比美洲、非洲和亚洲更为高级的"坚船利炮"。20 世纪几次战争技术的革新都至少给某一方以暂时的优势。潜艇在第一次世界大战中被德国用来攻击英国的船只，并一度取得对英国的战争优势。坦克在一战尾声得到英国而

① ［英］本·威尔逊：《深蓝帝国：英国海军的兴衰》下，沈祥麟译，社会科学文献出版社 2019 年版，第 710—715 页。

不是德国的大量应用，成为协约国胜利的保障之一。海陆空军事力量的战略与技术协调是德国和日本在二战初期占有优势的重大原因。丘吉尔1942年4月23日在议会的秘密会议上对英国战败的回顾中表示，英国在陆海空的所有失败都有一个共同的特点：忽视或错误地理解了空中力量所引起的战争技术的变化。拥有核武器和运载核武器工具的国家对于它们的竞争者具有巨大的技术优势。

从领导才能看，军事领导的质量一直对国家权力具有决定性的影响。在两次世界大战之间的时期中，法国参谋部的马其诺防线心理使法国在第二次世界大战初期处于极为不利的局面。虽然现代技术的趋势，尤其是交通运输机械化的趋势指示出未来的战争可能是运动战，可法国参谋部仍继续一战的坑道战的方式进行思考。与此同时，德国参谋部则对机械化战争的战略潜在性十分敏感，他们从空前的机动性角度出发计划战争。这两种概念的冲突使德国的力量不仅在对法国而且在对波兰和苏联的"闪电战"中取得了极大优势。

从武装力量的数量和质量看，人员和武器的数量，以及它们在军事编制的不同部门中的分配，也影响着国家权力。国家为了保持强大是否必须拥有一支庞大的军队？武装力量的过度发展是否会反过来削弱国家权力？国家是否应当将其资源用于武器装备的研制和更新换代？对这些问题的处理恰当与否，对于国家权力有着直接的影响。第一次世界大战中，德国人迷信潜艇，两次世界大战之间的时期内，人们普遍相信飞机能起决定作用。然而，这些错误在战争中把它们带到失败或濒于失败的边缘。

延伸阅读

1. ［英］保罗·肯尼迪：《大国的兴衰：1500—2000年的经济变革与军事

冲突》上，王保存等译，中信出版社 2013 年版。

2. 齐世荣、钱乘旦、张宏毅主编：《15 世纪以来世界九强兴衰史》上卷，人民出版社 2009 年版。

教学建议

本案例设置的主要目的在于展现国家权力对军事准备的依赖性，并帮助学生了解构成一国军事力量的主要要素，以及这些要素在何种程度上影响到国家权力。

本案例讲述时可以结合 19 世纪后半叶至 20 世纪初欧洲的军备竞赛，以及英国、德国、俄国、日本等国崛起过程中军事力量所起的作用，引导学生理解军事准备如何影响到大国的兴衰。

案例六　民族性格与国家权力

案例呈现

如果说海权是建立在一种和平与广泛的贸易基础之上，那么对商业追求的习惯性必然是一个民族称霸海洋的显著特点。历史已经毫无悬念地证明了这一事实，除了罗马人，再也没有相反的事例了。人们都在商业中寻求最高的利润，而且都或多或少喜欢金钱。但是，一个地区的人们追求利润手段的不同，深深地影响着这个地区的历史及商业命运。

假设历史都是属实的，能够让我们有所依赖，那么，西班牙人和葡萄牙人寻求财富的手段就显得有些肮脏了，不仅让自己的国民蒙羞，还对健康稳定的商业发展是一种沉重的打击，最终会给与商业有关的行业及国民的财富带来伤害。利益的驱使让他们身上升起了欲望的火焰，且越烧越烈，他们在新发现的美洲大陆上大肆掠夺，虽然对欧洲国家的商业贸易和海洋力量的发展产生了一定的促进作用，但是他们没有去寻找新的工业基础，也没有进行合理的探索和积极向上的商业冒险，他们感兴趣的只是金银。

西班牙人拥有的很多品质是别人不曾拥有的，比如勇敢，富有事业心，性格节制，吃苦耐劳，充满热情，还有强烈的民族责任感。这些优越的品质再加上西班牙优越的地理位置以及港口条件，他们便成了一群寻求新世界的先锋队，先后占领了美洲大陆的大部分和其他一些地方，而且长期以来罕逢敌手。在北美大陆被发现的 100 年的时间里，他们一直主宰着这片土地。西班牙完全能够在众多海军强国中脱颖而出，然而结果却不尽如人意。自从 1571 年勒班陀一战之后，西班牙虽然参加过多次战争，却再也没有辉煌的战绩了，商业贸易的衰落导致了西班牙人在战舰上的衰落。显然这样的结果并不能仅仅归咎于这一个原因，西班牙政府的种种做法抑制并束缚了私营企业的健康发展。

但是，一个伟大的民族会突破这个政府的囚禁，如果这个国家全民都热衷于商业贸易的话，这个国家的政府也会不得已卷入这场贸易当中。西班牙广人的殖民地也会跟这个专制主义的政府越来越远了，而阻碍西班牙发展的正是这一专制主义。事实上，无数的西班牙人离开了本土，从事这种海外扩张活动，而他们带来的收益却微乎其微，只有少量的货币、香料和为数不多的商品，仅仅需要一只不大的船就能够全部装完。西班牙本土所产的商品，也只有少量的羊毛、水果和铁器，除了这些几乎没有其他的产品，工厂严重亏损，最后大多倒闭，人口也逐渐下滑。而西班牙人赖以生存的日用品，则完全要靠荷兰人的提供，结果是他们本来就不足的工业产品换取不了这些生活用品。一位那个时代的人写到："所以那些手捧钞票的西班牙人到处奔走去购买商品，他们必须也只有从这个欧洲国家找到财源，用来购买所需的商品。"昔日的西班牙人曾经那么热切地追求到的财富，就这样渐渐离去了。

从军事观点上看，随着海运的衰败，西班牙已经变得一蹶不振，它数量不多的财富分散地装载在几条船上，沿着几条航运线穿梭，一旦被敌人俘获，那么它的海上军事力量就陷入了瘫痪的状态。与之相反，英国和荷兰的财富则分散在世界各地无数艘的舰船上面，虽然屡次遭受打击并一度重创，但并没有抑制财富的增长，尽管这种增长非常困难，却是十分稳定的。在西班牙历史上最危急的时期，它的盟国葡萄牙的命运跟它一样，也渐渐走向了衰落。虽然在海洋军备竞赛的初期，葡萄牙还名列前茅，但这并没有持续多久。"就像秘鲁和墨西哥的矿场使西班牙衰落一样，巴西的矿场也同样毁了葡萄牙，它们浅薄地不重视制造业的发展。不久后，英国人开始向葡萄牙提供布料、日用百货和食物。为了追求利益，葡萄牙人甚至放弃了自己的国土；而奥波托的葡萄园最终被英国人用巴西的黄金买去了。"我们可以确定的是，在50年的时间里，葡萄牙从巴西矿场榨取了5亿美元，而到这一时期快要结束的时候，这一数字则变成了2500万美元了。这是展示真实存在的财富跟假象财富之间最为直观和浅白的例子。

比起西班牙跟葡萄牙来，英国人和荷兰人并不是不想追求财富。英国和荷兰都曾经被人嘲笑似的称为"小店主国家"。然而，这种嘲笑反而更加体现出了他们的聪明和果断。他们不是没有勇气，也不是没有激情，事实上，他们比其他国家的民众更加有忍耐力。正是由于这样，他们获取财富的手段是劳动而不是武力，他们的致富道路显得有些漫长而不够快速，这两个民族特征几乎相同的民族还具有其他的优秀品质，这些优秀的品质让他们跟周围的环境融合，并逐渐向海洋上发展。他们都是天生的生意人和制造商，因此，无论是在他们的国土上，还是文明国家或者野蛮国家的港口里，再或者他们创建的殖民地里，他们都竭尽全力榨取这些地方的财富，开发这些地方的资源，用来增加本国的财富。这两个被称为"小店主国家"的人民，天生就具备独特的经商能力，他们孜孜不倦地寻找新的商品用来交换，加上几代人艰辛的努力和这个民族的优越性，使他们迅速成长为制造者。在国内，他们由于成为了制造商而声名鹊起；在国外，他们所控制的土地财富渐渐增多，产品也日益丰富。在本土跟殖民地之间要沟通，就必然需要更多的船队，因此，他们的海运事业才会随着商品贸易的需求发展起来，而对于那些在海洋事业方面没有多少投资的国家，比如法国，虽然它本身很强大，但却需要他们的产品及运输船队，这样一来，他们便有了更多的理由和手段来获取海上霸权。这种自然形成的发展趋势会时常受到别国政府的干预，而遭受严重的挫折和遏制。这些国家非常敌视英国和荷兰，因为他们国家的人民只能依靠这两个国家的支援才能够繁荣昌盛。①

思考讨论

1. 西班牙、英国和荷兰的民族性格对于国家财富和实力分别产生了怎样的影响？

2. 如何看待民族性格对国家权力的影响？

案例解析

民族性格是某一国家比另一国家更经常性地显示出的某种文化的和性格的素质。它对于一国在国际政治的天平上的重量往往有着持久的甚至决定性的影响。西班牙人傲慢、轻视工作、轻视商品贸易，一心等待

---

① ［美］马汉：《海权论》，一兵译，同心出版社2012年版，第35—38页。

财富从天而降，这些民族性格使其虽然一度拥有庞大的殖民地和巨额的财富，却没有把握住贸易时代和工业时代的主题，无法带动海权及海上贸易的发展，很快走向衰落。

相比之下，英国人和荷兰人对于商品贸易的崇尚和喜好，一方面驱使着他们为商品贸易而发展制造业，从而成为为欧洲各国乃至世界提供产品的"小店主国家"，另一方面也驱使着民众离开本国去寻找财富，并在此过程中建立起海上霸权。这两个商业国家的对外殖民，也不同于西班牙杀鸡取卵式的掠夺，而是更加看中殖民地的商业价值或生产性开发。尤其是英国，在19世纪发展出一种"自由帝国主义"，为日不落帝国进入巅峰状态奠定了强大的基础。

民族性格无论在和平时期还是战争时期，都构成国民文化和道德品质的一部分，并从一国的生产、消费、舆论、政策等各方面体现出来，从而影响着国家权力。例如德国领导人在第一次世界大战时就出于对美国反军国主义的民族性格和地理上远离欧陆的判断而低估了美国的力量。1916年，德国海军大臣把美国加入协约国的意义估计为"零"。即便美国在次年加入协约国一方参战后，另一位德国大臣也在国会的一次讲话中傲慢地认为："美国人既不能游泳也不能飞，美国人永远过不来。"然而，德国人却忽视了美国人的个人主动性、创造才能和技术能力等性格品质，这些民族性格与其他物质因素结合在一起，抵消了地理上的遥远和军事力量不健全的不利因素。

在第二次世界大战中，尤其是1943年斯大林格勒战役之前，许多专家基于德国的物质力量和德国民族性格中的军国主义等方面，认为最终胜利将属于德国。然而，他们却忽视了德国民族性格中的致命弱点——缺乏节制。德国人不能将自己的目标和行动限制在国家力量所能达到的界限之内，故而一再浪费并最终毁灭了建立在其他人力和物质因素之上的德国国家权力。与此同时，1942 年否认苏联还有生存机会的悲观主义论调也仅仅看到了苏联在军事战略、灵活性和工业资源等方面的不利条件，低估了苏联人民族性格中的基本力量和坚韧性，这是他们对付欧洲的巨大力量的源泉。

延伸阅读

1. 丁建弘、李霞：《普鲁士精神和文化》，上海社会科学院出版社 2012 年版。

2. ［英］李德·哈特：《第二次世界大战战史》，钮先钟译，上海人民出版社 2009 年版。

教学建议

本案例设置的主要目的在于引导学生了解在物质力量之外，人的力量对于国家权力同样具有不可忽视的影响。民族性格就是其中的一个突出因素。各国独特的民族性格对国家权力产生着无可辩驳的影响，甚至在某些关键时期超出了国家权力的其他要素，左右着一国的命运。

本案例讲述过程中可以联系历史与现实，启发学生讨论西班牙、葡萄牙、荷兰、英国、法国、美国、德国、俄国、日本等国民族性格在本国经济、军事、文化等各领域发挥的作用，从而帮助学生了解民族性格对于国家权力与国家兴衰的影响。

案例七　外交质量与国家权力

案例呈现

维也纳会议后，梅特涅在维持国际体系及解释神圣同盟的要求上居关键地位。他是被迫担负这个责任，因为奥地利强敌环伺，国内体制又与当代的民族主义自由主义潮流越来越不相容。普鲁士觊觎其在德国的地位，俄罗斯虎视着巴尔干诸国的斯拉夫人口。当然也少不了法国，亟待在中欧重建黎塞留的传奇。梅特涅明白，一旦允许这些危机演变为实力的角力，不论最后是输是赢，奥地利必落得民穷财尽。因此他的政策是建立道德共识以避免危机，对不可避免者则设法借力使力，支持愿站在冲突第一线的国家，如在低地国家与法国对抗的英国，在德国与普鲁士对抗的诸小邦。

梅特涅凭着非凡的外交技巧，将熟知的外交理论化作可行的外交政策原则。他对奥地利两个最亲近的盟友，也是奥国两个地缘政治上的威胁，说服它们相信，革命所带来的意识形态上的危险，大于它们战略上的可乘之机。若当年普鲁士有意利用德国的民族主义，可能早在俾斯麦前一代便会挑战奥地利在德国的龙头地位。若沙皇亚历山大一世或尼古拉一世只考虑俄国的地缘政治扩张机会，则必会像他们的后来人一个世纪后所做的那样，更彻底地利用奥斯曼帝国的瓦解，而对奥国十分不利。当时普、俄均自我节制，以免有违维持现状的大原则。在拿破仑的猛攻下仿佛即将寿终正寝的奥地利，借梅特涅的安排又获得苟延残喘的机会，多延续了百年的寿命。

解救这个不合时宜的帝国并指引其政策近50年的功臣，在13岁前不曾到过奥地利，到17岁才去定居。梅特涅的父亲曾任哈布斯堡所属莱茵区总督。他本人见多识广，总觉得说法文比说德文自在。1824年他写给威灵顿的信中说："长久以来欧洲对我有如祖国。"当时反对他的人对他义正词严的大道理及巧饰过的讽喻不以为然。但伏尔泰及康德应能理解他的看法。身为启蒙时期的产物，却发现自己被拖进一场与本性不合的革命斗争中，又成为一个四面楚歌但国体难改的国家的首相。

态度严肃，目标中庸是梅特涅的处事风格，他曾说："勿在意抽象概念，接受事物现状，竭尽所能避免昧于事实。"又说："对经不起考验的高调，如保卫人类文明，无从产生实际行动。"

秉持此种态度，梅特涅得以使自己不致随波逐流。拿破仑刚在俄国被打败，俄国军队还未抵达中欧前，他便看出俄国是一长期的潜在威胁。当奥地利的邻国都专注于摆脱法国的统治时，他却以战争的目标是否有利于其摇摇欲坠的国家，作为奥国参与反拿破仑联盟的条件。他的态度与二次大战期间，民主国在类似情况下面对苏联时的立场完全相反。他跟卡斯尔雷及皮特一样，认为中欧强大乃欧洲稳定的前提。为极力避免一决实力高下的战事，他对中庸之道的重视不下于对纯实力的累积：

"欧洲强国之态度随其地缘位置而有不同。法、俄各有一处边界，且易守难攻。莱茵河加以三道堡垒的防御令法国得保安全；恶劣天候则使尼曼河成为俄国天险。奥、普却四境门户洞开，饱受邻国威胁。两国在法、俄强势压力之下，唯有善用智慧步步为营之上策，彼此及与邻国保持友好，始得安宁。"

奥地利虽需要俄国作为对抗法国的屏障，却不放心这躁进的盟国，尤其是沙皇宗教般的狂热。塔列兰曾说，亚历山大一世不愧为疯狂保罗之子。梅特涅说亚历山大是"集男性美德与女性弱点的奇异组合。对真正的野心不敢造次，对纯粹的虚荣却勇气十足"。

梅特涅以为对俄国的问题不在于如何防堵其侵略野心，因奥国对此力不从心，而是如何缓和此种野心。一位奥国外交官回报："亚历山大期望世界和平，但非为和平本身及和平之好处，而是存有私心；非一无条件，而是有所保留；和平须由其仲裁，世界之安定幸福须来自于他，全欧均应承认此为其功德。有赖其恩赐，并可任其予取予求。"

卡斯尔雷及梅特涅对于应如何对付见异思迁好干预的俄罗斯，有不同意见。卡斯尔雷身为远离冲突现场的岛国的外相，只打算对俄国明显的攻击采取行动，而且一定要攻击威胁到均势才会有所反应。梅特涅的国家却在欧洲心脏地带，冒不起这种风险。正因为不信任亚历山大，梅特涅力主与他保持密切关系，全力防备他可能造成的威胁。他曾写道："一旦开火，亚历山大定会在佞臣引领下逃离我等的监督，届时将无以节制其自恃天命而为所欲为。"

为冲淡亚历山大的狂热，梅特涅采取双管齐下策略。他虽坚决反对奥地利强出头或采取片面行动，但在他领导下，奥国却成为打击民族主义的先锋。他更不鼓励他国自行行动，部分即由于他担心俄罗斯的宗教式狂热会演变为扩张主义。对他而言，温和中庸既是哲学上的美德，也有实际上的需要。他曾对一位奥国大使做如下的指示："化解他人之利益主张比急于追求本身利益更重要，别无所求，收益反大。"只要情况允许，他一定设法以耗日废时的谈判，限制他国不得超越欧洲共识所容许的范围，借以拖延他国祭起圣战旗帜的图谋。

另一方面，梅特涅的做法是团结保守势力。凡诉诸行动势不可免时，他另有巧妙之戏法，对此他曾做过如下解说："奥地利事事重实质而多思量。俄罗斯唯重形式。英国重实质不重形式，我方之任务即在结合英方期期以为不可与俄方之惺惺作态。"梅氏以灵活的手腕，把他深怀戒心的俄罗斯，变成基于保守利益而结合的盟友，把他信任的英国，变为保卫均势不受挑战的最后依靠，由此使奥国得以掌控一个世代的欧洲事务步调。然而必然要发生的事只能延后，无法扭转。即使如此，能够依据不符时代主流的价值观，延续一古国长达一世纪，不可谓成就不大。①

思考讨论

1. 维也纳会议后的梅特涅外交如何体现外交质量与国家权力的关系？

2. 外交质量从哪些方面影响国家权力？

案例解析

地理位置、自然资源、工业能力、人口的数量和质量、军事准备、民族性格等国家力量体现和运用在对外关系之中。因此，一个国家的外交质量，运用国家力量以实现国家外交战略与政策的目标的能力如何，就成为国际关系中决定国家力量的最重要因素。

哈布斯堡王朝在三十年战争中失去中欧霸主的地位后，奥地利虽然放弃了想要控制全德的企图，但始终自视为中欧的龙头，不愿看到其他德意志国家，尤其是普鲁士，抢走其传统的领导地位。与此同时，奥地利既痛恨拿破仑破坏欧洲大陆的稳定局面，又担心俄国在打倒拿破仑后乘机向西扩张。此外，拿破仑战争后，自由主义和民族主义浪潮席卷欧陆，对奥地利这个多民族帝国造成极大的威胁。

维也纳会议期间，风雨飘摇的奥地利尽管在英、俄、奥、普四盟国中实力日益衰颓，但梅特涅却凭借其丰富的外交经验和高明的外交手法说服各大国异中求同，平衡各国力量以达成欧洲均势。在他的运筹帷幄之下，欧陆国家因共同的价值观结合在一起。各国不仅在实力上，而且

---

① ［美］亨利·基辛格：《大外交》（修订版），顾淑馨、林添贵译，海南出版社 2012 年版，第 72—75 页。

在道德上都处于均衡状态。权力均衡降低了诉诸武力的机会，共同的价值观降低了诉诸武力的欲望，由此在欧陆缔造出数十年的和平局面，也使得奥地利这一与时代主流价值观相悖的古老帝国再度延续了一个世纪。梅特涅的纵横谋划可谓以卓越的外交弥补国家权力缺陷，使奥国重登权力高峰的壮举。

国家外交质量一方面取决于外交战略和外交人员的素养，另一方面也受到文化、道德、制度等国际规范的约束。两次世界大战之间，尽管美国在地理、自然资源、工业潜力、人口数量和质量等方面占据优势，但由于长期以来孤立主义观念的影响，美国并没有运用这些潜在力量去影响国际事务。美国参议院拒绝批准《国际联盟盟约》，拒绝承担创建战后世界秩序的责任，是外交战略和外交人员的素养影响国家权力的突出例子。第二次世界大战中，美国向广岛和长崎投放原子弹以后，虽然若干国家先后研制出核武器，但核武器并没有在此后的战争中被使用，固然有核威慑的影响存在，但还有一个重要的原因就是由于受到道德舆论和《不扩散核武器条约》等国际制度和规范的约束。

延伸阅读

1. ［美］小约瑟夫·奈、［加］戴维·韦尔奇：《理解全球冲突与合作：理论与历史》（第十版），张小明译，上海人民出版社 2018 年版。

2. ［德］奥托·冯·俾斯麦：《思考与回忆：俾斯麦回忆录》第二卷，杨德友、同鸿印等译，生活·读书·新知三联书店 2006 年版。

教学建议

本案例设置的主要目的在于阐述外交质量这一无形的力量对于国家权力的作用，帮助学生理解外交何以成为构成国家权力的不同因素的催化剂，并引导学生思考外交传统和机构以及杰出人物对于国家外交质量的影响。

本案例讲述过程中可以联系黎塞留外交、梅特涅外交、俾斯麦外交、1890—1914 年之间的法国外交等历史事例，向学生展示外交如何运用国家权力的不同要素影响国家权力和国家利益，并引导学生思考，如何提升国家的外交质量。

第一章　潮涨潮退世纪间：
伊比利亚半岛的兴衰

案例一　伊比利亚半岛扩张的内在冲动

案例呈现

在伊比利亚半岛西南角，有一块怪石嶙峋的海岬，是葡萄牙的圣文森特角。这里是欧洲的船首，是欧洲大陆的最西南角。中世纪时，欧洲人对世界的有把握的认知以此为界。从悬崖上眺望，人们能看到一大片汪洋，并感受到劲吹的海风。海平线向西弯曲，一直延伸到太阳西沉、落入未知黑夜的地方。数千年来，伊比利亚半岛边缘的居民从这条海岸线举目远眺，注视那虚空。天气恶劣时，卷浪长涌，以令人胆寒的猛烈气势锤击峭壁，浪花的顶端随着大洋的长距离节律而颠簸起伏。

阿拉伯人对世界的知识很丰富，但也只到直布罗陀海峡以西不远处为止。他们称这片大海为"黑暗碧海"：神秘、恐怖，可能无边无际。自古以来，这片大海就是无穷无尽的猜测的对象。罗马人知道加那利群岛的存在，那是摩洛哥海岸的一系列破碎岩石。罗马人称它为"幸运群岛"，并从那里开始测量经度，向东推移。往南方去，非洲渐渐消失在传说中，人们对其面积和末端一无所知。在古典时期和中世纪绘制于纸莎草纸和精制皮纸之上的地图里，世界一般被描绘为圆盘状，被海洋环绕。美洲还无人知晓，地球的末端被无法逾越的黑暗之水的障碍分隔。古典时期的地理学家托勒密对中世纪的影响极其深远，他相信印度洋是封闭的，从欧洲无法走海路进入印度洋。但对葡萄牙人来说，从圣文森特角看到的景象就是他们的机遇。

长期以来，看似一望无际的大西洋宽广的海平面其实意味着一种限制，而非机遇。这种情况一直持续到 15 世纪。由于地势和气候的原因，葡萄牙的内陆地区地形崎岖，土壤贫瘠，难以开垦，农产量一直不高。自公元前 6 世纪起，葡萄牙历史上的大部分地区，渔业和自给农业成为人们赖以为生的方式。通过漫长的捕鱼和航行训练，葡萄牙人学习到在广阔海洋航行的技艺，以及大西洋风的奥秘。随着大航海时代的到来，这些知识赋予了他们无与伦比的主宰地位。

在 15 世纪初，葡萄牙人口仅有 100 万。它的国王们太穷，甚至无力自行铸造金币。虽然贫穷，且被排挤在欧洲事务之外，又被强大的邻国卡斯蒂利亚压制，但葡萄牙却野心勃勃。1415 年占领北非的休达后，葡萄牙王室第一次瞥见了非洲和东方的财富。这座城市既是从塞内加尔河跨越撒哈拉沙漠输送黄金的商队的目的地，又是伊斯兰世界与东印度香料贸易的最西端贸易站。就是在这里，年轻的葡萄牙王子恩里克意识到，假如能绕过伊斯兰世界的屏障，沿着非洲海岸南下，将会获得怎样的财富。恩里克及其后继者希望获得非洲的黄金资源，掳掠奴隶和香料。马略卡岛的犹太地图师绘制的中世纪地图对他产生了影响。在这些地图上，闪闪发光的河流通往传说中曼萨·穆萨（"万王之王"）的王国，他在 14 世纪初统治着马里王国，控制着传奇的塞内加尔河的金矿。地图显示，有些河流纵横穿越整个大陆，并且与尼罗河相连。这让人胸中不禁燃起希望，或许可以通过非洲大陆的内部水道穿过非洲内陆。

葡萄牙王室向教皇建议开展这样的航行计划，将其描绘为十字军圣战，与伊斯兰世界的继续斗争。早在邻国卡斯蒂利亚之前许久，葡萄牙人就已成功地将阿拉伯人从自己的领土驱逐出去，并建立了一种早熟的民族认同。但是，他们对圣战的胃口还很大。葡萄牙王室以天主教君主的身份，作为基督的战士，在欧洲舞台寻求合法性以及与列强平起平坐。1453 年君士坦丁堡陷落之后，欧洲人觉得自己越来越受到咄咄逼人的伊斯兰世界的威胁。在这样的背景下，葡萄牙王室从教皇那里获得了精神上和财政上的妥协，并且得到授权，以基督的名义占有他们探索的陌生土地。罗马发布的十字军圣战的命令是"入侵、搜索、捕获、战胜和征服所有撒拉森人①和形形色色的异教徒，以及基督的其他敌人……并将其永久奴役"。

他们也受到了建功立业的欲望的驱动。恩里克及其兄弟有一半英格兰血统，他们的母亲是爱德华三世的孙女。他们受到盎格鲁－诺曼祖先和中世纪传奇故事中骑士精神的感染，具有一种干劲十足、富有活力的躁动精神。对荣耀的渴望和十字军圣战的热情，促使他们遵照一种荣誉法则来生活、战斗和死亡。这种法则将伴随葡萄牙人走遍世界。

在非洲计划的背后，是一个非常古老的积极进取的基督教梦想：绕过伊斯兰世界，因为它阻挡了从欧洲通往耶路撒冷和东方财富的道路。有些地图上描绘了一位威风凛凛、富有帝王威仪的人物，身穿红袍，头戴主教冠，宝座是亮闪闪的黄金。那就是传说中的基督教祭司王约翰。他的神话可以上溯到中世纪早期。欧洲人相信，有一位非常强大的基督教君主，他居住在伊斯兰世界构成的障碍之外远方的某地。西方基督教世界或许可以与他联手，消灭异教徒。这个神话源自旅行者的故事、文

---

① 这是基督教世界对阿拉伯人的称呼。

学虚构（12 世纪有人捏造了一封所谓的来自这位伟大的国王的书信）和模糊的认识（即认为欧洲之外存在基督徒）。传说祭司王约翰统帅着庞大的军队，富得流油。他的宫殿屋顶和内壁都由金砖砌成，他麾下军队的兵器也是金的。到 15 世纪时，祭司王约翰的形象被认为就是埃塞俄比亚某些真实的基督教国王。有地图表明，通过穿越非洲中心的河流，就可以抵达他的王国。在一个多世纪的时间里，这种令人眼花缭乱的海市蜃楼对葡萄牙人的想象力和战略构成极大的吸引力。

地图；旅行者的故事；关于深入非洲心脏的大河的混乱图像；关于黄金的不可思议的传闻；关于强大的基督教统治者的传说，欧洲人或许可以与他们结盟，共同反对伊斯兰世界；这些旋涡般的半真半假的故事、异想天开和错误的地理知识，渗入了葡萄牙人的世界观。就是这些东西，引诱他们沿着非洲海岸不断南下，寻找黄金河或能够带他们到祭司王约翰那里的河流。在满怀探索精神的葡萄牙水手眼中，每一个海湾、每一条河流似乎都充满了希望。①

思考讨论

1. 伊比利亚半岛扩张的内在原因是什么？

2. 比较 15 世纪的伊比利亚半岛和中国，谈谈地理大发现为什么在欧洲发生。

案例解析

亚当·斯密认为，"美洲的发现和经由好望角抵达东印度的航线的

---

① ［英］罗杰·克劳利：《征服者：葡萄牙帝国的崛起》，陆大鹏译，社会科学文献出版社 2016 年版，第 15—18 页。

开辟，是人类历史上最伟大最重要的两件事"。① 500 多年前的欧洲人恐怕想不到，拉开近代世界序幕的居然是比利牛斯山南面的两个边缘小国。

近代以前，欧洲人普遍认为，"欧洲到比利牛斯山为止"。这就意味着，终年积雪的比利牛斯山不但分割了法国和伊比利亚，而且把伊比利亚排除在欧洲之外。然而，正是伊比利亚半岛的西班牙和葡萄牙，开启了近代欧洲长达几个世纪的大规模扩张。是什么因素促成了这一人类历史上的划时代事件？

首先，对财富的渴望是海外扩张的强大动力。伊比利亚半岛土地相对贫瘠，物产不丰，不论是国王、贵族、商人还是普通百姓，都希望通过开疆拓土获得更多的荣耀和财富。对于国王而言，扩张是获取领土、财富和解决国内冲突的好办法，尤其是与富饶的东方通商，意味着不尽的财富。对于贵族而言，扩张意味着土地、抢劫和掠夺的机会。中世纪的欧洲大多实行长子继承制，这使得非长子不得不自谋出路。贵族之家的孩子们没有劳动习惯，普遍选择通过从军发财。倘若到国外去打仗，即便没有抢到别的东西，也能轻易获得一块自己的土地，尽管土地的主权属于国王，但实际是由贵族在经营。于是，不论是葡萄牙还是西班牙，海外扩张中打头阵的大部分是贵族，特别是小贵族。在扩张中，国王为贵族找到发财致富的道路，贵族也以荣耀和土地来回报国王。

对于商人而言，扩张意味着广阔的市场和巨大的贸易量。贵族参与海外扩张时，商人紧随其后；贵族专注于国内纷争而无暇关注海外时，商人也独立承担起海外责任。哥伦布在首航美洲前，已经是一个成功的

---

① ［美］斯塔夫里阿诺斯：《全球通史：从史前史到21世纪》下，吴象婴等译，北京大学出版社 2005 年版，第 339 页。

商人。

对于普通百姓而言，扩张意味着能够获得自己的土地，帮助自己和国内的亲友填饱肚子。日后从美洲引进的玉米和马铃薯，就为帮助人们度过饥荒时期起了很大的作用。在伊比利亚走向世界的过程中，普通水手和移民主要由平民百姓构成。

之所以各阶层都关心扩张，是因为伊比利亚各阶级权利与义务都比较固定，统治者不能随便加重下属和臣民的负担，否则会受到合法抵抗。因此，任何阶层想要获得额外的好处，很难靠压榨另外的阶层来取得，只能通过向外扩张解决。葡萄牙史家萨拉依瓦曾指出："扩张运动是由于国内找不到有理想报酬的机会而引起的一场向国外迁移的运动。"[①] 这与15世纪中国的情况大为不同。当时的明王朝权力集中，皇权强大，分蛋糕的权力通常在一个或少数人身上。分不到蛋糕或仅仅分得少量蛋糕的人往往是社会中的弱者，光靠他们自己一般没有能力再去弄一块蛋糕。因此，尽管郑和下西洋的壮举似乎表明中国有实力在葡萄牙发现非洲前就绕过非洲，发现葡萄牙，但中国却缺少进一步发展的内在冲动。

其次，宗教是促成海外扩张的另一因素。自8世纪阿拉伯人征服伊比利亚起，穆斯林就成为西班牙和葡萄牙传统的、永远存在的敌人。收复失地运动以后，伊比利亚人把反伊斯兰教的斗争推向了海外。按照基督教的教义，凡是有人的地方都应该有基督教。1344年，教皇克莱门六世宣称，教皇是基督教在世上的代表，有权处理大西洋上新发现的岛屿，也有权通过战争使当地居民皈依基督教。这就为未来欧洲人对非西方国家的征服提供了理论依据。当时西葡两国在大西洋上的扩张都有待

---

① 王加丰：《西班牙葡萄牙帝国的兴衰》，三秦出版社2005年版，第223页。

教皇的批准，或者需要教皇的训令使其合法化。从此扩张有了宗教舆论支持。

再次，伊比利亚拥有适宜航海的自然条件。伊比利亚的自然条件虽然不适宜发展农耕，但却非常适合发展航海事业。葡萄牙和西班牙拥有漫长的海岸线，许多人不得不依靠大海维持生计，由此掌握了大量航海知识。当他们不断发现位于大洋远处的岛屿后，就设想会有更多岛屿和财富有待于发现，进而专注于航海事业的发展。

最后，民族国家的建立是促成海外扩张的政治条件。葡萄牙和西班牙两国经历了几个世纪的收复失地运动，在 15 世纪末把阿拉伯人赶出了西班牙，并建立了统一的国家。国家的统一和强大的王权为海外扩张提供了政治保障，使伊比利亚成为冲出大海，引领近代潮流的先行者。

延伸阅读

1. ［英］罗杰·克劳利：《征服者：葡萄牙帝国的崛起》，陆大鹏译，社会科学文献出版社 2016 年版。

2. ［美］斯塔夫里阿诺斯：《全球通史：从史前史到 21 世纪》下，吴象婴等译，北京大学出版社 2005 年版。

教学建议

本案例设置的主要目的在于让学生了解伊比利亚半岛两个国家葡萄牙和西班牙在 16 世纪欧洲扩张中打头阵的内在原因，引导学生从自然条件、社会需求、宗教舆论、政治保障等方面理解伊比利亚扩张的内在冲动，进而了解近代西欧扩张的背景。

本案例讲述时可结合 15 世纪中国的郑和下西洋和奥斯曼帝国的扩张，探寻伊比利亚扩张主义的原因，并为后面讲解葡萄牙和西班牙两大殖民帝国建立的过程做好铺垫。

案例二　葡萄牙帝国的海外霸业

案例呈现

1488 年 1 月，葡萄牙王室侍从迪亚士绕过好望角却没有亲眼看见它，随后进入了印度洋。迪亚士的任务是寻找祭司王约翰的领地，航行至博斯曼河口。在那里，船员们逼他放弃远航印度的计划。若昂二世后来将最初被迪亚士称为"风暴角"的地方改名为"好望角"。1500 年，迪亚士的船在第二次航行中遇到风暴，在好望角沉没。

1497 年 7 月 8 日，瓦斯科·达·伽马率领的四条帆船从葡萄牙启航，并于 1498 年 5 月 20 日在印度喀拉拉邦的卡利卡特港附近抛锚。葡萄牙人试图在卡利卡特寻求贸易机会，但他们的到来却让当地的阿拉伯商人因他们传统的垄断地位受到威胁而感到惊恐，从而尽力阻挡这些欧洲闯入者。加之葡萄牙人带去的货物多半为零碎小物件和羊毛织品，不但比东方产品质量差，而且价格高，印度人对他们出售的商品嗤之以鼻。当卡利卡特国王派遣商人去查看这些商品后，"他们往地上啐唾沫，说：'葡萄牙！葡萄牙！'"① 当葡萄牙水手们把手镯、衣服、新衬衫等私人的商品带进城内后，他们发现制作精良的衬衫只能卖到葡萄牙国内十分之一的价钱，其他商品也是如此。虽然他们对自己的生意大失所望，但他们却买回了一些香料和宝石。他们在卡利卡特看到来自东方的香料，来自中国的瓷器和漆器，以及黄铜、加工过的金属、硫黄和宝石。葡萄牙人的生意惨淡，一点都不奇怪。

---

① ［英］罗杰·克劳利：《征服者：葡萄牙帝国的崛起》，陆大鹏译，社会科学文献出版社 2016 年版，第 98 页。

1502 年，葡萄牙人打败卡利卡特舰队。虽然卡利卡特舰队得到阿拉伯舰队的支持，但是他们的技术落后，有利于葡萄牙人，让后者打了胜仗。

进入印度洋后，葡萄牙人在非洲东海岸建起许多基地，尤其是基卢瓦（1505 年）、蒙巴萨（1505 年）、索法拉（1505 年）、莫桑比克（1507 年）、马林迪（1520 年）、奔巴岛（1520 年）与德拉瓜湾（1544年）。葡萄牙人在印度西海岸也建立了不少基地，包括科钦（1503 年）、坎纳诺尔（1505 年）、安吉迪乌岛（1505 年）、焦尔（1509 年）、果阿（1510 年）、奎隆（1512 年）、孟买（1530 年）、第乌（1535 年）、苏拉特（1540 年）与达曼（1558 年）。当时，在波斯湾，葡萄牙人的基地有阿巴斯港（1507 年）、巴林（1515 年）、霍尔木兹岛（1515 年）与马斯喀特（1550 年）。最后两个基地是葡萄牙人在波斯湾的坚固阵地。

1509 年，迪奥戈·洛佩斯·德·塞哥拉率领一支葡萄牙远征队从印度向东航行到马六甲。马六甲是重要的商业中心与伊斯兰教中心。马六甲人当时有许多青铜大炮，但是在 1511 年，葡萄牙大炮用事实证明自己的性能更好，从而帮助葡萄牙人在那里确立了自己的统治。

马六甲并不是葡萄牙海外探索的终点站。在东印度群岛，葡萄牙人在特尔纳特岛（1522 年）、索洛岛（1562 年）与蒂多雷（1578 年）建立了驻防哨所，可以直接获得那里的香料。葡萄牙国王若昂三世在香料贸易中的角色，让他得到"胡椒国王"的绰号。

1557 年和 1570 年，葡萄牙人分别在中国澳门和日本长崎建立商业基地。此外，葡萄牙帝国的贸易中心越来越多。例如，果阿发展成葡萄牙贸易和制图行业中心。

在美洲，1500 年，佩德罗·阿尔瓦雷斯·卡布拉尔率领下的一支葡萄牙远征队"发现"了巴西。然而，直到16世纪30年代，葡萄牙人为应付法国海军突袭才开始积极发展巴西的军事。1532年，葡萄牙人建立了圣保罗。同年，葡萄牙人以总督辖区（省）的方式将殖民地组织起来。1549年，巴伊亚成为首都；1565年，里约热内卢建立。

然而，不是所有葡萄牙进攻的目标都陷落了。1510年，印度卡利卡特遭到费尔南多·库蒂尼奥的攻打，费尔南多本人也战败被杀。重点是，葡萄牙企图进入红海的尝试也以失败而告终。因为红海是伊斯兰国家发动反击、进入印度洋的主要航线，所以葡萄牙的这次失败意义重大。如果葡萄牙成功夺取麦加、麦地那，那将为它带来无上荣誉，并有助于收复耶路撒冷。但是，阿丰索·德·阿尔布克尔克（1509—1515年葡属印度殖民地总督）在成功夺取果阿（1510年）与马六甲（1511年）之后，于1513年兵败亚丁。1517年，葡萄牙人在亚丁与吉达也吃了败仗；1541年，他们在苏伊士失利；1529年，亚丁的埃米尔迫于压力对葡萄牙称臣。[①]

思考讨论

1. 梳理葡萄牙全球性殖民帝国建立的过程。

2. 为什么16世纪的葡萄牙能把自己的意志强加于拥有人力物力资源大得多的亚洲诸国？

案例解析

葡萄牙是近代第一个建立全球性殖民帝国的国家。早在15世纪上半叶，葡萄牙就在恩里克王子的领导下，率先投入海外冒险事业。葡萄

---

① ［英］杰里米·布莱克：《重新发现欧洲：葡萄牙何以成为葡萄牙》，高银译，天津人民出版社2020年版，第56—62页。

牙人在 1415 年占领北非的休达后，沿着非洲海岸向南航行，并于 1434 年绕过博哈多尔角，揭开了葡萄牙王国海上远征的序幕。

尽管葡萄牙人最初的目标仅限于遍地黄金的非洲，但随着海外探险的深入，他们所向往的目标不仅仅限于非洲，还包括印度。当时欧洲前往东方的通路被阿拉伯人封锁，欧洲人渴望找到一条"通往香料产地东印度群岛"的新路。到恩里克王子去世以前，葡萄牙人的视野从非洲的商队贸易扩大到东印度群岛的香料贸易。1488 年，迪亚士绕过好望角，1498 年，达·伽马绕过好望角，抵达东非的莫桑比克和肯尼亚，又在阿拉伯向导的带领下横穿印度洋，到达印度南部的卡利卡特，葡萄牙从此迅速掀起了殖民扩张的浪潮。

首先，武力征服印度洋。1502 年，第三次航行印度的达·伽马到达卡利卡特后，依仗强大的武力要求国王驱逐当地穆斯林，被国王拒绝后，炮轰卡利卡特，并在科钦和坎纳诺尔满载香料回国。回国途中，在东非建立了一些葡萄牙殖民地。1505 年赴任的第一任印度总督弗兰西斯科·德·阿尔梅达在非洲东海岸的基努瓦和莫桑比克修建了军事要塞，与马林迪统治者结为同盟，从而建立了葡萄牙在非洲东岸的海上优势。为了切断阿拉伯商人的香料航线，葡萄牙人在锡兰岛西部建立了一系列军事要塞，由此控制了当地的香料贸易。为了彻底垄断印度洋上的贸易，葡萄牙人于 1509 年第乌海战中打败 2 万多人的埃及－印度联合舰队，占领了印度洋沿岸的许多重要港口和香料产地，成为印度洋地区贸易的主宰。

其次，夺取马六甲和东方殖民帝国的建立。1510 年，葡萄牙人攻占果阿，并将其变成东方殖民活动的大本营。1511 年，他们夺取了马六甲。马六甲既是通往"香料群岛"的必经之路，又是亚洲香料贸易的中心。此后100多年里，控制马六甲的葡萄牙人不但通过香料贸易获得高额利润，而且对通过马六甲进行贸易的商船抽取高额关税。在夺取马六甲后，葡萄牙人继续向太平洋地区扩张，到1564年完全控制了"香料群岛"——摩鹿加群岛。

再次，攫取中国澳门的居留权。1553年，葡萄牙商人借口遇到风暴，要求到澳门岛上晾晒货物，获得当地政府同意。此后，葡萄牙人在此筑室建城，把澳门经营成到日本、东南亚、印度和欧洲的转运中心。

在建立东方殖民帝国的同时，葡萄牙人还把美洲的巴西据为己有。1500年，受命前往印度的葡萄牙贵族佩德罗·阿尔瓦雷斯·卡布拉尔到达南美洲海岸，无意中发现了巴西。此后，葡萄牙人趁觊觎这块土地的法国政府陷于欧洲争霸战争而无暇西顾之际，在巴西筑城设厂，派遣总督和移民，俨然以巴西主人自居。

从15世纪到16世纪的一百余年间，葡萄牙以区区100万人口的蕞尔小国，发展为近代第一个全球性殖民帝国。这个国家之所以能把自己的意志强加于拥有人力物力资源大得多的、高度文明的亚洲诸国，首先是由于葡萄牙人进入美洲后，拥有从美洲大陆源源而来的巨大的金银供给。不论是阿兹特克帝国和印加帝国的金库，还是墨西哥和秘鲁的银矿，都使葡萄牙有足够的资金与东方通商。如果没有这笔天降横财，葡萄牙人本会受到更多限制，因为他们既缺乏自然资源，也没有吸引东方诸国的制成品。

其次，葡萄牙人借印度次大陆的不统一坐收渔利。葡萄牙人来到印度时，印度次大陆北部被新来的莫卧儿侵略者控制着，他们感兴趣的是征服而不是贸易；印度南部，特别是马拉巴尔海岸，则在印度教的一些小封建主控制之下，彼此征战不休。相形之下，葡萄牙人及其欧洲后继者有着单一的、持续不变的目的，这种目的足以抵消他们在资源方面的劣势。尽管欧洲人之间充满了政治和宗教上的纷争，但他们却有牢固的共识——需要向东扩张，以获取利润并战胜伊斯兰教。在这一目标的指引下，欧洲人所表现出的志在必得的决心比亚洲诸国进行抵抗的意志更坚定。

最后，葡萄牙人取得成功还有赖于海军力量的优势。一方面，他们拥有一系列筑防的海军基地。他们参考了威尼斯的"海洋之国"方针：一连串群岛与堡垒保护转运口岸，强行获得垄断或近乎垄断的贸易地位。葡萄牙水手们知道，在往返于亚洲的漫长航程中，他们可以安全地在罗安达、莫桑比克等一系列"小站"补给。另一方面，葡萄牙发展了新的、有效的海军火炮，这种火炮使他们得以将舰船用作流动炮台，而不再是用作单纯的运输船。火炮代替步兵成为海战的主要工具，攻击的对象主要是敌舰而不是舰上人员。海军实力为葡萄牙基地的扩张提供了保护，这些基地又反过来为葡萄牙的军事、商业体系提供支持。正是由于海军力量的优势，葡萄牙人才能在印度洋上粉碎穆斯林的海军力量，从而赢得一个使他们大发横财的亚洲帝国。[①]

延伸阅读

1. 齐世荣、钱乘旦、张宏毅主编：《15 世纪以来世界九强兴衰史》上册，人民出版社 2009 年版。

2. ［英］杰里米·布莱克：《重新发现欧洲：葡萄牙何以成为葡萄牙》，高银译，天津人民出版社 2020 年版。

---

① ［美］斯塔夫里阿诺斯：《全球通史：从史前史到 21 世纪》下，吴象婴等译，北京大学出版社 2005 年版，第 413—415 页。

本案例设置的主要目的在于引导学生了解世界上第一个全球性殖民帝国葡萄牙海外扩张的整个过程，以及葡萄牙之所以能够在16世纪征服人力物力资源比它丰富得多的东方诸民族的原因，进而了解大航海时代欧洲引领近代世界潮流的原因。

本案例讲述过程中可借助世界地图、视频等方式为学生勾勒出葡萄牙殖民帝国建立的过程，并从经济、殖民策略、军事、欧亚社会对比等角度引导学生认识葡萄牙在亚洲取得成功的原因。

案例三　拿住欧洲人的舌头

案例呈现

胡椒在饮食史上占据特殊地位。今天我们把它看作一种普通的作料，并非必不可少。殊不知几个世纪以前，当香料是西方与地中海东岸地区贸易的主要项目时，胡椒也被视作香料。那个时代有句俗话："贵如胡椒。"这是因为欧洲有很长一段时期对胡椒和辛香作料，如肉桂、丁香、肉豆蔻和生姜嗜之若狂。

胡椒和辛香作料传入罗马的时间较晚，"不早于瓦鲁斯和贺拉斯。而且普林尼很奇怪胡椒会如此走运"。胡椒和辛香作料被普遍采用，价格相对说来也不贵。根据普林尼的说法，细香料甚至比胡椒还便宜，后世再也没有这种情况。最后罗马发展到有专用的胡椒仓库。

西方世界继承了罗马人对香辛作料和胡椒的嗜好。后来查理大帝时代和地中海对基督教世界处于准封闭状态时代，西方可能短缺这两种货物，但是局面很快改变过来了。十二世纪人们无疑对香料趋之若狂。西方为之消耗不少贵金属，并且为了得到香料、不惜航行地球半圈与东方从事艰辛的贸易。这种狂热无法克制。人们得不到真正的胡椒——带深色外皮的黑胡椒，剥去外皮则为白胡椒——，便甘心接受同样来自印度的荜拨。后者像从十五世纪起几内亚海岸出产的假胡椒一样，是一种代用品。笃信天主教的斐迪南二世以"大蒜尽可调味"为理由反对进口肉桂和葡萄牙胡椒（引起白银外流），但没有起到任何作用。

烹饪书籍提供的佐证表明，对香料的癖好席卷一切：肉、鱼、果酱、汤和高等饮料莫不掺入香料。谁也不敢违背杜埃·达西早在十六世纪初就推荐的做法，在烹调野味时不"趁热加胡椒"。《巴黎家政大全》（一三九三年）则劝告"投入香料越迟越好"。下面是这本书推荐的血肠配料："备齐生姜、丁香及少许胡椒，合并捣烂之"。至于"传自西班牙的名菜""奥依"，这是鲜肉、鸭、山鹑、鸽子、鹌鹑和喂肥的小母鸡的混合物（显然就是今天民间的"罐焖肉块"）。同书规定在制作时应加入多种来自东方或其他地方的香料：肉豆蔻、胡椒、百里香、生姜、罗勒……香料也以糖渍和磨碎的形式被大众消费，从而满足各种医药配方的需要。各种香料确实都有"驱风""生精"的名声。在西印度群岛经常用红辣椒代替胡椒。当地人做的肉上铺着厚厚一层红辣椒，新来乍到的外地人一口也吃不下去。

总之，这种靡费与罗马帝国初期有节制的消费不可同日而语。罗马帝国最初确实消费肉类不多（西塞罗时代，肉仍是禁止奢侈法适用的对象）。中世纪则相反，肉食充裕。那么我们是否应该推测，由于肉的质地并非始终鲜嫩，加之保存不易，才需要放置大量胡椒、香料等调味品？这正是补救肉质不佳的办法。或者，是否像今天医生们说的那样，在口味上存在一些怪癖？有人喜欢"呛人的、类似动物身上的膻味，如大蒜、洋葱……另有人偏爱更细巧的、芬芳馥郁如花香的作料"。两种口味似乎相互排斥，正是后一种在中世纪取得优势。

事情无疑没有那么简单。无论如何，十六世纪华斯哥·达·伽马开辟了航行路线以后，香料来货激增，消费也相应增加，而在这以前香料一直是奢侈品。特别是北欧购买的香料大大超过地中海国家。因此并非单纯出于商业和航行方面的原因香料集散市场才从威尼斯的"德意志商馆"经里斯本转移到安特卫普，后来又迁往阿姆斯特丹。路德自然夸大其辞，他说德国的香料比麦粒还多！无论如何，北欧和东欧国家总是香料的大主顾。一六九七年，荷兰人认为"对于寒冷国家"，香料是仅次于货币的最佳商品，俄国和波兰消费的香料"数量惊人"。也许胡椒和香料传入一个地方越晚，人们对它们的需要就越加殷切？或者因为它们在俄国和波兰是一种新的奢侈品？马布利教士来到克拉科夫，发现饭桌上有匈牙利葡萄酒佐餐，"饭菜极为丰盛，倘若俄国人和波兰人把这些香草统统取消，味道也许可口。此地人和德国人一样滥用肉桂和豆蔻，简直要毒死旅客"。据此，似乎到了这个时代东欧国家仍保留中世纪的对辛辣作料和香料的嗜好，而西欧国家却多少丧失了古老的烹饪习惯。不过这只是印象，并非确定不移的事实。

无论如何，当香料降价，开始出现在家家户户的餐桌上，而使用香料不再成为财富和奢侈的标志的时候，它们的用途就减少，威望也同时下落。[①] 但在葡萄牙与威尼斯争夺香料贸易霸权的大航海时代，谁能够垄断东西方的香料贸易，谁就能拿住欧洲人的舌头。正如当时活跃在东南亚的葡萄牙航海家皮雷斯所说："控制了马六甲，就扼住

---

① ［法］费尔南·布罗代尔：《15 至 18 世纪的物质文明、经济和资本主义》第一卷，顾良译，生活·读书·新知三联书店 1993 年版，第 256—259 页。

了威尼斯的咽喉。"

1. 为什么说"控制了马六甲，就扼住了威尼斯的咽喉"？
2. 葡萄牙人如何取得香料贸易中的垄断地位？

案例解析

中世纪的欧洲人以肉食为主。由于当时没有冰箱，肉类储存主要靠腌制。因为技术、天气或存放时间过久等原因，腌制的肉类往往出现异味或长虫子，非常需要香料去除异味，使食物变得比较可口。所以欧洲人对于香料的需求十分急迫。然而，香料大多产于南亚、东南亚一带，比如胡椒原产印度，后来移植到了东南亚地区；肉桂产自斯里兰卡；豆蔻和丁香产自印度尼西亚；桂皮产自中国南方和缅甸一带。大航海时代以前，这些香料产地到欧洲各国，可谓隔着万水千山，运到欧洲的香料价格也达到了前所未有的高度。但是，利润丰厚的香料贸易，先是被阿拉伯商人垄断，接着，商路又被突然崛起的奥斯曼土耳其帝国阻断。1453 年，君士坦丁堡被奥斯曼帝国攻克以后，威尼斯人垄断了意大利和东方的香料贸易。15 世纪，威尼斯每年从地中海东岸运往欧洲的胡椒就有 500 至 600 吨。欧洲急于摆脱困境，扭转这种局面。于是，他们开始向海洋寻求出路。

葡萄牙人发现好望角后，在东非建立了一系列殖民据点，又进入了印度，并在锡兰建立了军事要塞，从而切断了阿拉伯商人的香料航线，控制了当地的香料贸易。1509 年，葡萄牙人打败了埃及－印度联合舰队，占领了印度洋沿岸的许多重要港口和香料产地，成为印度洋地区贸易的主宰。此后，他们把目光转向了更为东方的马六甲。

早在 1506 年，马六甲就成为葡萄牙的战略目标。这是因为 1494

年，葡萄牙与西班牙瓜分世界的《托尔德西里亚斯条约》签订后，西班牙人相信马六甲属于他们在地球另一边的势力范围，从而试图向西航行而抵达马六甲。葡萄牙当然不愿在与西班牙的竞争中败北。

与此同时，葡萄牙人也愈益深刻地认识到马六甲的战略价值。马六甲坐落于马来半岛西海岸，控制着去往印度的海路，是东方向西方出口香料的重要港口。印尼和马来亚的香料都是通过马六甲运往西方的。葡萄牙总督阿尔布开克在攻打马六甲的战争动员演讲中说，如果扼杀红海的穆斯林贸易是最终目标，那么马六甲是"所有利润丰厚的商品与贸易的中心和终端"，是战略计划的一个关键部分。它是"所有香料、药品和全世界财富的来源……通过它输送到麦加的胡椒比途经卡利卡特的多得多"。占领了马六甲，就扼住了开罗、亚历山大港和威尼斯的咽喉，阻挡了伊斯兰教的传播。1511 年，葡萄牙攻下马六甲，在此修建要塞，将马六甲变成葡萄牙东方殖民帝国的中心。此后，他们继续向太平洋地区扩展，并于 1564 年完全打败阿拉伯人，控制了"香料群岛"——摩鹿加群岛，取得了香料贸易中的垄断地位。

延伸阅读

1. ［英］罗杰·克劳利：《征服者：葡萄牙帝国的崛起》，陆大鹏译，社会科学文献出版社 2016 年版。

2. ［美］斯塔夫里阿诺斯：《全球通史：从史前史到 21 世纪》下，吴象婴等译，北京大学出版社 2005 年版。

教学建议

本案例设置的主要目的在于引导学生了解香料在东西方贸易中的重要地位，进而认识到欧洲人对东方产品的需求是促成其海外冒险的一大动力，并帮助学生理解葡萄牙取得香料贸易垄断地位的大致过程。

本案例讲述时可结合大航海时代的世界地图，以及中世纪欧洲饮食习惯、葡萄牙航海家的笔记等历史资料，帮助学生领会马六甲的重要战略地位，以及葡萄牙人占领马六甲，进而垄断香料贸易的过程。

案例四　宗教裁判和偏狭的代价

案例呈现

1492 年 3 月，在秘密磋商之后，伊莎贝拉和斐迪南命令犹太人（此前没有受到异端裁判所的大力迫害）立刻皈依基督教，否则将其驱逐出境。他们认为，犹太人在西班牙的存在会诱惑改宗犹太人，让后者抛弃基督教信仰，使其丧失救赎的机会。犹太人到她面前恳求时，她告诉他们，这个决定是斐迪南在梦中做出的，因此是上帝的意志。"你们相信这是我们的决定吗？"她对前来恳求她收回成命的犹太人代表说道，"是上帝让国王心中产生了这想法"。在犹太人的恳求之下，她也不肯向丈夫表达抗议。她告诉他们："国王的心就像河流一样，都在天主的掌控之下。天主按照自己的意志，改变国王的心意。"从此，伊莎贝拉的犹太人臣民知道，局面已经不可挽回了。

卡斯蒂利亚与穆斯林签订的条约的一个条款就预示了伊莎贝拉新的、更严苛的立场。这个条款说，被卡斯蒂利亚征服的地区的犹太人必须在三年内皈依基督教，否则必须迁往北非。但在结束漫长战争的激动中，人们忘记了这个条款。

所以伊莎贝拉的命令公布之后，大多数犹太人都感到震惊，甚至不知所措。此前，伊莎贝拉女王和斐迪南国王并没有以任何方式表达自己对犹太人不满。他们对犹太人一直表达尊敬和友谊。有人相信斐迪南有犹太血统。以撒·阿布拉瓦内尔的大部分成年时光里，都是伊莎贝拉及其家族的备受信赖的谋士和财政顾问。他后来说，他得知伊莎贝拉的命令时，简直不敢相信自己的耳朵。他回忆道："王室的命令颁布时，我正在宫里。我哀求国王，求他发慈悲，一直求到我自己累垮。我三次跪着恳求国王：'哦，国王陛下，看着我们，不要这样残酷地对待我们。为什么要这样对待您的仆人？只要允许我们留在陛下的国度，我们甘愿献出金银，献出我们拥有的一切。'"

不足为奇的是，犹太人提议的高额贿赂让斐迪南兴趣盎然，他显然犹豫了，在考虑此事。但他的忏悔神父托马斯·德·托尔克马达跳了起来，恼怒地比画着，指责斐迪南为了三十枚银钱，就要背叛自己的信仰。犹大将自己的朋友耶稣出卖给罗马人（目的是处死耶稣），得到的赏金就是三十枚银钱。斐迪南决定坚持原先的决定。

有些犹太人，如伊莎贝拉童年的盟友拉比亚伯拉罕·塞尼奥尔，不情愿地同意改宗。他在瓜达卢佩修道院接受了洗礼，女王就站在他身旁。"成千上万人"也带着悔恨接受了洗礼。其他的犹太人选择了背井离乡，他们知道路上的风险极大，他们的一些家人会丧生。堂以撒·阿布拉瓦内尔告诫和鼓励犹太人坚守犹太教信仰，即便失去自己的生命和财产。对他来说，信仰是至关重要的。他和家人逃到了那不勒斯，后来又去了威尼斯。其他的犹太人则逃亡葡萄牙、奥斯曼帝国、北非或欧洲其他地区。

据编年史家记载，犹太人逃离西班牙，是一幅凄惨的景象。卡斯蒂利亚编年史家安德烈斯·贝纳尔德斯写道："在王室法令规定的期限内，犹太人廉价出售和处理了自己的财产，所得甚微：他们到处哀求基督徒买下他们的财产，却找不到买家。豪门大宅被以微不足道的价钱出售；用一头驴就能换来一座房子。一小块布或亚麻就能换得一座葡萄园。"

虽然他们被禁止带走金银，还是秘密地在满载货物的牲口的鞍具、笼头和挽具里藏了大量金银。在边境城镇和海港，他们会受到专门官员的搜身。为了逃避搜查，有些人竟将多达 30 个杜卡特吞下肚。富裕的犹太人为穷人支付路费，互相慈善友爱，以便让除了极少数最穷苦的人之外，大多数人都不必改宗。在 7 月的第一周，他们踏上了离开故国的道路，男女老少都亡命天涯；有步行的，有骑马、骑驴的，有坐车的；每个人都走向自己选定的港口。在路上，在他们经过的国家，他们遇到极大的困难，蒙受了笔墨难以描摹的不幸。有的人倒下，有的人爬起；有人死去，有婴儿诞生；有的人晕倒，有的人患病；基督徒们看到他们的惨状，无不怜悯他们，劝说他们接受洗礼。有些人因为痛苦万分，皈依了基督教；但这样的人很少。拉比们鼓舞大家，让年轻人和女人唱歌，吹笛子，打鼓，给大家鼓劲，维持大家的精气神。

塞哥维亚的犹太人在西班牙的最后三天是这样度过的：他们在墓地"用自己的泪水浇灌父辈的骨灰；他们的哀哭让所有听到的人心生怜悯"。很多人离开西班牙时，携带的只有从犹太会堂取走的珍贵的希伯来文手稿。

第一批离开的是一些居住在格拉纳达的犹太人家庭，不久之后其他犹太人也追随他们动身了。他们来到港口，斐迪南为他们安排了船只。有些人在海上溺死，或者侥幸从海难中逃生。有些人被冻死。许多人病倒。他们遭到强盗袭击，被抢走财物，甚至身上的衣服，被卖为奴隶。有些人被抛弃在遥远的海岸。一群人来到了非斯，那里正发生旱灾，于是他们被赶走。他们被迫在干旱平原搭起营帐，很快就开始有人饿死。

关于犹太人吞下黄金、将其偷运出西班牙的故事流传甚广；非洲的穆斯林"谋杀了一些犹太人，然后剖开尸体，寻找黄金"。

西班牙异端裁判所既恶毒，又悲剧。但从伊莎贝拉的角度看，它将西班牙团结了起来，得以消灭内部的宗教纷争，让国民可以一致对外。这是西班牙历史上最大规模，从伊莎贝拉的角度看也是最成功的强迫异教徒皈依基督教的行动之一。[①]

思考讨论

1. 中世纪西班牙对穆斯林和犹太人的宽容政策在帝国兴起的过程中起到了怎样的作用？

2. 西班牙为宗教偏狭和宗教清洗付出了怎样的代价？

案例解析

中世纪的西班牙生活着大量穆斯林和犹太人。西班牙对他们奉行了相对宽容的宗教政策。这对西班牙领土扩张和帝国的兴起起到了关键作用。尤其是在人力资源和资金两方面，为帝国的崛起提供了有利条件。穆斯林绝大部分是农民，为西班牙提供了大量农业劳动力。通过包容在西班牙定居的穆斯林，西班牙不仅获得了领土，而且增加了劳动力，以便耕种南方肥沃的土地。

犹太人主要生活在城市中，从事鞋匠、杂货匠、裁缝、商店主、铁匠、银匠、屠夫、药剂师、养蜂人、染布工、首饰匠、纺织工等职业。有的犹太人是大型农场主，有些是地主，他们出租的财产包括小型农场、大型房产，乃至大型果园。更有部分犹太人掌握着极大的财富和权

---

① ［美］克斯汀·唐尼：《伊莎贝拉：武士女王》，陆大鹏译，社会科学文献出版社 2016 年版，第 282—286 页。

力，在西班牙官廷担任要职。通过接纳犹太人，西班牙获得了大量资金。从13世纪到15世纪，犹太人为西班牙国王、贵族和主教，甚至天主教分会担任财务主管和税收官员。他们从事的贷款业务，既有向王室的直接借贷，又是税收的主要来源，对于维持王室财政的正常运转起到了重要作用。正是由于犹太金融家的资助，西班牙人才得以进行了第一次到新大陆的探险活动。

然而，1478年，西班牙宗教法庭成立后，西班牙结束了相对宽容的政策，进入了宗教审判、偏狭和清洗的时代。西班牙为此付出了惨重的代价。一方面，每一轮宗教狂热活动都使西班牙失去了宝贵的人力资源、金融资源和社会资本。例如，宗教清洗导致控制金融的犹太人大批离去，从而出现金融真空。此后，西班牙不得不依赖荷兰、德国、法国、热那亚的外国银行家，获得资金的成本越来越高。这就导致西班牙在帝国扩张期——尤其是在美洲的扩张——不得不依赖外国资金的支持。美洲大量的黄金白银被运回西班牙，却被首先抵押给了外国银行家，因为正是他们为西班牙的商船、军队和王室的奢华生活提供了资金保障。这个表面繁荣的庞大帝国很快到了破产边缘。

另一方面，西班牙的宗教偏狭和宗教清洗也造成了资源的极大浪费。为了驱逐25万摩尔人，西班牙必须动用全部的海军和民兵组织。宗教审判所和迫害机构没有促进文化、知识和财富的增长，反而引发了更大的仇恨和偏狭。

17世纪中期，西班牙之所以走到崩溃边缘，在很大程度上是由于王室的宗教狭隘政策使其失去了世界霸权。

延伸阅读

1. ［美］克斯汀·唐尼：《伊莎贝拉：武士女王》，陆大鹏译，社会科学文献出版社 2016 年版。

2. ［美］艾米·蔡：《大国兴亡录》，刘海青、杨礼武译，新世界出版社 2013 年版。

教学建议

本案例设置的主要目的是帮助学生了解西班牙帝国崛起前后的不同宗教政策，以及宗教宽容和宗教偏狭在不同阶段对西班牙国运兴衰的影响，从而让学生领会到宽容对于一个国家崛起的意义。

本案例讲述前可跟学生简要介绍犹太教、基督教和伊斯兰教三者间的关系，结合阿拉伯人占领伊比利业的历史和西班牙收复失地运动前后天主教徒、穆斯林和犹太人三个族群间的关系，引导学生体会不同宗教政策对于西班牙国运的影响。

案例五　哈布斯堡家族争霸欧洲的战争

案例呈现

1500 年到 1600 年的欧洲政治围绕着哈布斯堡家族的霸权展开。哈布斯堡家族的争霸可以分成三个时期。第一个时期是 1500 年到 1559 年，哈布斯堡王朝与法国瓦卢瓦王朝为争夺对意大利的控制权展开了长期斗争，最终以 1559 年《卡托－康布雷齐协定》的签署而告终。根据这一协定，法国放弃了对意大利的企图。此后，哈布斯堡家族确立起在意大利的优势地位，并一直持续到 19 世纪中期。

第二个时期是 1559 年至 1598 年，西班牙是此间欧洲最强大的国家。当查理五世于 1556 年退位时，他将自己广阔的领土分给了自己的儿子西班牙的腓力二世，以及自己的弟弟费迪南德。腓力继承了西班牙、低地国家和哈布斯堡家族在意大利的领土；费迪南德则继承了帝国的称号，并正式接过了哈布斯堡家族对德意志领土的主权——这块土地从1522年开始便由费迪南德代表自己的兄长进行统治。此后，腓力二世成为欧洲最强大的统治者。西班牙控制着新世界中浩瀚的帝国，达到了自己实力的顶峰。不仅如此，腓力还迎娶了英国女王玛丽·都铎，因此还可以对英国的事务施加一定的影响力。

这一阶段，君主制的法国内部出现权力之争，国运一度衰落。然而，法国的衰落并没有导致欧洲其他地方对西班牙的反抗的消失。腓力自己是一个虔诚到狂热地步的天主教徒，他的国际政策一部分也着眼于根除异端。这种政策，再加上对低地国家的富裕商人征收新税的企图，导致1568年荷兰北部省份爆发了反对西班牙的叛乱。紧随其后的是漫长而又惨烈的战斗。尽管西班牙士兵尽了最大的努力，却没能重新征服叛乱的省份，1579年，这些省份组成了一个同盟，也就是人们所知的荷兰共和国。在和西班牙的漫长的战争过程中，加尔文教在荷兰得到了扎实的推进，并最终成为宗教上的多数派。因此，这场战争也具有宗教战争的一些特质，而荷兰人的最终胜利也被视作是新教的胜利。1609年的停战协议实际上确立了荷兰共和国的独立；但直到1648年，这个新的国家才得到欧洲国家的正式承认。

腓力与英国之间也存在纠纷。在其妻子玛丽·都铎担任女王期间，英国恢复了与教宗的沟通；玛丽死后没有留下后裔，1558年，她的同父异母妹妹伊丽莎白登上王位，在那以后英国又一次断绝了与罗马的关系，这么做也使英国站在了西班牙的对立面上。伊丽莎白在英国宗教问题的处理上多多少少还令人满意；并且她的政府在国内也保持了强势。但是在国外，伊丽莎白不得不面对一个复杂的境况。她没有结婚，因此也就没有直系后裔。与她血缘关系最近的，是苏格兰女王玛丽·斯图亚特；但玛丽·斯图亚特是天主教徒。结果，西班牙的腓力和法国的天主教势力策划了让玛丽继承英国王位的行动，这也是他们所愿意看到的。

除了继位问题外，腓力和伊丽莎白之间还存在其他的冲突点。西班牙人支持信仰天主教的爱尔兰人反抗英国人。在公海上，英国海盗在英国政府的默许下攻击了西班牙商船；不仅如此，在荷兰反抗腓力统治的战争中，英国还为其提供了援助。

因此，当苏格兰的玛丽从民怨沸腾的苏格兰逃到英国避难时（1568），并没有受到热情的接纳，反而遭到伊丽莎白的囚禁。最终，当让苏格兰的玛丽登上英国王位的阴谋威胁到自己的生命时，伊丽莎白处死了玛丽。腓力随即向英国宣战。1588 年，他派出了一支强大的舰队（西班牙无敌舰队）入侵英格兰。在恶劣的天气和英国人的航海技术面前，西班牙舰队几乎全军覆没。在接下来的几年中，英国人占据了海上的主动，并不断侵扰西班牙海（也就是加勒比地区），甚至在腓力死前两年劫掠了西班牙大港加的斯。一直到 1604 年苏格兰的玛丽之子，新的英国国王詹姆斯一世与西班牙达成和解，战争才宣告结束。尽管腓力二世在荷兰和英国遭遇失败，但在世纪之交，西班牙仍旧是毫无争议的欧洲最强国。

第三个时期以 1598 年法国国王亨利四世颁布《南特敕令》，法国实现宗教和平为标志。相对和平的环境使法国再次作为哈布斯堡家族在欧洲的主要对手崛起。特别是到三十年战争（1618—1648）后半段，法国真正挤掉西班牙，成为欧洲第一强国。

1618 年，在德意志爆发了天主教徒与新教徒之间的战争，并在此后将欧洲大多数国家都卷入其中。在战争的最初几年里，天主教的德意志诸侯组成的一个联盟与哈布斯堡家族合作，向他们的新教对手发动进攻。丹麦加入了新教阵营（1625），接着是瑞典（1630）。到 1635 年，德意志哈布斯堡家族的皇帝已经做好了和解的准备；但为了更加彻底地击溃哈布斯堡家族，红衣主教黎塞留把持下的法国匆忙加入了战争。从德意志战场开战到结束，哈布斯堡家族在西班牙的分支便支持天主教在德意志的事业——或者更准确地说，支持奥地利的哈布斯堡家族的事业。因此当法国参战时，战争已经不仅仅限于德意志，在意大利和比利牛斯山脉也爆发了战斗。

最终，1648 年《威斯特伐利亚和约》的签订结束了德意志战场的战事。（法国和西班牙之间的战争则一直拖到了 1659 年。）根据和约，法国和瑞典控制了神圣罗马帝国的一些重要领土；瑞士和荷兰的独立地位得到正式承认；另外，在德意志境内的加尔文教教徒获得了与路德宗教徒和天主教教徒平等的权利。

的确，我们可以将《威斯特伐利亚和约》以及十一年后法国和西班牙签订的《比利牛斯和约》视作西班牙对欧洲政治主导地位的终结，同时又标志着法国对欧洲主导的开始。从 16 世纪早期开始，曾经盛极一时的西班牙王国和西班牙帝国日渐凋敝。16 世纪早期，西班牙在意大利与荷兰的大陆领土被其他国家瓜分，而到 19 世纪，西班牙又丧失了自己几乎所有的海外领土。[①]

思考讨论

1. 哈布斯堡家族全盛时期的领土包括哪些地区？

2. 哈布斯堡家族150多年的争霸战争给西班牙带来了怎样的影响？

[①] ［美］威廉·麦克尼尔：《西方文明史手册》，盛舒蕾等译，浙江大学出版社 2016 年版，第 380—388 页。

案例解析

16世纪中期，统治西班牙的哈布斯堡王朝达到极盛时期。西班牙本土面积仅有50万平方公里。从15世纪末开始，经过半个世纪的兼并和战争，西班牙的疆域已经扩展到巴利阿利岛、撒丁岛、西西里岛、那不勒斯王国、尼德兰、弗朗什-孔泰、神圣罗马帝国、巴西以外的拉丁美洲、突尼斯和菲律宾。欧美之间的大西洋水域尽在其控制之下。五大洲中除大洋洲外，都有其领土。① 16世纪可谓西班牙历史上的黄金时代。

广阔的领土一方面使西班牙成为最早的"日不落帝国"，另一方面也使西班牙树立了很多敌人。在150多年的漫长时期内，哈布斯堡家族为争霸欧洲，与很多国家连年交战，战争拖垮了帝国庞大的身躯。与最可怕的敌人土耳其的战争进行了几十年；尼德兰争取独立的战争80年；从1618年到1648年，欧洲各国混战的三十年战争，更给了西班牙沉重一击。1648年，哈布斯堡家族与交战的法国、瑞典、荷兰等国签订《威斯特伐利亚和约》。该和约对西班牙的影响主要包含：第一，哈布斯堡家族失去大量领地，削弱了皇朝对神圣罗马帝国内各邦国的控制，皇朝中衰，德国陷入封建分裂时代；第二，西班牙陆战海战皆败，失去了欧洲一等强国地位。一边是西班牙的衰退，另一边则是法国、瑞典、荷兰的崛起。法国是西班牙的宿敌，法国在三十年战争中几乎是坐收渔利。法国强大，成为西班牙卧榻旁边的一个令人不安的对手。此外，更令西班牙帝国心疼又无奈的是，尼德兰经过80年的独立战争，终于在三十年战争后独立，庞大的西班牙帝国失去了重要的商业和生产基地，

---

① 齐世荣、钱乘旦、张宏毅主编：《15世纪以来世界九强兴衰史》上卷，人民出版社2009年版，第31页。

失去了王冠上的那颗明珠。

战争是西班牙帝国庞大臃肿身躯最好的瘦身药。在 150 多年间，哈布斯堡家族不断和众多敌人作战，其他作战国家都享有一段时间的和平，而哈布斯堡家族却没有。它不停地转战于各个战场，像一只掉进坑里的大熊，比包围它的任何狗都强大，但所有对手轮番进攻，撕裂大熊，大熊只有徒叹奈何地被割断胳膊和大腿。哈布斯堡家族的争霸战争也警醒着世人："国虽大，好战必亡。"

延伸阅读

1. ［美］威廉·麦克尼尔：《西方文明史手册》，盛舒蕾等译，浙江大学出版社 2016 年版。

2. ［英］保罗·肯尼迪：《大国的兴衰：1500—2000 年的经济变革与军事冲突》上，王保存等译，中信出版社 2013 年版。

教学建议

本案例设置的主要目的在于帮助学生了解 1500 年以后 150 多年间哈布斯堡家族争霸欧洲的整个过程，以及漫长的争霸战争对西班牙帝国走向衰落的影响，从而让学生领会到"国虽大，好战必亡"的道理。

本案例讲述过程中可结合 16 世纪哈布斯堡王朝全盛时期的世界地图，尤其是欧洲地图，让学生直观体会到哈布斯堡家族占有的财富和资源，进而通过对哈布斯堡王朝几次重要战争的介绍，引导学生理解争霸对西班牙走向衰落的影响。

案例六　带着诅咒的黄金

案例呈现

在对格拉纳达最后围城的营帐里，充满梦想的野心勃勃的哥伦布拜见了西班牙君主费尔南多和伊莎贝拉。他的建议，说白了就是他出命、国王出钱，一起赌一把。未来可能得到的贸易机会和金子，国王得大头他得小头。

在今天的美洲，人们面对这样的历史人物，甚至发生困惑。尤其是近几十年来，北美国家对弱势群体的地位，开始了新一轮的反省。每到哥伦布纪念日，媒体都要提到新大陆的发现，给印第安人带来的灾难。印第安人会在那一天举行抗议活动。

可是，那个时代的英雄观，那个时代被歌颂的征战英雄们，不都是这样的吗？那是人们以最原始的方式，展示英雄情结的时代。今天，人们已经学会修饰和隐藏自己内心的粗野冲动了。

第一次在西班牙看到哥伦布，是在巴塞罗那。我们直直地沿着拉布拉斯大道走，那里直通地中海，海水那个蓝！海边高高的柱子上，就是一尊哥伦布的塑像，他站在柱子顶端，一只手臂直指着美洲的方向。雕像做得非常好，有力度、有历史感，也有历史人物的孤独感。在巴塞罗那，我最喜欢的一张明信片，是长长的，在明信片上哥伦布伸出的手臂上，停着一只海鸟。

站在哥伦布塑像前，我想，这不仅是历史，这还是今天。这就是我们必须面对的自己。人有欲望，人有探险的精神，人也在欲望的驱使下冒险。有许多人，是在把自己的生命发挥到极致，也把自己逼到死角，在做到别人做不到的事情中，他变得"抽象"，得以升华，造就传奇。可是区别在于，在古代社会，这样的英雄可以不受约束。在现代社会，人们有了强弱社会之间新的道德观念和法律约束。你可以探险，但你不可以去一个新大陆侵略和抢劫。可是在那个时候，这样的规则并没有"进化"出来。那个时代的中国，不也是被人比喻成瓷器店里的大象，走两步，没准就碰碎了一些周边的弱小民族。用今天已经进化出现代规则的标准，去衡量古人，定会出现偏差。

相比之下，那坐在准备攻打格拉纳达的营帐里的西班牙君主费尔南多和伊莎贝拉，他们是那个年代的帝王，大多会有扩展的野心，还有相当于一个投资者的魅力。最后，合同签订了，印加古国的命运就被惊涛骇浪之外的陌生人给定下来了。现在想想，这真是很不公平。

那个安葬费尔南多的塞维利亚主教堂，今天也是安葬哥伦布的地方。在塞维利亚主教堂里，哥伦布的墓很特别。在墓的平台上是一个雕塑群：四个盛装的西班牙男子，戴着冠冕、举着长杖，抬着哥伦布满是雕塑的棺木。雕塑似乎是传统而具象的，可是那抬棺人层层叠叠厚重的穿戴，使得群雕略有变形夸张的感觉。在前排两个抬棺人的外衣上、套着厚重的披挂上，分别绣着狮子和城堡的图案，这恰是西班牙的主体部分——卡斯蒂利亚王国的国徽。

那是一个国葬的场面。

这是西班牙人用自己的想象，在给哥伦布补出一个国葬。当年哥伦布死的时候贫病交加，默默无闻，更没有什么国葬。哥伦布发现了美洲，却至死都不知道自己的成就，不知道自己发现的是一片新大陆。君王对他冷落，是因为他没有带来钱财。而哥伦布自己，或许已经完全不能换一种方式思维和生活。一次次地，他一踏上陆地就不安生，掉头就又漂到海上。四次远洋，终于耗尽了他的生命。

就在塞维利亚，就在离哥伦布安葬的主教堂不远的地方，著名的瓜达尔基维尔河畔有一座造型别致的塔。在到达塞维利亚的第一个傍晚，坐在河边的一个露天餐厅里，我们只要了两瓶水。静静地望着河对面，那夕阳在塔身上抹上金红的色彩。这座塔的名字 Torre del Oro，就是金子之塔，今天是一个博物馆。我们坐了很久，当阳光在地平线消失之后，一层层投射的灯光柔和地照亮了塔身，使你感觉是塔本身在泛出金色光芒。

当悲剧人物哥伦布倒下之后，西班牙人循着他开辟的航线，蜂拥而至扑向南美洲，开始了征服和掠夺的时代。塞维利亚接近入海口，河面比较宽，水比较大，当然当年的海船也还小，所以海船可以一直顺河开进来。我们眼前这个金子之塔，最初建于13世纪，只是为了港口的防卫，可是在16世纪，它有了金子之塔的名字，那是因为一船船从美洲运来的黄金，都先要停在这座塔前登记。那是16世纪，真正用金子铸就的西班牙黄金时代。

有许多人相信一个传言，这个传言悄悄地私下流传着，一直流传至今。人们相信，从南美抢来的黄金，带着美洲印第安人的诅咒。咒语跟随着金子，一起进入了西班牙。这座美丽的金子之塔，真的就是不祥之塔吗？瓜达尔基维尔河的河水，载着波动闪烁的塔的金色倒影，在我们脚下静静流淌。

西班牙，好像终于盼到了它"大国崛起"的荣光。它富得流油。金子，来得是那么容易。当年令哥伦布千辛万苦、搭上性命的航线，后人们蹚来已是熟门熟路。南美虽然有灿烂的文明，遇到战事却不堪一击。南美变成西班牙本土外的一个后备金库，要取来随时可取。这样得来的金子随手又撒出去，生产反而显得没有必要，需要什么买就是了。中国的大商船，也一艘接一艘地开进塞维利亚港口。财大气粗，举兵也不假思索，无敌舰队就这样用金子打造起来，送到海上，再被风暴摧毁。通过大海运来的金子，又扔向水里。[①]

---

① 林达：《西班牙旅行笔记》，生活·读书·新知三联书店2007年版，第169—173页。

1. 西班牙是如何从美洲掠夺金银的？

2. 为什么说美洲的黄金是"带着诅咒的黄金"？

案例解析

16世纪的西班牙依靠掠夺美洲殖民地而走向富强。美洲的金银是西班牙的首要目标。1495年，西班牙国王规定美洲所有西班牙移民必须将所获黄金的2/3和白银的1/5上缴国库。同年哥伦布征服海地后，规定矿区每个年满14岁的印第安人每月必须缴纳一定数量的金沙。16世纪初，西班牙殖民者主要通过征服和掠夺获得美洲金银。1521—1544年，西班牙平均每年从美洲运回黄金2900公斤、白银3.07万公斤。16世纪40年代，西班牙在墨西哥和玻利维亚高原分别发现银矿。到16世纪末，西班牙占到世界贵金属开采量的83%。1500年到1600年之间，大约有超过15万公斤的黄金和740万公斤的白银从美洲运往西班牙。西班牙因此成为世界上最富的国家。

然而，金银并没有花在发展经济上，反而使坐拥真金白银的西班牙在经济上逐步走向衰落。一方面，西班牙工农业落后于荷兰、英、法等西北欧国家，产品远远不能满足美洲殖民地的需要，所以不得不花大量金银进口法国和低地国家的亚麻布，波罗的海的木材、柏油、小麦和黑麦。因此，西班牙不是产品出口国，而是"流向欧洲各国的贵金属的分配者"。另一方面，大量金银流入欧洲市场后，黄金价格下跌，导致西班牙金银严重流失。丰富的黄金储备原本是西班牙的经济优势之一，但随着黄金大量涌入，欧洲市场白银、红铜对黄金的比价提高，从而刺激了白银和红铜的开采，白银逐步取代黄金成为商品贸易的主导货币。这不但削弱了西班牙帝国的黄金优势，而且削弱了其贵金属储备的整体优势。与此同时，西班牙哈布斯堡家族在 150 多年的时间里一直深陷争霸欧洲的战争泥淖，参与作战的雇佣兵军饷皆以金银支付，长期对外战争造成大量金银外流。1585—1626 年，美洲输入塞维利亚港的贵金属折合白银 1130 多万公斤，而同一时期西班牙流向欧洲各地的贵金属折合白银为：尼德兰 2528405 公斤，德意志 82742 公斤，意大利 827730 公斤，法国 31242 公斤，英格兰 32 公斤。[1]

美洲源源不断输入西班牙的金银虽然促成了西班牙帝国的崛起，但这一崛起却如昙花一现。西班牙帝国没有利用这些资本发展工业，而是成为其他欧洲国家的金属搬运工，自己很快走上衰落的道路。因此，人们认为美洲的金银是"带着诅咒的黄金"。

延伸阅读

1. 林达：《西班牙旅行笔记》，生活·读书·新知三联书店 2007 年版。

2. 齐世荣、钱乘旦、张宏毅主编：《15 世纪以来世界九强兴衰史》上册，人民出版社 2009 年版。

教学建议

本案例设置的主要目的在于帮助学生了解哥伦布发现新大陆对美洲和西班牙帝国命运的影响，尤其是通过梳理西班牙掠夺美洲金银的历史，引导学生理解对美洲黄金和白银的掠夺给西班牙带来的积极和消极影响。

本案例讲述时可以利用大航海时代的世界地图，从当代社会对哥伦布发现美洲的两极评价引入，通过展示欧洲、非洲、美洲之间的三角贸易，引导学生认识到美洲黄金的开采对西班牙国运产生的双面效应。

---

① 齐世荣主编：《15 世纪以来世界九强的历史演变》，广东人民出版社 2005 年版，第 40 页。

案例七　伊比利亚的衰落

案例呈现

在当时，全球范围内，没有哪个国家的成就能与西班牙帝国的相提并论。西班牙活动范围大，引发了许多问题，帝国任重道远。在某种程度上，这就解释了长期以来西班牙对军事外包日益深重的依赖，以及对私有资源与资本的倚重——这么做都是为了维持西班牙的军事活动。和敌人相比，西班牙之所以能够更好地处理大规模、旷日持久的战争所带来的全新挑战，是因为西班牙具有自己独特的优势：新大陆的银矿、信贷、作为复合君主制国家调动社会资源的能力，以及利用"潜移默化的影响"从其他国家吸纳资源的能力。这些优势掩盖了近代早期西班牙的效率低下。

自 16 世纪 70 年代中期始，西班牙搁置了自己与奥斯曼帝国的冲突，因为它企图在发生于西欧的法国宗教战争（1562—1598）中占据主导地位。西班牙重新占领了大部分低地国家，在最开始成功介入宗教战争，力挫英国对西、葡统辖的新大陆地区的进攻，以及对意大利进行了持续统治，这些均表明，西班牙当时即将到达前所未有的权力顶峰。

因此，认为西班牙到 16 世纪 90 年代已是强弩之末的观点是错误的。

与此同时，战争的各项成本空前昂贵，并最终引发了严重的债务危机。拖欠贷款的结果包括将负担转移至银行家头上，这还意味着债务的强制重新安排。战争严重扰乱了政府的经济状况、财务系统与贸易。

此外，在腓力二世统治下，西班牙难以将军事成就转变为政治和解。对他而言，向低地国家、不列颠群岛与法国做出妥协太困难了。在他看来，宗教的正统性是由上帝、王朝、政治与他个人共同提出的必然性要求。

与上述情况相反，西、葡共同的天主教信仰帮助腓力二世顺利接管了葡萄牙。一方面，他大肆行贿；另一方面，1580 年，他发动了一次成功的陆海侵略战。在此之前，他在巴达霍斯检阅了即将进攻葡萄牙的军队。人们愿意保持各机构权责分明，维持其独特的习俗与特权，这也有助于腓力的接管。1578 年，葡萄牙国王塞巴斯蒂安在自己发动的愚蠢的摩洛哥侵略战中阵亡。没有了塞巴斯蒂安这个强敌，同时又因腓力二世的母亲是葡萄牙的伊莎贝尔公主，于是他得以顺利地继承了葡萄牙王位，成了葡萄牙国王腓力一世。在这场葡萄牙王位争夺战中，英国支持的候选人安东尼奥缺乏号召力。伊比利亚半岛在 1470 年由四位统治者分而治之，尽管在 1580 年，腓力二世作为统治者一统半岛，但并未直接将西班牙与葡萄牙合二为一。这不仅仅是腓力的审慎之举，也反映出影响统治者与精英阶层的正统主义思想有多么根深蒂固。腓力随后于 1582—1583 年攻下了亚速尔群岛，但在 1588 年他的海军败于英格兰。尽管西班牙无敌舰队的失败被人视为出于神的干预，但实际上，英国在葡萄牙与加勒比海地区的攻击，对西班牙帝国主体体系的损害并不致命。

然而，英国还是给西班牙带来了不少伤害，其中最突出的是 1596 年的英荷联合军事行动。由 6000 名士兵组成的英国与荷兰联军突袭加的斯，那里的西班牙军舰虽有城中火炮支援，但指挥有力的英荷联军仍奋力攻入了西班牙把守之下的泊地，继而成功突围登陆。随后，英荷联军在猛攻下夺取了缺乏防御工事的加的斯。在这场战役中，英国海军炮手的实力发挥了关键作用。联军从城中及商船上获得战利品的愿望，强有力地驱使着士兵与水手们英勇作战。

西班牙面临多方面的经济负担，包括黄金生产、赋税与借贷。在黄金生产方面，美洲的地位格外重要，尤其是在今玻利维亚建造的波托西大型白银生产中心。此外，墨西哥也是主要的白银生产中心。在西班牙与西班牙统治下的意大利，尤其是那不勒斯地区，税收负担沉重。事实证明，当时的国际信用制度对西班牙体制的正常运作起到了关键性作用。通过德国与意大利，尤其是奥格斯堡与热那亚的银行家的帮助，西班牙可以发掘出银矿与赋税的潜在财富。事实上，当时一系列区域经济体的合并对帝国的成功而言意义深远。然而，1557 年、1596 年政府破产，或曰中止债务清偿，使银行家受到了影响。这些情况迫使银行家重新协商贷款。与此同时，债务证券的出售使更多的人对西班牙政府体制负有责任。

农业与采矿业曾是财富的主要来源，财政与信贷则与贸易相关，对于需要向士兵与承包商支付现金酬劳的统治者来说，信贷与贸易显得尤为关键。但是，西班牙经济并未从黄金的流入中取得巨大收益，因为流入的黄金被用于资助国外其他地方的活动，而非用于西班牙国内。在西班牙的工业中，成品的出口这一环节并未得到发展。相反，黄金与羊毛一道作为原材料出口国外。此外，将税收转移给外国银行家的做法削弱了西班牙对征税的控制，同时也降低了征税所能给西班牙国内带来的收益。①

思考讨论

1. 西班牙是如何走向衰落的？

---

① ［英］杰里米·布莱克：《重新发现欧洲：西班牙何以成为西班牙》，高银译，天津人民出版社 2020 年版，第 95—99 页。

2. 葡萄牙是如何走向衰落的?

案例解析

16 世纪时,伊比利亚半岛的两个国家在欧洲的海外事业中独占鳌头。然而,到这一世纪末,他们却迅速衰退。伊比利亚国家衰落的一个重要原因是战争对国力的消耗。西班牙卷入了 16、17 世纪欧洲的宗教战争和王朝战争。在 150 多年的漫长时期内,西班牙先后与法国、土耳其、荷兰、丹麦、瑞典、英格兰、德意志新教诸侯国等国家交战,人力和财富被耗尽,以致失去了对自己帝国的政治控制和经济控制。16 世纪 70 年代,葡萄牙出于扩张野心,趁摩洛哥新旧国王的权力之争参与摩洛哥战争,引发"三王之战",最终葡萄牙国王阵亡,葡军几乎全军败亡。西班牙乘虚而入,于 1580 年吞并葡萄牙。

伊比利亚衰落的另一个重要原因是经济的从属性。中世纪后期,欧洲经济中心从地中海盆地向北方转移,伊比利亚在经济上也越来越依赖北欧。在 16 世纪的贸易格局中,伊比利亚的输出品几乎全是原料——西班牙出口的是酒、羊毛和铁矿,葡萄牙出口的是非洲的黄金和盐,而西北欧向伊比利亚出口的却是各种制成品——冶金产品、盐、鱼以及用伊比利亚羊毛加工而成的织物。伊比利亚虽然率先进行海外扩张,却缺乏制造业的支撑,从而不能利用自己新赢得的帝国所提供的经济良机。

颇为吊诡的是,伊比利亚衰落的另一个经济原因却是大量金银的流入。金银财宝的源源流入引发了急速的通货膨胀。西班牙的物价上涨达北欧国家的 2 倍。物价上涨带来工资的上涨,可欧洲其他国家的工资却控制得很低,从而使西班牙产品在国际市场过于昂贵而失去竞争力。

从社会层面上也可对伊比利亚的衰落窥得端倪。在西班牙,不到人口 2% 的贵族和高级教士拥有全国 95%—97% 的土地,而占人口总数

95% 的农民几乎都没有土地，另外 3% 则是普通教士、商人和专门职业者。贵族崇尚浮华奢靡之风，又轻视劳动，看不起商业和工业。他们把工人和奴隶等同看待，宁愿贫穷也不愿劳动，或只愿让外国人为他们劳动。这一风气影响了整个社会。由于贵族拥有荣誉、免税、地产等种种好处，因此，商人一旦有所成就，就想获取地产、购买爵位，成为贵族。最终，西班牙的资金没有成为现代工商业发展的支撑，一度繁荣的经济也很快走向衰退。

宗教的极端倾向也对伊比利亚的衰落造成了重要影响。追求天主教正统的西班牙和葡萄牙先后采取宗教清洗政策，赶走了擅长农业的穆斯林和从事工商业的犹太人，使本国的人力和资源大量流失。一些离开伊比利亚的犹太人辗转来到荷兰，反倒促进了荷兰资本主义的发展，为伊比利亚树立了强大的敌人。

延伸阅读

1. 齐世荣、钱乘旦、张宏毅主编：《15 世纪以来世界九强兴衰史》上册，人民出版社 2009 年版。

2. ［美］斯塔夫里阿诺斯：《全球通史：从史前史到 21 世纪》下，吴象婴等译，北京大学出版社 2005 年版。

教学建议

本案例设置的主要目的在于梳理伊比利亚国家衰落的表现，并引导学生从军事、经济、社会、宗教等层面认识伊比利亚衰落的原因。

本案例讲述时可通过文学或影视作品展示伊比利亚国家的衰落，并与 16、17 世纪欧洲其他国家进行横向对比，引导学生思考伊比利亚衰落的原因。

第二章　荷兰的扩张及短暂的黄金时期

案例一　宽容的国度

案例呈现

17 世纪时，荷兰共和国这个小小的国家通过接纳被欧洲其他国家驱逐的企业家，变成了一个世界经济超级大国。为了确保自己的发展，还有其他几个因素推动了这一宏伟目标的实现。例如，西班牙、英国和法国之间的战争让这些国家无暇顾及这个比邻的小国，这些战争耗空了它们的财政，而且西班牙的侵略也被迫暂时停止了下来。但是，在荷兰崛起为世界经济霸主的过程中，最为关键的还是其经济实力的迅速膨胀。在这一过程中，荷兰共和国出色的宗教宽容政策推动了这一目标的实现。

鉴于 17 世纪整个欧洲都在忙于宗教战争、宗教迫害和狂热的宗教活动，荷兰共和国奉行的宽容政策显得尤为突出。合省联邦几乎是欧洲唯一没有设定国教的地区，可以说是绝无仅有的。1579 年的乌得勒支联盟（Union of Utrecht）成立宪章规定：“每一个人都有宗教信仰自由……任何人不得以宗教原因受到调查或迫害。”合省联邦不强迫人民接受基督教归正教派（Reformed Church），也不会对该教外的任何人罚款或者惩罚。

当然，很多牧师在自己的教堂中宣讲正统教义，严厉谴责在教堂中演奏风琴的做法，反对"异教徒"节日和农村集市宗教活动，对于"17世纪40年代风靡共和国的卷曲长发行为"表示深恶痛绝。此外，荷兰的归正会一直享有特权地位。非归正会成员不得担任政府职位，而且其他宗教不得在"公共场合"举行宗教活动。

但是，实际上，非正统宗教活动和宗教宽容政策还是相当普遍的。各个教区有权选择他们认为正统的教义，而且大多数可以灵活选择。除了加尔文教派这一主体之外，天主教、犹太教、基督教路德教派、基督教门诺派（Mennonites）和基督教抗辩派（Remonstrant）都可以建立自己的"不引人注意的"礼拜场所，开设神学院，印刷自己的神学或者学术书籍。此外，很多政府官员只是名义上的归正教派成员，而且很少掩饰自己反正统教的倾向。

所以，在1616年，当欧洲其他地区的犹太人遭受攻击和迫害时，伊扎克·尤塞尔拉比给一位朋友写信说："目前，我们在阿姆斯特丹的信众生活得很好。这座城市的居民能够正确对待人口数量的增加，他们制定的法律和法令支持宗教自由。每个人都可以信奉自己的宗教，但是一般不能公开表明自己的信仰与城市的主要信仰不同。"虽然犹太宗教活动开始时一般只能在私人家中举行，但是到17世纪20年代，阿姆斯特丹已经出现了几座犹太教堂。事实上，早在1612年，阿姆斯特丹的市政厅"就变成了一个犹太人可以公开自由举行宗教活动的场所"。1675年，壮丽的塞法迪（Sephardic）犹太教堂在阿姆斯特丹建成。这座教堂的设计灵感来自耶路撒冷的所罗门神殿，可以容纳两千名信众，有着高大的立柱、黑色橡木教堂座椅和巨大的黄铜枝形吊灯，完全不是什么"不引人注意的"建筑了。同一时期，德系犹太人在街对面也建立了自己的教堂，同样拥有当时的希伯来权威、饮食规定和意第绪语（Yiddish）出版社。

荷兰共和国卓尔不群的宗教自由政策成为欧洲的热门话题。敬仰者有之，例如，法国著名作家巴尔扎克在 1631 年写给笛卡尔的信中说："难道还有哪个国家可以让你享受如此完美的宗教自由吗？……还有什么地方能够让我们前辈的善良美德得以延续吗？"但是，大部分外国人对于荷兰共和国实行的放任自流的宗教政策感到震惊。一位英国布道者指责说："还有什么歪门邪道的基督教孽种不能在荷兰耗子居住的沼泽里怀崽、生产，并大肆疯长呢？"另外一个则激愤地表示："有时，在一个家庭中，你甚至可以发现他们信奉七种不同的宗教，真乃咄咄怪事。"即使那些从荷兰共和国宗教宽容政策中受益的人也对各种宗教共存的局面表示不满，就像历史学家所说的，"这里似乎成了宗教信仰的廉价市场，什么宗教都可以粉墨登场"，他们觉得自己的国家就像一个英国人所说的"盘踞着几条大毒蛇的兽窝一般，只要不是头上长角的怪物，任何人都可以来这里生活"。

但是，荷兰的宗教宽容政策更多的是出于利益考虑才得以实施的。很多荷兰著名政治家都公开支持宗教自由政策，因为这会给他们带来巨大的经济利益。例如，荷兰经济学家皮耶特·德·拉·考特（Pieter de la Court）在《荷兰的利益》（*Interest of Holland*）一书中写到："宗教宽容政策对于维持荷兰城市经济和社会发展急需的移民起到了极为重要的刺激作用。"虽然荷兰的宗教宽容政策是出于策略考虑，但是却产生了极为有效的现实效果。

荷兰共和国就像一块磁石，吸引着来自欧洲各国的大批宗教难民，来自荷兰南部的基督教新教教徒，来自法国的基督教胡格诺派教徒，来自德国的基督教路德派教徒，来自西班牙和葡萄牙的塞法迪犹太教教徒，来自东欧的德系犹太教教徒，以及来自英国的基督教贵格派教徒和清教徒。（清教徒是英国宗教迫害时期从基督教禁欲主义者中分化出来的一个群体，在荷兰躲避了十二年以后，于1620年登上五月花号轮船奔往新大陆。）还有很多移民来荷兰纯粹是出于经济目的，大约在1570年至1670年间，很多欧洲城市出现了经济萧条。而阿姆斯特丹的人口反而从三万蹿升到了二十万；莱顿的人口从一万五千上升到了七万二千；哈勒姆从一万六千到五万；鹿特丹从七千到四万五千。总之，这些移民就像一台巨大的发动机一样，在短短半个世纪，让荷兰在世界经济的各个领域占据了支配地位。[①]

思考讨论

1. 17世纪，欧洲其他国家在宗教方面采取怎样的政策？

2. 宗教宽容政策给荷兰带来了哪些收获？

案例解析

17世纪，其他欧洲国家都在忙于宗教战争和宗教迫害，荷兰的宽容政策却吸引了大批欧洲其他国家的宗教难民。荷兰共和国建立之初，大批原先西属尼德兰的工人、商人和流亡者为了躲避西班牙的宗教迫害而移民荷兰，欧洲各地的犹太教徒、法国的胡格诺教徒以及德国的路德宗教徒也纷纷来到荷兰。以鹿特丹为例，就有尼德兰、苏格兰、瓦隆的新教徒以及长老会、圣公会、路德派、抗议派、孟诺派、天主教和犹太

---

① ［美］艾米·蔡：《大国兴亡录》，刘海青、杨礼武译，新世界出版社2013年版，第122—125页。

教等教派。各个教派只要不对国家安全构成威胁，就能自由地在这个国家生活。任何在荷兰的人，不论民族和教派，都可以举行自己的宗教仪式。荷属东印度公司早期的 1143 名股东中，39 名是德国人，301 名是尼德兰南部移民，其中最大的股东投资额达 8.5 万英镑。1705 年，一个荷兰人曾表示："世界各国的人民在这里都能根据自己的信念和信仰侍奉上帝，尽管新教占据统治地位，人人都能自由地根据自己信奉的宗教举行礼仪，当地的罗马天主教堂达 25 所之多，祈祷和弥撒可公开举行，与在罗马无异。"① 他们带来了雄厚的资金、娴熟的手工业技术和廉价的劳动力，对荷兰经济的腾飞作出了巨大的贡献。

因宗教原因到荷兰避难的人中，不论是伊比利亚的犹太人还是法国和安特卫普的新教徒，很多是携带巨额资本的商人。从伊比利亚到荷兰的犹太人控制了世界钻石贸易和世界金融网络，他们把大笔资金投入到荷兰，充实了荷兰的银行储备和国家资金，推动了荷兰的海外扩张，并为阿姆斯特丹成为欧洲的钻石中心、全世界犹太人的金融中心和贸易网络的中心起到了关键作用。

外来的手工工匠带来了娴熟的手工业技术，为荷兰经济的发展作出了重要的贡献。16 世纪末，安特卫普、根特和布鲁基的大量居民因当地对新教徒的屠杀和迫害，流亡到尼德兰北部。他们大多数都是高度熟练的纺织工人，拥有丰富的从业经验，他们把最先进的原材料加工工艺和技术带到了阿姆斯特丹、莱顿和哈勒姆等地，使荷兰取代安特卫普成为欧洲纺织品整染和生产的领头羊，引领了欧洲 17 世纪的"新布料"时期。17 世纪莱顿、哈勒姆的纺织业，阿姆斯特丹的纺织业、皮革业、

---

① ［法］费尔南·布罗代尔：《15 至 18 世纪的物质文明、经济和资本主义》第三卷，施康强、顾良译，生活·读书·新知三联书店 1993 年版，第 198 页。

制糖业和各种化学工业，以及萨尔丹的造船业的发展，都有赖于外国劳动力的技术和经验。17世纪末，荷兰的丝绸、裁缝、制帽、制假发、手表生产等工业还因法国取消《南特敕令》而迁来的胡格诺教徒得到振兴。

大量外来移民的涌入，为荷兰工业的发展提供了源源不断的劳动力。来自德意志的移民向荷兰提供了大量的廉价劳动力。这些移民担任农村零工、割草工、采挖工、士兵、水手等工作。在伊比利亚犹太人控制的卷烟、食糖加工、丝绸纺织、巧克力制作、麝猫香和钻石加工等高利润行业中，贫穷而没有受过良好教育的德系犹太人为西班牙系犹太人充当劳工的情况也十分普遍。

此外，外来移民把商业关系和资本主义精神带到了荷兰。犹太人在汇兑和交易所投机方面是行家里手，他们给阿姆斯特丹的经济提供了有力的支持。他们还帮助荷兰建立了从荷兰到地中海和新大陆的商业网络，使荷兰在贸易中积聚了巨大的财富。荷兰人在伊比利亚的大港口把上乘纺织品交换成西班牙银币，再用这些银币到印度和美洲购买茶叶、珊瑚、丝绸、棉花、胡椒粉、糖、香料、铁、咖啡粉、木材等奢侈品和原料，运回欧洲，从而成为"世界的运输者，贸易的中间商，欧洲的代理人和经纪人"。

延伸阅读

1. ［法］费尔南·布罗代尔：《15至18世纪的物质文明、经济和资本主义》第三卷，施康强、顾良译，生活·读书·新知三联书店1993年版。

2. 齐世荣、钱乘旦、张宏毅主编：《15世纪以来世界九强兴衰史》上卷，人民出版社2009年版。

本案例设置的主要目的在于帮助学生了解 17 世纪荷兰的宗教宽容政策，引导学生理解宗教宽容对于荷兰在 17 世纪崛起为资本主义世界经济霸主的重要作用，进而思考宽容对国家兴衰的影响。

本案例讲述过程中可以横向对比 16、17 世纪伊比利亚、法国、德国等地的宗教狭隘政策，突出荷兰宗教宽容的可贵之处，并从资金、技术、劳动力等方面引导学生理解宗教难民的涌入为荷兰资本主义崛起带来的红利。

案例二　弃国宣誓

案例呈现

16 世纪的大部分时间，尼德兰是哈布斯堡帝国的一部分。1516 年，哈布斯堡家族的查理成为西班牙国王。由于他具有多种王室血统，他还兼任勃艮第国王、奥地利大公和尼德兰国王，以及神圣罗马帝国皇帝，是为哈布斯堡帝国的查理五世。

查理出生于根特，对尼德兰有较深的感情。在他的统治之下，尼德兰控制了哈布斯堡帝国的大部分贸易活动。这里不仅是哈布斯堡帝国富庶的地方，而且是欧洲经济最繁荣的地区。西班牙在尼德兰大肆搜刮，国库每年收入约一半（250 万佛罗林）来自尼德兰，尼德兰民众不堪重负。16 世纪前半期，荷兰、弗里德兰、上艾塞尔、根特等地先后爆发起义。

与此同时，欧洲宗教改革的出现，以及新教再洗礼派加尔文教的传播，使尼德兰的新教徒和天主教徒之间发生了分裂。作为虔诚的天主教徒，查理五世决定消灭尼德兰的新教异端。1550 年，查理五世颁布

"血腥法令"，规定所有异端（新教徒）一律处死，并没收财产，藏匿或帮助异端者与异端同罪。查理在位期间，尼德兰被处死的异端多达几千人。1556 年继承王位的腓力二世也是一个狂热的天主教徒，他把终止宗教改革运动继续蔓延视为自己的历史使命，从而采取了更加严厉的宗教政策。

1559 年，腓力二世同父异母的姐姐玛格丽特成为尼德兰总督后，力图在尼德兰建立铁腕统治。与此同时，奥兰治家族的威廉亲王被任命为荷兰、泽兰和乌得勒支等省的省长。1565 年，尼德兰贵族组成以威廉亲王为首的"贵族同盟"，并于次年向女总督提交了一份由 200 多名贵族签名的请愿书，要求停止迫害新教徒，召开三级会议。同年，一些工业城市爆发了破坏圣像运动，是为尼德兰革命的开端。随着这场运动的迅速蔓延，腓力二世于 1567 年派阿尔瓦公爵率领 1.8 万人的军队赴尼德兰平叛。阿尔瓦公爵一到尼德兰便组织了"血腥委员会"，对尼德兰进行恐怖统治，判处死刑和没收财产是常见的处罚。阿尔瓦公爵的恐怖统治持续了七年之久，共有 9000 多人被"血腥委员会"逮捕和审讯，1000 多人遭到处死或流放，其中包括很多社会名流。

为了维持军队开支，1569 年，阿尔瓦公爵在尼德兰增加了几种新税：第一，所有动产和不动产征收 1% 的财产税；第二，土地买卖契税 5%；第三，10% 的商品交换税。尽管这些税实际上从来没有收上来过，但却引发了许多怨恨，商人和市民纷纷加入反对西班牙的"贵族同盟"之中。从 1572 年起，尼德兰北方地区爆发了多次起义。这一年夏天，北方的荷兰和泽兰两省摆脱了西班牙的统治，威廉在北方各省议会上被推选为总督。次年年底，北方的乌得勒支、弗里斯兰、上艾塞尔、海尔德兰也相继独立，北方七省事实上已经成为一个独立的联省国家。

1575 年，腓力二世宣布财政破产。西班牙的尼德兰驻军因得不到军饷而四处抢掠。安特卫普的西班牙军队不仅杀害了 7000 名市民，而且毁坏了三分之一的城区。这次事件被称为"西班牙暴行"。

"西班牙暴行"和西班牙军队在尼德兰南方的公开抢掠促成了尼德兰南方和北方的联合，双方签订了《根特协定》。协定规定：第一，恢复威廉为荷兰、泽兰和乌得勒支省的省长职务；第二，在尼德兰三级会议采取合法行动之前，反对宗教异端的法令暂停实施；第三，释放被宗教裁判所关押的囚犯，归还他们被没收的财产；第四，禁止任何反对罗马天主教会的行动；第五，加尔文教在荷兰省和泽兰省被承认为唯一合法的宗教。《根特协定》签订后，南方各省许多城市发动起义，赶走了西班牙军队，建立了政权。

1578 年，腓力二世任命玛格丽特之子亚历山大·法奈斯为尼德兰总督。由于害怕加尔文教派占据优势，尼德兰南部一些天主教省开始进一步缓和与腓力二世的关系。为了分化南北各省，法奈斯承诺，倘若尼德兰各省和各城市支持天主教信仰并重申对西班牙国王的效忠，那么他将逐步撤出西班牙驻军，废除因为镇压革命而强加的税收，恢复各省和各城市的自由权利。

1579 年，尼德兰南部诸省信奉天主教的贵族成立"阿拉斯联盟"，宣布废除《根特协定》，保证维持天主教信仰，效忠国王。西班牙再度控制了尼德兰南部。于是，信奉加尔文教的北方各省以《根特协定》为基础，形成了更为紧密的"乌得勒支联盟"，宣誓将与西班牙斗争到底，直到摆脱西班牙赢得独立，任何省不得单独与西班牙媾和。"乌得勒支联盟"为日后成立联合七省的政府奠定了基础。

1581 年，北方各省的三级会议通过了《弃国宣誓》（*Oath of Abjura-*

tion），公开宣布尼德兰独立，废黜腓力二世，成立联省共和国。《弃国宣誓》声称：

"众所周知，一个王子受上帝指派成为国王统治人民，是要保护他们免受压迫和暴力，就像牧羊人保护羊群一般；然而，上帝创造的人民并非国王的奴隶，并不是不问是非盲目地听从他的命令，相反，国王应该为他的国民着想……如果一个国王不能做到这一点，而是压迫他的人民，总是伺机破坏他们古老的习俗或者权利，强迫他们像奴隶一样服从，他就不再是人民的国王，而是一个暴君，所以人民……不仅不能让他继续统治，而且还要为了维护自己的权利另外选择一位称职的国王。这是……自然法则赋予人民的自卫权利，我们还要传至子孙后代，甚至流血牺牲也在所不惜。"①

至此，北方七省组成了联省共和国，南方十省仍在西班牙统治之下。腓力二世以 2.5 万枚金币悬赏威廉的首级，并派出更多军队去镇压联省共和国。1584 年，威廉被暗杀于代尔夫特，法奈斯的军队屡被联省共和国军队打败。威廉之子马里斯继承父亲遗志，继续领导北方各省与西班牙战斗。1598 年，腓力二世去世，西班牙实际上已经无力扑灭尼德兰革命了。1609 年，双方签订十二年停战协定，西班牙事实上承认了联省共和国。1648 年三十年战争结束，西班牙被彻底削弱为二流国家，被迫正式承认联省共和国独立。

思考讨论

1. 尼德兰脱离西班牙统治的根本原因是什么？

2. 《弃国宣誓》体现出什么样的政治观念？

---

① ［美］艾米·蔡：《大国兴亡录》，刘海青、杨礼武译，新世界出版社 2013 年版，第 121 页。

案例解析

尼德兰的独立肇始于 1566 年的请愿运动，表面上看是由于西班牙对当地的宗教迫害，但其根本原因在于哈布斯堡王室对尼德兰经济上的压迫。查理五世虽然惩办异教徒，但却没有介入尼德兰的其他事务。在查理五世退位之前，尼德兰因新教异端被处死者已不在少数，有人曾说以万计，最低限度也以千计。然而，腓力二世却在排斥异端的同时，借着宗教问题整饬尼德兰的内部管理权。

腓力二世一方面计划在尼德兰全境创设新主教区（bishoprics），以宗教来驯服当地民众，俨然一种政教合一的趋势，另一方面又维持常备军，以武力作后盾，维持在尼德兰的统治。西班牙的军费负担也加之于当地人民，间接又多了一个增税的威胁。1566 年初的请愿没有得到满意的答复，各地的示威运动风起云涌。有些城市将天主教堂里的圣像捣毁，同时也有不少下层民众，对政府没有在几次大洪水中予以适当的救济而使食物价格高涨，表示愤慨。教堂征收什一税和法庭的蛮横引起民众的不满。商人们不堪西班牙的经济掠夺，认为如果能够独立于西班牙，他们的生意会蒸蒸日上。尼德兰的贵族们则相信腓力二世的种种做法是在侵犯他们历史上的特权。

因此，当腓力二世把手伸向尼德兰人的钱袋子时，只重视货币的尼德兰人终于在沉默中爆发，展开了反对西班牙的战争。用尼德兰独立运动学者莫特里的话说："关于对上天问题之解释，很多人可能因威迫利诱而放弃了他们的宗旨。宗教上的事，人性经常是可以揉转混合的。一到物质上财政上的事，抵抗强权，才会众心一致。"[1] 这一说法表明，

---

[1]　黄仁宇：《资本主义与二十一世纪》，生活·读书·新知三联书店 1997 年版，第 111 页。

16 世纪尼德兰的宗教争端实为其表，而其他很多社会经济特权等问题则为独立运动的根本原因。

《弃国宣誓》是一份既有宗教色彩又有平等意味的独立宣言。宣言认为，如果国王不能照顾民众的利益，反而破坏他们古老的习俗或者权利，民众就有权利推翻国王，另立政府保护自己的自然权利。其核心精神在于，统治者是管理者，应当对民众负责，民众可以废黜不负责任的统治者，这一思想也成为建立现代民主政府的核心精神。这份贯穿加尔文主义精神的文献成为一百多年后美国《独立宣言》的范本，杰弗逊在其自传中曾说到"荷兰起义"给了第二次大陆会议以明确的信心，人们因此相信美国独立革命同样会取得胜利。有学者认为杰弗逊起草《独立宣言》时有意从《弃国宣誓》中吸收了有益成分，约翰·亚当斯则说："美国的每个州都特别研究了荷兰独立法案，欣羡之、效法之"，他还认为，相似的争取独立的过程将使两国紧密团结在一起。

延伸阅读

1. ［美］马克·T. 胡克：《荷兰史》，黄毅翔译，东方出版中心 2009 年版。
2. ［荷兰］马尔滕·波拉：《黄金时代的荷兰共和国》，金海译，中国社会科学出版社 2013 年版。

教学建议

本案例设置的主要目的在于梳理尼德兰独立战争的整个过程，引导学生思考尼德兰独立战争的原因，以及《弃国宣誓》所体现的契约型政治观念。

本案例讲述过程中可通过对查理五世和腓力二世时期西班牙在尼德兰的宗教、社会经济政策的介绍，引导学生理解尼德兰独立战争的根本原因，并通过分析北方各省《弃国宣誓》文本及对现代世界的影响，帮助学生了解联省共和国体现的契约型政治观念。

案例三　金融制度革命

案例呈现

当四周邻国仍保持以农业为主的经济体制，既有工业的制造，也以本地的资源为主，而荷兰独特地采取了商业体制。于是阿姆斯特丹不仅是船舶进出的中心，也是国际银行业与保险业的中心。阿姆斯特丹的银行创始于1609年，亦即与西班牙停战的初年。它不发行货币，而以存款为主要业务。当日各地不同的货币良莠不齐，商人无法找到大量又合标准的货币汇票，为国际贸易中的一大缺陷，阿姆斯特丹银行接受各种成色不同的货币存款后，给存款人以它自身所设定的一种等于荷币的信用货币，登记于账簿之上，存款人即以此信用与人交易，因为所存货币储蓄于保险库内，查核稽严，又由阿姆斯特丹的市政府出面作保障，所以这银行信用昭著。而且阿姆斯特丹立法，凡转手在600荷兰盾以上的交易，一律用这银行的信用货币支付。不久之后，这银行的信用货币价值高于外间通行的货币。于是得款人也不要求兑现，安心长期的倚靠银行掌管其收支，使阿姆斯特丹银行的业务越做越大。

之后，这银行又展开接受金银条块存款的业务。银行给予存款人之信用货币的数目，低于存入金银之市价的5%，存款人在所得信用货币之外，银行也另给存入金银之收据，在6个月之内存款人或其利益转让人，若能将银行所给予之信用货币数目还清，并付少许手续费，仍可凭收据取回其存入之金银，所以银行之信用货币及储存金银之收据，同时可以在市场买卖，只是赎取金银时两者都不可缺。而用荷币购买信用货币之贴水（agio）通常也是5%，因之赎回金银无利可图，反要付手续费，故在一般情形下，收据无转让价值，通常令其逾期作废，存入之金银归银行所有，其发行的信用货币，等于支票存户之存款。如此积年累月的经营，银行的资本愈积愈多。同时贵金属被银行收买，不复为使市价大幅波动的工具，它们所代表的信用，也经常被使用着，不像传统中国，财主以金银窖藏，或者制成首饰器皿，消极地和闭门自守地保存其购买力。

以上的情形，显示着欧洲初期信用货币开创前后的情形，也呈现着当日所谓"重商主义"以确实掌握金银为保持国家财富之根源。此时若非直接控制金银，则无法展开其信用（今日则以外汇存储数为衡量经济力量之尺度）。

阿姆斯特丹的交易所据说创始于1530年。这不是交易所之最先发轫者。意大利、西班牙和法国很多城市里的交易所都比这时期早，有的竟早了几百年。不过阿姆斯特丹的交易所首先将现代商业的组织与技术渗入，也可以说是首先带有资本主义特性。现在看来，至17世纪中期，阿姆斯特丹的交易所仍不过是一般商人汇集之处，通过交易所可以买卖转手的物品达300多种，包括农产、矿产及制成品，胡椒则有五种。可是有组织的将政府公债以价转手和将公司股票公开竞争的出卖，要到17世纪后期方才成熟。征之以上阿姆斯特丹银行业务展开情形，也可以见得货币市场有赖于长时间的经营，才能使资金愈为集中，运转也愈显定型，而世纪后期之买空卖空，其所谓"出卖尚未捕获之鲱鱼，发售尚未开采之矿产"都出此门径，起先有了"预期交货"（futurity）的型态，次之则公司股票也可以"抛空"（selling short，卖者先以借来之公司股票高价卖出，以后趁跌价时购进弥补以从中牟利），都由阿姆斯特丹首创，于 1689 年光荣革命后传入伦敦。

买空卖空的投机事业为人以道德的名义诟病。可是行之几百年之后，在今日有条理之市场中，被认为有其社会功能与效用。出卖尚未捕获之鲱鱼及发售尚未开采之矿产，也可以说是让资本家投资于待展开之事业，也向推销商保证货物来源及可以预为筹备之价格。买方也通知了卖方，即使生产过剩预定出卖之商品已有被指定的市场和被保证的价格。大凡投机商将各种风险事业及吸收大幅盈亏作为他们的专长，则一般商人更能作较安稳的经营。甚至生产者也可以付少数之价款，以购买权（option，涨价时卖方仍有照预定价格出售之义务，跌价时则买方只放弃定款，不被强迫购买）的方式预定本人生产之商品，作为一种间接局部的保险，因此更可以大量投资，冒更大之险，去采用以前未曾采用之生产方式，而涉猎于以前未曾涉猎的地区，使生产成本愈低、利润愈高。本书前已说及，资本主义带有试验与赌博的性格，而不安于按部就班的平淡经营。买空卖空使这种放宽领域的行动为可能。这中间可能发生的弊端极多，也可能影响公众的安全。一个为政府监督的商场能使如此种种经营有秩序地继续下去，无疑的这国家已进入资本主义体制。①

思考讨论

1. 荷兰人在金融制度领域为现代经济作出了哪些贡献？

2. 荷兰人在金融制度领域的创新对荷兰财富的增长起到了怎样的作用？

----

① 黄仁宇：《资本主义与二十一世纪》，生活·读书·新知三联书店 1997 年版，第 118—122 页。

案例解析

17 世纪的荷兰是欧洲的金融中心，阿姆斯特丹创办了世界上最早的现代股票交易所和银行，对荷兰财富的增长和现代经济作出了重大的贡献。

在独立之前，与宗主国西班牙的贸易是荷兰最主要的经济来源之一，但 1558 年西班牙对荷兰商船下达禁港令，想切断荷兰通往殖民地的商路。荷兰并没有束手就擒，而是决定另辟蹊径，绕过西班牙，自己远洋航行，直接到达美洲和东印度。

然而，要抓住海外贸易的机遇，必须拥有足够的财力装备远洋船只。一些财力雄厚的商人固然可以凭借一己之力参与其中，但其他人还是更倾向于传统做法，即由一些合伙人共同注资，将自己的资本分投到若干艘远洋船只上而不是一艘船上，从而避免发生海难或者航行损失惨重时血本无归。1602 年，当荷兰人为远洋经费愁眉不展时，在共和国大议长奥登巴恩维尔特的主导下，荷兰联合东印度公司成立。东印度公司是第一个联合的股份公司，为了融资，他们发行股票，不过不是现代意义的股票。人们来到公司的办公室，在本子上记下自己借出的钱，公司承诺对这些股票分红，这就是荷兰东印度公司筹集资金的方法。

股份公司相比于私人冒险和合伙制的优势在于：第一，它经常能够从本国政府那里获得特殊的权利，而政府将某一地区的贸易垄断权授予股份公司也是家常便饭。例如荷兰东印度公司就被政府授予了东起好望角，西至麦哲伦海峡的贸易垄断权，以及开战或讲和、夺取外国船、建立殖民地、修筑城堡和铸币的权力。第二，股份有限公司发行股票，股票可以转让，从而将大量个人储蓄集中到海外商业冒险活动上。在股份有限公司诞生以前，海外冒险所需的资本只是由那些拥有远洋贸易知识和相关技能的人自己提供，但股票交易机制的引入，意味着欧洲在世界遥远角落里的活动规模被提升到更高的水平。1609 年，世界历史上第一个股票交易所诞生在阿姆斯特丹。只要愿意，东印度公司的股东们可以随时通过股票交易所，将自己手中的股票变成现金。股票交易所的出现，使阿姆斯特丹成为当时欧洲最活跃的资本市场。荷兰人和欧洲其他国家的人纷纷到此从事股票交易，大量股息收入就此流入荷兰国库和普通荷兰人的钱袋子。仅英国国债一项，荷兰每年就可以从中获得相当于200 吨白银的收入。

当大量的金银货币以空前的速度循环流通时，荷兰的经济血脉开始变得拥堵起来。为了解决这一问题，荷兰人的探索直接进入了现代经济的核心领域——建立银行。1609 年，阿姆斯特丹银行成立。这是世界上第一个近代银行。它经营货币兑换、吸收存款、发放贷款以及客户转账业务，兼具城市银行、财政银行和兑换银行的性质。由于所有一定数量的支付都要经过银行，阿姆斯特丹银行对荷兰经济的稳定和繁荣起到了重要作用。

尤为可贵的是，阿姆斯特丹银行发明了"信用"。为了保障银行的信用，阿姆斯特丹市政府为它提供保证金，封存于银行不得动用。该银行还在其他国家储备了充足的现金，以避免透支的风险。市政府通过立法规定：任何人不能以任何借口限制银行的交易自由。因此，它在吸收社会闲散资金方面发挥了重要作用。1721 年，该银行共有 2918 个账户，价值达 7888 万弗罗林。[①]

荷兰人是现代商品经济制度的创造者，他们将股份公司、证券交易

① 齐世荣、钱乘旦、张宏毅主编：《15 世纪以来世界九强兴衰史》上卷，人民出版社 2009 年版，第 74 页。

所、银行以及信用有机地统一成一个相互贯通的金融和商业体系，由此带来了财富的迅速增长。阿姆斯特丹更是成为 17 世纪后半叶欧洲金融体系无可争辩的中心。

延伸阅读

1. 黄仁宇：《资本主义与二十一世纪》，生活·读书·新知三联书店 1997 年版。

2. 齐世荣、钱乘旦、张宏毅主编：《15 世纪以来世界九强兴衰史》上卷，人民出版社 2009 年版。

教学建议

本案例设置的主要目的在于帮助学生了解荷兰股份有限公司、证券交易所、银行的诞生过程，以及发端于荷兰的金融制度革命为荷兰财富增长与现代金融和商业体系的建立作出的贡献。

本案例讲述过程中可以借助 1600 年成立的英国东印度公司和 1602 年成立的荷兰东印度公司在认购资本、管理方式和政府支持力度等方面的差异对比，引入近代金融制度的简单常识，引导学生理解荷兰金融制度革命对荷兰财富的爆炸式增长和现代经济作出的贡献。

案例四　世界范围的贸易网络

案例呈现

17 世纪，荷兰的势力和繁荣显著增长，这在某种程度上是由于其地理位置颇为有利。荷兰背靠广阔的德国内地，面傍欧洲两条古老的商船航线——一条为北南方向，从卑尔根到直布罗陀；另一条为东西方向，从芬兰湾到英国——的交通枢纽上。沿这些航线运送的基本贸易商品有：比斯开的鲱鱼和盐，地中海地区的酒，英国和佛兰德的布匹，瑞典的铜和铁，以及波罗的海地区的谷物、亚麻、大麻、木材和木制品。

荷兰人是通过从事这些商品的运输开始他们的伟大发展的。其商船队的崛起全靠当地的沿海渔业。荷兰人发明了保存、腌制和烟熏的新方法，并向欧洲各地出口他们的捕获物，以换取谷物、木材和盐。随着西班牙和葡萄牙海外帝国的建立，荷兰人在塞维利亚和里斯本得到新的殖民地出产的货物，运销欧洲各地。作为回报，他们向伊比利亚国家供应波罗的海的谷物和海军补给品。荷兰人用三桅商船即大型平底船——一种造价低廉、却拥有巨大的容积的普通运输船——运输这些货物。以往，典型的商船一向用笨重的木材建造，船尾设炮座平台，可架置火炮，在必要时作军舰用。荷兰人首先冒险建造一种为仅能运送货物、不可装置火炮的目的而专门设计的商船。三桅商船船身宽、船底平、居住舱室有限，因此，具有最大的货舱空间，而且极其节省建船材料。这种缓慢、丑陋但便宜、宽敞的大轮船是开始控制世界海洋的荷兰商船队的主要依靠。

16 世纪末叶，荷兰人开始向葡萄牙在东方的帝国挑战。首要的任务是搜集可靠资料，指导航海者找到绕过好望角的漫长航线。葡萄牙人为了将这类情报对他们的对手保密，采取了最有力的预防措施，但是，他们的航海秘密还是逐渐泄露出去。荷兰人纷纷涌入东方海域。仅1598 年一年中，远航东方的船队就不少于 5 支，有船 22 艘。从一开始起，荷兰人就胜过葡萄牙人。他们是更好的海员，能够用他们的三桅商船更便宜地运输香料，而且，由于他们本国的工业优于伊比利亚国家的工业，他们的贸易商品也较后者价廉物美。

1602 年，荷兰人将他们的各种私营贸易公司合并成一家国营公司——荷兰东印度公司。虽然早两年即 1600 年时，英国人已组织了他们自己的东印度公司，但是，他们敌不过荷兰人。英国公司的认购资本很小，而且，在后来的数年中，荷兰公司还在东印度群岛建立了设防据点网。设立据点需要与当地统治者订立条约，条约导致联盟，而联盟促成保护关系。到 17 世纪末，荷兰人实际管理的地区虽然仅一小块，但已成为荷兰的保护国的国家却很多，构成了一块大得多的地区。接着，18、19 世纪期间，荷兰全部并吞了这些保护国，建立起一个拥有庞大地域的帝国。

约 1700 年以后，出口香料到欧洲的益处减少了，不过，荷兰人通过将咖啡树引入东印度群岛，发展起一种新的经济资源。刚开始时，即 1711 年，他们仅收获 100 磅咖啡，而到 1723 年，他们却在销售 1200 万磅咖啡。因而，随着欧洲人养成喝咖啡的嗜好，荷兰人成为这种外来饮料的主要供应者。荷兰东印度公司通过这种种手段，在整个 17 和 18 世纪中平均每年得股息 18%。

然而，荷兰人的海外活动并不仅限于东印度群岛。在环绕斯匹次卑尔根群岛的北极海域，荷兰人实际上垄断了捕鲸业。在俄国，他们远远胜过英国的莫斯科公司。他们还控制了繁盛的波罗的海贸易，成为西欧最重要的海军补给品——木材、沥青、焦油、制绳索用的大麻以及制风帆帆布用的亚麻——的主要供应者。

他们的商船队早在 1600 年时就拥有 10000 艘船，是当时世界上最大的船队。荷兰的造船厂高度机械化，几乎一天就能生产一条船。此外，船的制造和操作亦颇经济合算，荷兰船主可以削价与竞争者抢生意。因而，他们充当了西班牙、法国、英国和波罗的海国家之间的运输业者。英国人直到 18 世纪才能在商船运输方面与荷兰人竞争。

在美洲，荷兰人于 1612 年在曼哈顿岛建立了有利可图但又短命的新阿姆斯特丹城，而且还短时间地占据了西印度群岛的各个岛屿和沿海狭长地带。但是，荷兰所有殖民地中最持久的是 1652 年在南非好望角开拓的一小块殖民地。这里不是一个贸易站，而是为了向去东方的途中的船只提供燃料、水和新鲜食物而建立的一块真正的殖民地。这块殖民地很快便证明了它的价值。它向荷兰船和其他一些船只提供的鲜肉和新鲜蔬菜帮助制服了坏血病，拯救了数千名海员的生命。如今，这些荷兰农民即布尔人的后裔占居住南非 300 万欧洲人口的五分之三。①

思考讨论

1. 18 世纪时，为什么荷兰的经济发展落后于英法两国？

2. 梳理《航海条例》的内容及其对荷兰贸易的影响。

案例解析

18 世纪时，荷兰在经济发展和海外活动方面均落后于英国和法国。其衰落的主要原因在于，随着工业时代的来临，荷兰在工业发展上明显落后于英、法两国。一方面，以运输和贸易起家的荷兰人没有抓住工业时代发展制造业的时代主题，而是把大量资金投入到金融领域。另一方面，即便要发展工业，荷兰人也缺少英国和法国所拥有的资源优势。英国岛国的地理环境使其不用担心大规模外敌入侵的威胁，可以聚精会神搞工业建设，而且英国的自然资源比荷兰丰富，并且有海外殖民地迅速增长的财富和力量作为后盾，而荷兰仅有南非南端的一小块殖民地作为支撑。法国在地中海和大西洋均有出海口，便于发展海外贸易，而且法

---

① ［美］斯塔夫里阿诺斯：《全球通史：从史前史到 21 世纪》下，吴象婴等译，北京大学出版社 2005 年版，第 433—434 页。

国拥有众多人口和繁荣的农业作为工业发展的支撑。仅人口方面，17世纪初人口不足 200 万的荷兰根本无法与同期拥有 1600 万人口的法国相比。英法的这些优势都是荷兰所欠缺的。在荷兰全球贸易达到顶峰后，英国输出品的价值从 1720 年的 800 万英镑上升到 1763 年的 1900 万英镑，法国输出品的价值从 1716 年的 12000 万里弗尔增至 1789 年的 50000 万里弗尔，这样的增长速度荷兰人望尘莫及。

18 世纪荷兰落后于英、法两国的另一个原因在于，英、法两国政府通过颁布一系列针对荷兰人的歧视性法令，坚持不懈地建立自己的商船队，打压荷兰的海外贸易。例如 1651 年起，英国议会通过一系列《航海条例》，矛头直指荷兰。1651 年的《航海条例》规定：凡进入英国或各殖民地港口的商船，必须是英国或该殖民地所有，其船员又只能是该船所属地的臣民；欧洲商船可以进入英国港口，但只能携带本国商品，配备本国船员。1660 年重新颁布的《航海条例》规定：进入英国和爱尔兰的商品必须由英国、爱尔兰或英属殖民地的船只运送，其船员中至少要有 3/4 是英国人；进出英属殖民地的商品只能由英国或爱尔兰船只运输，其他国家的商船不可参与。这项法律意味着，进出英格兰、爱尔兰、英属殖民地的商船要么属于英国或英属殖民地所有，要么应是商品生产国自己的船只。这样一来，缺乏制造业支撑而主要从事转口贸易的荷兰，就被排斥于英国及英属殖民地贸易之外了。第一次英荷战争和第三次英荷战争中失败的荷兰被迫接受《航海条例》，把对海上贸易的控制权丢给了英国。英国的打压对莱顿的衣料业、造船业和陶器制造业造成了消极的影响，而 1664 年以后法国针对荷兰的贸易保护行动也使荷兰的烟斗制造商和炼糖厂主遭受到严重的损失。

此外，荷兰还被一系列劳民伤财的战争所削弱。17 世纪上半叶，荷兰为争取独立，与西班牙统治者进行了漫长的战争。尽管西班牙在 1648 年承认了荷兰的独立，但荷兰并没有走出战争的阴霾。1652 年至 1674 年，荷兰与英国之间因商业纠纷而发生了三次战争。尽管荷兰在军事上没有完全输给英国，但从整体上说，荷兰海上实力大为削弱，在经济、贸易、海运方面的实力也大为下降。1667 年至 1713 年，荷兰与法国之间又因路易十四的领土野心而陷入战争。在与法国的战争中，荷兰虽保全疆土与独立，但元气大伤。荷兰在整个 17 世纪几乎都处于战争或濒临战争的状态，战争拖垮了荷兰经济。仅 1688 年至 1713 年，国债就增加了将近 5 倍。① 在第三次英荷战争末期，英国已跃居为世界海上霸主。

延伸阅读

1. ［美］房龙：《荷兰共和国的衰亡》，朱子仪译，北京出版社 2000 年版。
2. ［美］马克·T. 胡克：《荷兰史》，黄毅翔译，东方出版中心 2009 年版。

教学建议

本案例设置的主要目的在于梳理 17 世纪荷兰的世界贸易网络，引导学生从资金、地理位置、资源禀赋、发展战略、国际竞争、战争等方面思考荷兰经济在 18 世纪落后于英法两国的原因。

本案例讲述过程中可采用经济学视角，通过对 17、18 世纪荷兰与英、法两国的地理位置、资金、资源禀赋、发展战略等方面的横向对比，以及对英国《航海条例》的文本分析，启发学生思考荷兰经济在 18 世纪落后于英法的原因。

---

① ［美］马克·T. 胡克：《荷兰史》，黄毅翔译，东方出版中心 2009 年版，第 101 页。

案例五　新尼德兰殖民地

案例呈现

就像它的名字一样，新尼德兰是一个真正的安乐乡。"新尼德兰是阳光下最美丽的土地之一……那里一切东西都很充足。人们可以捕鸟，野鸟和家养的猎禽都很多。葡萄在野外生长。"对埃弗特·威廉松来说，新尼德兰与非洲相比，肯定更像天堂。这片领土是一个为荷兰东印度公司服务的英国人亨利·赫德森（Henry Hudson）在寻找通往印度的西方航线时发现的，从 1614 年起，阿姆斯特丹的商人们在这片今天是纽约州的土地上进行了系统的殖民活动。他们最重要的商品是从印第安人那里购买的皮毛。荷兰人最初定居在今天的奥尔巴尼（Albany）地区，1624 年他们在那里建立了拿骚堡，1626 年，他们又用价值 60 盾的货物从当地的印第安人手中换得了曼哈顿岛。埃弗特·威廉松——他开始称自己为埃弗拉德斯·博加德斯（Everardus Bogardus），这是一个更适合于传教士的名字——在新阿姆斯特丹结束了他的旅程，曼哈顿岛上的定居者现在用这个名字称呼该岛。1638 年，博加德斯与一个挪威寡妇结婚，她可能是通过阿姆斯特丹来到美洲的。通过她，博加德斯成了位于哈德孙河与今天百老汇之间的一个农场的主人。他出租了一个带烟草仓库的种植园，这意味着这位牧师不可避免地在某种程度上卷入了殖民地经济及其农业生产中。

考虑到移民的人数，荷兰殖民者与印第安人保持友好关系是不可避免的。在纽约州那么大的一片土地上（现在那里的人口已经超过了1900 万），1640 年只有不到 2500 个欧洲人，1664 年，他们的人数增加到不足 7000 人。仅在新阿姆斯特丹一地就有 2500 个居民，是那里最大的移民聚居地。还有 1000 人住在贝弗维杰克（Beverwijck，即奥尔巴尼），剩下的 3500 个欧洲人则分散在 20 多个小的村社里。印第安人可以自由来往，但是这种不受限制的通行却对他们自己以及他们的家人造成了灾难性的后果，因为他们从欧洲人那里传染到的疾病，比如天花，被证明是致命的。1600 年左右，据估计，该地生活的美洲土著居民有90000 人，半个世纪后可能只剩下不到 14000 人。在这场大规模的屠杀中，白人移民无可否认地发挥了积极的作用。1643—1644 年，"新尼德兰人"对印第安人发动了一场血腥的战争，荷兰人毫不犹豫地对他们的敌人发动了夜袭，将所有人——包括妇女和儿童——全部杀光，在睡梦中割断他们的喉咙。为了保护自己免遭印第安人的报复，他们建起了一堵围墙，当地后来就得名华尔街（Wall Street）。殖民者的野蛮行径也许可以用下列事实来解释，尽管与印第安人建立了密切的联系，可是他们从来不认为印第安人是他们的人类同胞。在对新尼德兰的情况描述的书面报道中，殖民者常把印第安人描绘成"野人"，有时候还将他们称为"那些裸体者"。他们没有殖民者所承认的宗教，他们的婚姻习俗和在财产所有权方面所持的观点与殖民者自己的社会没有任何类似之处，这些理所当然地成为殖民者的评价标准。

对印第安人的战争也是殖民者自己意见不一的结果。许多殖民者，包括博加德斯牧师在内，都把新尼德兰视为一个应该加以扩张的殖民地，如果必要的话可以为此牺牲印第安人的利益。而其他人则把定居点首先视为一个贸易站，只有和土著居民保持和平关系，才能最好地为它的利益服务。新尼德兰的困境实际上反映了荷兰西印度公司作为一个整体所面临的困境。在公司成立的时候，它的一些奠基者们希望它成为贸易和私人生产的联合体，让殖民者也参与进来，而其他一些人则希望公司的行动仅限于贸易。在美洲，通过以货易货的方式获得所需要的商品要比在亚洲困难得多。在美洲，这种商品必须通过欧洲人自己的努力才能够生产出来。开拓殖民地有希望带来巨大的利益，但是必要的投资也肯定会带来巨大的风险。正是在17世纪40年代的前半期，荷兰西印度公司的殖民政策遭受了几次挫折。在马拉尼昂（Maranhâo，巴西北部），葡萄牙殖民者在本国反西班牙统治的起义激励下，于1642年10月爆发起义，反对荷兰人的统治。1645年，荷兰西印度公司再也不能为殖民地军队提供资金了。敌对行动继续进行，直到荷兰人最终在1654年放弃了巴西。荷兰西印度公司——由于受到放弃巴西的打击并且在新尼德兰面临许多问题——毫不吃惊地发现它已陷于困境。

公司不得不把更多的注意力集中在贸易方面。1634年，安的列斯群岛（Antilles）中的背风群岛（Leeward Islands）被征服，此后就一直被用作荷兰西印度公司在加勒比海地区的贸易基地。特别是库拉索岛（Curacao），逐渐成为荷兰奴隶贸易的集散地。荷兰人不仅向荷兰种植园主供应非洲奴隶，而且也在满足西班牙种植园主们对奴隶劳动力的巨大需求。荷兰种植园主大多数是葡萄牙裔犹太人的后代，他们的活动集中在圭亚那"野蛮海岸"（Wild Coast）的埃塞奎博河、伯比斯河（Berbice）与波默罗恩河（Pomeroon）三角洲地区，17世纪50年代他们在那里迅速建立起了蔗糖种植园，依靠从非洲输入的奴隶劳动力进行生产。1663年，有4000人生活在这个地区。1683—1713年，苏里南的种植园数量增加到原来的四倍，从50个增加到200个。在17—18世纪之交，每年从加勒比海地区运往荷兰共和国的货物价值近200万盾。

然而，荷兰西印度公司的股东们从所有这些活动中获得的利益并不多。控制伯南布哥的企图耗资巨大，可是却一无所得。1664 年，英国人带着一支庞大的舰队出现在曼哈顿沿海。总督皮特·施托伊弗桑特（Pieter Stuyvesant）看到抵抗是无益的，就立刻向他们交出了新尼德兰。尽管 1673 年荷兰人在哈德孙——这是英国人对纽约的称呼——重新收复了他们的定居地，可是这个胜利仅仅是暂时的。一年后，它再次易手，当时在《第二次威斯敏斯特条约》中，它被划给了英国，作为交换，英国则承认荷兰共和国对泽兰人在 1667 年征服的苏里南地区的要求。在当时，这是一个有利的交易，不过荷兰西印度公司并没有从中获得多大的利益。苏里南地区是由从阿姆斯特丹和泽兰来的企业集团进行开发的。这样，在 1674 年，当荷兰西印度公司的章程到期时，该公司决定解散就毫不令人吃惊了。[①]

思考讨论

1. 为什么西印度公司的获利不如东印度公司？
2. 荷兰人为什么丧失新尼德兰殖民地？

案例解析

荷属西印度公司成立于 1621 年，拥有大西洋西半球部分的垄断贸易权。尽管开业时比东印度公司拥有更多的资金，但它的获利却远不如东印度公司。东印度公司拥有东起好望角，西至麦哲伦海峡的贸易垄断权，其盈利主要靠垄断东西方香料贸易。公司常以 30 分钱一磅的价格在印度购买香料，运回国后以 4 个荷兰盾一磅的价格卖出，获利高达 1200%。[②]

---

① ［荷兰］马尔滕·波拉：《黄金时代的荷兰共和国》，金海译，中国社会科学出版社 2013 年版，第 111—115 页。

② ［美］房龙：《荷兰共和国的衰亡》，朱子仪译，北京出版社 2000 年版，第 47 页。

就盈利渠道而言，西印度公司的盈利却没有东印度公司那么稳定。当东印度公司到达印度后，那里的西班牙人和葡萄牙人已经做完了殖民地早期的开创工作。荷兰人把西、葡殖民者赶出要塞后，发现当地土著已有相当程度的文明，可以熟练地在田地和种植园工作。然而，西印度公司领地上的土著却缺乏必要的劳动技能。荷兰人每占领一处，得先把当地的土著抓来，训练他们做固定的工作。即便要新建种植园，也必须规划，然后花费二十来年的建设才能产生实际的成果。然而，荷兰商人只求近期的效益，不会长远考虑后代可能的利益。他们在远离祖国的穷乡僻壤开拓殖民地并不是为了自己的国家，而是为了从他们新征服领地的出产中赚取股息。西印度公司辉煌时代的获利主要依靠掠夺西班牙的珍宝船队和攻占葡萄牙的殖民地，但由于没有稳定和持久的利润，故而1674年就陷入破产。

即便西印度公司想照现代的意义开拓殖民地，他们也没有足够的人可以移居到殖民地。整个荷兰共和国只有几百万人口，他们在国内不费多大力气就可以拥有舒适的生活。况且，17世纪的荷兰很繁荣，而且相较其他欧洲国家宗教信仰要自由得多，所以去一个遥远且不开化的地方谋生，对荷兰人没有什么吸引力。加之荷兰资本在东印度大获其利，而西印度并非首选，因此，西印度公司缺乏积极的支持，那里的人只好自生自灭。

由于缺乏足够的移民和政府支持，在对新尼德兰的殖民问题上，荷兰殖民者并非主要依靠暴力进行赤裸裸的殖民掠夺，扩张荷兰帝国，而是更偏重于开拓贸易。因为派定居者建立殖民地需要移民和投资，而西印度公司在意的则是盈亏，所以只派出维持其贸易网所必需的最少限度人数。

1664 年，英国国王查理二世把新尼德兰"赐给"弟弟约克公爵詹姆斯。当时这片西印度公司的殖民地上有大约 1 万居民，邻近的英国殖民地普利茅斯和波士顿在 1660 年共有约 5 万人。单从人口上看，荷兰殖民地的人口就不足以抵御英国人进攻。此外，荷兰除了重视生意外，对一个民族国家应有的国家机构不甚重视，军队在 1600 年仍是由英、法、苏格兰、德意志、瓦隆人和荷兰人组成，荷兰只有 7 个联队，其他民族的联队有 115 个。军队装备落后，商船速度缓慢，忽视正规海军建设，难以抵挡日益强大的英国军队。这一年，英军占领了新阿姆斯特丹，将其改名为纽约（即新约克）。第二次英荷战争结束的 1667 年，新尼德兰正式割让给英国，用来交换南美洲东北部的苏里南。

延伸阅读

1. ［美］马克·T. 胡克：《荷兰史》，黄毅翔译，东方出版中心 2009 年版。

2. ［荷兰］马尔滕·波拉：《黄金时代的荷兰共和国》，金海译，中国社会科学出版社 2013 年版。

教学建议

本案例设置的主要目的在于以新尼德兰殖民地的开拓和经营为例，为学生梳理荷兰崛起过程中，荷属东印度公司和西印度公司在盈利方式、政府支持力度等方面存在的差异，并帮助学生理解荷兰殖民帝国存在的困境。

本案例讲述过程中可以通过梳理新尼德兰殖民地从建立到落入英国人囊中的整个过程，联系伊比利亚和英国对殖民地的经营方式，对比分析荷兰殖民帝国的特征，从而引导学生认识到荷兰殖民帝国的困境以及荷兰衰落的原因。

案例六 从荷兰精神到荷兰现象

荷兰人因拥有长久的盛世繁荣而闻名。欧文·费尔萨姆（Owen Fellthamm）指责荷兰人"过分节俭"。荷兰驻海牙大使，尼德兰联邦德高望重的威廉·坦普尔（William Temple）先生愤怒地表达荷兰人是"如此轻而易举"发家致富的：

> 从没有任何一个国家拥有如此多的贸易却消费得这么少：他们是印度香料和波斯丝绸的专业户，但却穿着普通的棉织品和食用自己养的鱼和种植的菜根。他们把最好的布料卖给法国人，然后自己却穿着向英国人购买来的粗糙布料。简而言之，他们提供无止尽的奢侈品，自己却从不使用；用山珍海味款待客人，自己却从不食用。

其实，尽管荷兰共和国中有人可能穿着"普通的羊毛制品"和食用菜根，但是其他人并不这么做。正如西蒙·沙玛（Simon Schama）在《富人的窘境》书中描写到，很多荷兰人，无论是贵族阶级还是普通劳工都能调整加尔文主义的狭隘，过着充实的生活——饕餮盛宴，奢侈的节日庆典和超前的消费理念。

17 世纪是荷兰共和国的黄金年代，和美国的历史大体相似，荷兰也因为充满了机会而闻名于欧洲大陆：被称为"新耶路撒冷"，一块富饶的乐土。在荷兰也有大量的贫民和不公平：在 1500 年和 1700 年之间，大量的移民涌入荷兰共和国，当中不仅仅有金融家和大资本家，还有流浪儿童、妓女和来自挪威和瑞典身无分文的水手。尽管如此，荷兰共和国仍然是欧洲最富有的国家，而且遥遥领先于其他国家，即使是技艺笨拙的工人也享受着比其他国家人民更高品质的生活和饮食。

就像美国作为当今世界的暴食者一样，荷兰也因囤仓积货闻名世界。在 17 世纪，英国自然主义学者约翰·雷见到荷兰人民便感到厌恶，认为他们"肥胖臃肿，身体粗犷"，"几乎时时刻刻都在进食"。而且不仅仅是只有富人才过着这样奢侈的生活。贵族和平民吃着惊人相似的早餐，尤其是面包、奶油、乳酪、鱼、糕点、酸奶和啤酒——啤酒甚至被"广为推荐"给成人和孩子在早餐时饮用。

中餐和晚餐也同样丰盛。在 1664 年 4 月 24 日，一张来自大约 12 名教授在赫罗纳的标准晚餐账单显示：一只火鸡、罐炖野兔肉、威斯特伐利亚火腿、一卷卷的羊肉、一桌的牛肉、小银鱼、面包、黄油、芥末和奶酪、柠檬和 12 大杯葡萄酒。在 1703 年，据说 7 个来自阿纳姆的牧师一次用餐包括"14 磅的牛肉、8 磅的小牛排、6 只鸡、大量的白菜、苹果、梨、面包、饼干、什锦坚果、20 瓶红酒、12 瓶白葡萄酒和咖啡"。即使在穷人的家里也有蔬菜沙拉、炖肉、面包和黄油，偶尔有鸡，新鲜的水果和红酒给病人食用调养。

在特殊的场合，荷兰人甚至吃得更多。除了那些主要的节假日，例如圣诞节、圣马丁节和肥美星期二狂欢节（当天人们必须吃华夫饼、煎饼、三明治、火腿馅饼），荷兰人也为庆生、洗礼、褓裸、婚约、葬礼、开学、中彩、拜师、新机构成立、商船抵港，甚至是为节气的变化来举办盛宴，那时候男女主人会和他们的仆人交换角色。在宴会上，宾客会受到周到的款待，菜肴达到 100 多道。一个守丧人，除非死去的人不值得大家对他纪念，否则也会收到西蒙·沙玛所谓的"大丰收"，即乡民给予的赠品：

> 20 箱法国和莱茵的顶级葡萄酒、70 桶麦芽酒、1100 磅在柯宁广场烤制的烤肉、550 磅里脊肉、12 只全羊、200 磅鼠肉，最后一般都是面包、黄油和奶酪。

但是食物，即使是不计其数的生产，也是在轻松的宗教氛围下不断增产的。毕竟，面包已经在最后的晚餐中坏掉，而且"即使是那些最易冲动的牧师，对饼干也不会在内心存在任何的敌意"。问题是荷兰人早已因为充满醉汉和烟民而臭名昭著了。"男人因为小小的借口酗酒，"一位牧师哀叹道，"听到时钟的声音和磨坊转磨的声音……恶魔已经变成了啤酒商。"在 1613 年，仅仅在阿姆斯特丹就有 518 家酒馆。与此同时，据估计，在哈勒姆人们每天消耗 12000 升啤酒，其中三分之二是在家庭中使用的。同期，无论是男性还是女性，在社会的任何阶层，吸烟甚至嚼烟已经成为国家性的隐患。"荷兰共和国之味，"沙玛写道，"就是烟草的味道。"国外游客特别厌恶荷兰女人满嘴的烟渍牙，还有那地方色彩的腔调，例如说"绝不可能有不吸烟的荷兰人"。

这些恶习和毫无节制的生活给严谨的加尔文教徒造成深深的苦恼。在 1655 年，阿姆斯特丹一位虔诚的市长颁布了一道禁止举办奢华婚宴的法令。另一方面，代尔夫特城（Delft）下令禁止煎饼人。各个城镇的牧师则全力禁止人们在安息日使用烟草。

但是最后这些措施都不幸付诸东流。这不单单是因为这些方案不受爱戴（曾经有人因尝试在圣尼古拉斯宴会上禁止食用甜点而触发了一场长达 12 年的激烈反抗）。资本主义力量也毫不留情地反对他们。烟草和酒是荷兰共和国两大最重要的商品。在高达城，大约有一半的劳动力被雇佣来生产烟管。即使在西印度公司——以加尔文主义的强烈路线为核心——从殖民地的烟草贸易中获得了巨大的利益。这些经济利益在教会领导镇压努力下轻而易举地取得成功。举个例子，在鹿特丹城，一项禁止周末喝酒的法令立即受到当地有影响力的啤酒商的反对。当然教会和这些肮脏的交易者也有瓜葛。当地牧师在布道训诫时偷偷地吸一口是非常普遍的，自治区的烟草巨头，布莱特·凡·斯勒契特赫斯特本人就是归正宗（基督教）的执事长。①

思考讨论

1. 荷兰精神对于 17 世纪荷兰的崛起发挥了怎样的作用？

2. 崇尚奢靡的荷兰现象对荷兰黄金时代的结束起到什么样的影响？

案例解析

荷兰精神的突出表现就是节俭、创新和勇于探险的资本主义精神。荷兰商人摈弃了欧洲其他国家贵族的奢侈生活方式，为 17 世纪荷兰的崛起注入了精神力量。一位法国商人曾经感叹："法国商人从经营贸易获得巨额财富之日起，他的孩子就不再承袭父辈的职业和技艺，而是进入官场……而在荷兰，商人的孩子常常继承父辈的职业和技艺。由于金钱不从商业中抽出，而是经常父子相传，家族承袭，继续留在商业之中，因而商人彼此联姻的结果，使得单个荷兰商人比单个法国商人能够更容易地从事北方和莫斯科的贸易活动。"②

① ［美］艾米·蔡：《大国兴亡录》，刘海青、杨礼武译，新世界出版社 2013 年版，第 132—135 页。

② David Maland, *Europe in the Seventeenth Century*, Second Edition, London, 1983, p.245.

与此同时，荷兰民族性格中的善于创新，为荷兰资本主义的崛起提供了不竭的动力。荷兰人不仅发明了海上现场腌制保存鲱鱼的技术，开辟了国内外广阔的鲱鱼市场，而且在转运和销售中国瓷器到欧洲各地的同时，模仿烧制青花瓷出口国外，甚至发明了造价低廉、货运成本比其他国家便宜三分之一的三桅帆船，在欧洲海运业中独占鳌头。

　　此外，荷兰人勇于探险的精神也为海上贸易的发展注入了活力。1594 至 1597 年，威廉·巴伦支为探索经北方海域到达中国和印度的新航线，三次驶入北冰洋海域，亦即后世所称的"巴伦支海"。1616 年，勒美尔和斯考顿抵达美洲南端的合恩角。1642 至 1643 年，到澳大利亚探险的塔斯曼在新西兰和塔斯马尼亚登陆。他们的冒险精神是荷兰打破西班牙的经济封锁，开辟海外贸易的新局面不可忽视的因素。

　　然而，崇尚奢靡、耽于享乐的荷兰现象却成为 17 世纪末荷兰黄金世纪结束的重要社会文化原因。不但荷兰贵族和富商模仿法国的生活习俗和使用进口商品，普通荷兰人也不遗余力地仿效上流社会，把生意搁置一边，以收取利息维生，讲究饮食和衣着。社交娱乐活动中暴饮暴食和纸牌赌博盛行，吸烟现象普遍。曾经有人写道："推开鹿特丹一家小咖啡馆的门，一阵烟雾迷住了眼睛，揉揉眼睛再一瞧，哇！里面竟有 300 人在抽烟。"①

　　享乐主义的社会氛围也阻碍了荷兰殖民地的开发。17 世纪末 18 世纪初，荷兰人贪图安逸，不愿意到艰苦的地方冒险。如果说 17 世纪东印度公司的驻外管理人员是一群勤奋的开拓者，那么 18 世纪的则是一群营私舞弊、贪污受贿之徒，他们在海外过着享乐腐化的生活。西印度

---

① 〔法〕保罗·祖姆托：《伦勃朗时代的荷兰》，张今生译，山东画报出版社 2005 年版，第 154 页。

公司虽然在美洲占有殖民地，但一直缺乏开发的人手。到这些殖民地的荷兰移民通常是在国内走投无路的穷人和孤儿，他们在美洲艰苦的环境下缺乏生存能力，许多人到殖民地不久便撒手人寰。即便在以新阿姆斯特丹交换到南美洲东北部的苏里南后，由于苏里南的英国移民带走了生产工具和奴隶，荷兰人对这块土地不知所措，任其荒芜。

17世纪末期，早期节俭、创新和勇于探险的荷兰精神荡然无存，崇尚奢靡、贪图享乐、好逸恶劳的社会氛围加速了荷兰黄金世纪的结束。

延伸阅读

1. 齐世荣、钱乘旦、张宏毅主编：《15世纪以来世界九强兴衰史》上卷，人民出版社2009年版。

2. ［美］房龙：《荷兰共和国的衰亡》，朱子仪译，北京出版社2000年版。

教学建议

本案例设置的主要目的在于通过对比节俭、创新和勇于探险的荷兰精神和崇尚奢靡、耽于享乐的荷兰现象，帮助学生体会荷兰黄金世纪开启和戛然而止的社会文化原因，从而引导学生思考民族性格对于一个国家兴衰的重大影响。

本案例讲述过程中可通过17世纪荷兰人的日常衣食住行，以及巴伦支远航、新大陆殖民地的经营等例子，从社会文化的角度引导学生思考荷兰盛衰的原因，进而帮助学生认识积极向上的社会氛围对于国家崛起的重要作用。

案例七　金钱就是你的上帝

案例呈现

到1601年，这里已经建立了8家荷兰公司，一共拥有65艘船只。它们彼此之间疯狂竞争，不断地从东印度群岛购买商品。最初，荷兰商人们都获得了巨大的回报，但是他们转而发现，他们相互间的竞争无形中抬高了商品的价格，而这个恰恰威胁到了他们的利益。与此同时，他们的船只在远洋途中又遭到了海盗、敌舰以及武装民船的抢劫，损失惨重。除此之外，相比西班牙和葡萄牙，荷兰在亚洲、非洲，甚至是新世界地区，并没有任何有组织的，能独立自主的军队。反观西班牙和葡萄牙，在东、西印度地区，都拥有着各自的殖民地，统治和剥削着那里的人民，而这些都给他们攫取贸易所需的原材料提供了非常便利的条件。荷兰商人们看到了这些优势，并从中吸取了宝贵的经验。

在 1602 年，荷兰商人、市民和外交使节们相互勾结，在东印度群岛成立了东印度公司。这个股份制公司利用独立主权垄断经营。公司有权行使外交权，签订政府间的条约，结成军事联盟，拥有军队，任命总督，甚至拥有发起战争的权力。公司里的所有理事，不论是海军中校还是侨民，都必须向联合公司和联合省的最高领导人宣誓，以表效忠。

在东印度公司里，那些投资创始人不停地勾心斗角。在最重要的阿姆斯特丹商会里，就有超过 1000 个原始投资人，其中 81 人就提供了一半左右的资金。在这 81 个主要投资人中，一半左右是富裕的新教难民，他们曾逃离了西班牙的迫害，而且一般都是本土荷兰人。东印度公司创造了更多的财富，对荷兰的发展做出了巨大的贡献。……尽管 10% — 20% 的荷兰人是天主教徒，但是东印度公司主要的投资商却是新教徒。

尽管如此，荷兰人的海外扩张并没有受到宗教狂热分子的阻挠。同西班牙和葡萄牙截然不同的是，荷兰很少派传教士去东印度地区或美洲地区"拯救异教徒"。当然，荷兰帝国的建立者中也有虔诚的加尔文教徒，其中就有无敌海军部队的司令派特·海恩（Piet Heyn）和荷兰东印度公司总督科恩（Coen）。但是像他们这样的人会经常埋怨那些在亚洲的荷兰侨民对宗教不够虔诚。曾经有个牧师发牢骚说："荷兰水手对圣经的了解和对古兰经的了解一样少。"荷兰帝国的扩张烈焰不是因加尔文主义而是被利益的驱使所燃烧。在 17 世纪早期，正如西非部落成员对荷兰商人所说的，"黄金就是你的上帝。"在几年之后，瑞典的查理王十世对此也表示相同的观点："当一位荷兰外交使节对荷兰的宗教信仰自由发表言论时，查理十世从自己口袋里拿出一个硬币说，'这就是你的宗教信仰！'"

17 世纪早期，人们见证了荷兰商业和殖民化在全世界范围的膨胀和扩张。在 1605 年，荷兰从葡萄牙手中争夺了印度尼西业群岛作为自己的殖民地。在 1610 年，东印度公司在爪哇岛建立了第一个总督机构，以此作为德那第（Ternate）、提多列（Tidore）、安汶岛（Amboina）和班达（Banda）临近岛国的交易场。在 1619 年，荷兰攻占了雅加达，重新命名为巴拉维亚并使其作为公司新的总部所在地。在同一时期，荷兰取代了葡萄牙作为西非海岸线上新的主导力量，掌管着这一区域黄金和象牙的交易。更具戏剧性的是，在 1599 年至 1605 年之间，荷兰派出了768 艘船舶到达加勒比海和南美洲的北海岸，之前这些都是西班牙的控制区域，荷兰人从中成功地获取了大量的食盐、烟草、皮革、糖和银条。

同时，回到欧洲，荷兰为了主权独立，反抗西班牙的统治（荷兰独立战争从 1568 年开始到 1648 年结束，也被称为"八十年战争"），荷兰在战场不断地获得胜利。在经济利益的不断驱使下，荷兰采用一系列军事改革并迅速向欧洲地区侵略，因此军队获得了高额的报酬。越来越先进的武器被引进，军事武器变得更加标准化。战场训练和技术不断革新，例如，战士在军事训练中练习同时装弹和开火，要求步兵并排连续齐射。荷兰士兵在战场上的优越性不断体现，1597 年，在蒂伦豪特战争（Battle of Turnhout）中，大约有 2250 名西班牙士兵战死，然而荷兰可能只有 4 名士兵牺牲——或者，最多的估计是 100 左右。

1607 年，荷兰战舰在自己的海湾直布罗陀海峡摧毁了西班牙舰队。1609 年，西班牙与"荷兰叛徒"签订了《十二年休战条约》，再次允许荷兰船舶进入西班牙、葡萄牙和佛兰德斯（Flanders），从此往返于国际海域，再也不必担心遭到西班牙战船和私掠船的攻击。荷兰的货运和运输保险迅速跌入谷底。荷兰获利又达到了一个新的高度，共和国的商业优势远远超过了巅峰时期的波罗的海诸国，地中海地区和北欧地区。当条约到期时，西班牙也没有要求修订其中任何条款。在 1621 年，战争再次爆发，西班牙重新实行了封港令。在同一年，荷兰的西印度公司正式建立，荷兰在新世界开始了新的殖民扩张。

到 17 世纪 30 年代，荷兰几乎已经从葡萄牙手中完全夺取了巴西和北欧的食糖贸易。在 1634 年，荷兰从西班牙手里夺取了库拉索岛并在加勒比海建立了永久性的基地。到 1648 年，荷兰的国旗已经插上了阿鲁巴岛（Aruba）、博内尔岛（Bonaire）、半个圣马丁岛（St. Martin）和其他岛屿，总体概括起来就是今天的荷属安第列斯群岛。同时，回到 1609 年，荷兰雇佣和给予报酬的英国人亨利·哈德逊（Henry Hudson），已经多次代表他的新员工向纽约州获取索赔。到 17 世纪中期，荷兰从新阿姆斯特丹（今曼哈顿）基地和奥兰治堡（今奥尔班尼）控制北美利润丰厚的皮毛贸易市场。①

---

① ［美］艾米·蔡：《大国兴亡录》，刘海青、杨礼武译，新世界出版社 2013 年版，第 129—131 页。

1. 金钱至上的商业精神对荷兰的崛起产生了怎样的影响？
2. 金钱至上是否给荷兰共和国的发展带来负面效应？

案例解析

金钱至上的商业精神对荷兰的独立、政权建立以及全球贸易网络的建立都起到了积极的影响。首先，凭借金钱至上的商业精神，荷兰商人通过世界各地的贸易为独立战争开辟财源。荷兰人一边打仗一边经营自己的生意，仗是打打停停，钱是源源不断，因此有持续支持战争的经费，荷兰与西班牙战争持续80年（八十年战争）。1648年西班牙国王菲利普四世签订《明斯特条约》，承认荷兰独立。其次，重视经济利益的传统影响了荷兰某些地方政权的建立形式，荷兰人用货币购买了领主的城市管理权。没有流血，没有杀戮，实现了权力的和平交接。这就使荷兰在独立过程中不但内部力量没有耗散，同仇敌忾，抗击外敌，而且经济没有受到阻滞，继续发展，同时营造了宽容务实的政治氛围，为荷兰的民族文化建构提供了典范。再次，荷兰共和国是在人类历史上第一个"赋予商人阶层充分的政治权利的国家"，国家的政治权力掌握在商人手中，政府的行事既要兼顾商人利益，又要兼顾商业利益。在发行国债时，议会将利率定得低，从而降低了偿债数额，使得政府能够很快以极低的利率清偿债务、贴现、贷款，荷兰的国际声誉大大提高，筹措资金的能力显著提升。

然而，金钱至上的价值观也潜伏着危机，对独立战争和"黄金世纪"的结束起到负面影响。一方面，荷兰人视商业利益为最高利益，一切道德准则都必须遵循这个原则。在独立战争中，只要利润超过风险，荷兰商人竟然愿意把木材、粮食、布匹等物资运给他们的敌人西班牙。东印度公司的董事们强烈主张："东印度公司夺得的要塞和堡垒不应被看作是国家的战利品，而应看作是商人的私有产业，商人有权把这些产业卖给他们愿意的任何人，即使是西班牙国王或者联合省的其他敌人。"抱持这种观念，东印度公司贷款给国家的敌人，西班牙或英国等君主。荷兰商人把商业利益置于国家利益之上，损害了国家利益。与此同时，18世纪的荷兰人把大笔资金投资到国外，尤其是当投资外国工业的利润率（6%—7%）高于投资本国工业的利润率（4.5%—5%）时，荷兰人更是毫不犹豫地把资金注入国外。18世纪的荷兰成为世界的大债主。他们掌握了英国国债的大部分，每年可以从中获得2500万盾的利息。法国向荷兰借款2500万盾，西班牙、俄国、瑞典和一些德意志诸侯国向荷兰借贷3000万盾。那些经济实力雄厚的商人更是纷纷转向借贷资本。18世纪初，阿姆斯特丹市长德·哈泽个人财产的三分之二也被用于国外信用借贷。① 到18世纪末，荷兰资本主义已经由商业资本主义转向借贷资本主义。大量资金用于放贷，固然让荷兰人牟取了高额利息，但这也导致荷兰工业生产资金投入不足，从而错失了酝酿和发生工业革命的良机。

另一方面，荷兰在战胜西班牙后，不愿把钱花在国防建设上。荷兰政治家德维特写道："在和平时期，荷兰人害怕跟别的国家闹翻，所以不会让自己的军事力量变得强大起来。荷兰人就是这样，他们的性格缺点是，除非战争到了眼前，不然他们绝不会心甘情愿地把钱花在国防上的。"② 荷兰人过于自信，轻忽了国防尤其是海军建设，最终被英国取

---

① 齐世荣、钱乘旦、张宏毅主编：《15世纪以来世界九强兴衰史》上卷，人民出版社2009年版，第84页。

② ［美］马汉：《海权论》，一兵译，同心出版社2012年版，第35页。

而代之，"黄金世纪"戛然而止。

延伸阅读

1. ［荷兰］马尔滕·波拉：《黄金时代的荷兰共和国》，金海译，中国社会科学出版社 2013 年版。

2. ［美］艾米·蔡：《大国兴亡录》，刘海青、杨礼武译，新世界出版社 2013 年版。

教学建议

本案例设置的主要目的在于通过梳理金钱至上的商业精神对荷兰独立战争、政权建构、世界贸易网络建立和国防建设等方面的影响，让学生领会到经济利益至上的民族性格对于荷兰兴衰的影响。

本案例教学过程中可通过引入荷兰独立战争、政权建构、世界贸易网络建立和国防建设等方面的视频和典型案例，启发学生思考金钱至上的商业精神对荷兰兴衰的影响，联系历史和现实，引导学生体会"资本无国界，商人有祖国"的道理。

第三章　从边缘到全球和再回欧洲之路：英国的兴衰

案例一　有限君主制的起源

案例呈现

16 世纪 90 年代，英国戏剧家威廉·莎士比亚创作了一部历史剧《约翰王》。《约翰王》的主人公是安茹王朝第三任国王约翰（John I，1166—1216）。约翰是英国历史上一位臭名昭著的国王，这不仅由于他在对外战争中屡战屡败，失地赔款，而且因为他作为国家的最高法官总是过度收费。不过，谁能知道，约翰作为王子和国王的一生，又有多么不易？

约翰是安茹王朝首任国王亨利二世的幼子。亨利二世有四个儿子：亨利、理查、杰弗里和约翰。长子小亨利去世后，次子理查成为实际上的长子。亨利二世去世前，计划把王位传给小儿子约翰。理查盛怒之下与法王菲利普二世结盟，允诺把安茹王朝在法兰西的全部土地交给法王，并向法王行了效忠礼，一时战火四起。1189 年，亨利二世去世后，理查获得安茹王朝的全部领土，是为狮心王理查。1199 年理查去世时，没有留下合法的子女，按照诺曼底的长子继承制，全部领土应归其大弟弟杰弗里的儿子——12 岁的布列塔尼公爵亚瑟。然而，英格兰和诺曼底的贵族，以及亨利二世的遗孀爱琳娜公爵，都更倾向于理查的幼弟约翰公爵，法兰西国王菲利普和卢瓦尔的男爵则支持亚瑟——因为年幼的亚瑟倘若获得王位，则更容易被操纵摆布，从而有利于法王控制甚至吞并英国。亚瑟率安茹帝国在西欧大陆的全部领土向法王行臣服礼，叔叔约翰也迅速行动，在诺曼底首都鲁昂自封为诺曼底公爵，并在伦敦加冕为英格兰国王。此后，双方都以战争相威胁。法王只好交给约翰两万银马克的赎金，抵偿了理查在法兰西的遗产。

32 岁初登王位的约翰，作为法国的诺曼底公爵和安茹伯爵，在法理上是法国国王菲利普二世的陪臣。即位之初，他被菲利普二世指派去调停吕西尼昂（Lusignan）和昂古莱姆（Angoulame）两大家族的矛盾，结果他非但没有促成两家本来已经订婚的子女之间的婚事，反而娶了其中的昂古莱姆家的女儿伊莎贝尔，引得双方剑拔弩张，战事一触即发。菲利普二世命令约翰到庭前陈述，约翰非但拒不从命，而且以伊莎贝尔的名义要求获得在大陆的新领土。于是两个法国家族之间的纷争成了法国和英国两个国家之间的战争。1204 年，法王菲利普占领诺曼底、安茹、曼恩、都兰和普瓦图，约翰慌忙逃往英格兰，他在欧洲大陆的领地就只剩下阿奎丹，是以被称为"失地王"。大陆的损失使约翰在英国威信大降，许多男爵因为他在大陆的"失职"而失去了在法国的大片地产。约翰决心要收复失地。

13 世纪欧洲的战争由两种不同的军队来打——要么是贵族骑士按照封建义务为领主服军役，这种军役一年不得超过 40 天；要么是使用雇佣兵。后者耗资巨大，但作战也更为有效。贵族如不亲自随国王出征就要按照合同出钱由国王自己组织军队，但这次贵族们已经对旷日持久的战争和接二连三的失败忍无可忍，再加上他们都认为是约翰谋杀了被他俘虏的亲侄子亚瑟，于是群起反叛。他们轻而易举就把约翰赶出了伦敦。但他们也不想除掉他，因为国王毕竟是国王。

1215年6月15日，约翰在坎特伯雷大主教史蒂芬·兰顿陪同下来到伦敦附近泰晤士河边一处叫作兰尼米德（Runnymede）的草地上，一群贵族早已在那里等待，他们递给约翰一卷羊皮纸，上面列了63条规则要求约翰遵守，这就是以后闻名于世的《大宪章》，它被誉为英国历史上第一个限制王权的文件，也是英国有限君主制的开端。

《大宪章》是国王不得已签订的城下之盟。被迫签订《大宪章》的约翰哪里肯轻易听凭贵族摆布？由于约翰拒绝遵守《大宪章》，第一次诸侯战争（1215—1217）很快到来。尽管约翰连战连捷，但他于1216年病逝，无缘看到战事在他儿子亨利三世手上结束的一天。

思考讨论

1. 约翰王的经历反映出英国王权与贵族怎样的关系？
2. 《大宪章》最精髓的条款是什么？

案例解析

1215年的贵族反叛起因于约翰王为收复失地和扩军备战而进行的无休止的财政榨取。约翰一心想在欧洲大陆寻找盟友对抗法王。从1209年至1213年，约翰王先后与神圣罗马帝国皇帝、林堡大公、布拉邦特大公、佛兰德尔伯爵、荷兰伯爵和布洛涅伯爵结盟。为了网罗这一干盟友，约翰王向他们大开王室财库之门。

为了应付战争与结盟之需，约翰王一方面大规模剥夺教会的财产，另一方面随意寻找借口征收"兵役免除税"。英格兰的"兵役免除税"从过去的1个骑士1马克，增加到1204年的2.5马克和1213年的3马克。为了搜刮金钱，约翰对市民同样不择手段。他规定对出入英格兰任一港口的商品都征收 1/15 的关税，并使英国人的动产税增加了一倍。同时，他过分榨取封臣后裔继承领地时的继承税，又高价出售封臣后代的财产监护权。这种个人无视法律的行为最终导致了贵族的反叛。

从更深层次的因素看，在当时的欧洲，封建主义是一种君主和贵族作为封君和封臣而建立在相互依存基础上的双向契约关系，他们之间相互的权利和义务虽然不见于成文法律，只存在于习俗之中，但为双方熟知，具有法律效力。其中一方要求习俗之外的权利，或不履行自己的义务，就会被视为违法行为。于是双方就有权解除契约关系，甚至诉诸武力。国王应当遵守法律与习惯的观念，是当时西欧封建主义传统的一部分。

仓促草拟的《大宪章》仅有 63 款，寥寥数千言，却对国王在封建规范下能够做什么和不能做什么，作了极为详尽的规定，从另一个侧面而言，也对封臣的权利作了全面的承认。比如，第 1 条要求保证教会选举的自由；第 2—8 条、37 条和 43 条具体规定了封建的继承、监护和婚姻规则；第 13 条保证自治市镇的自由；第 9—11 条规定对那些负有巨额或长期债务的中上等阶层的债务人，不得过分地扣押其财产和增加利息；第 20 条规定自由人、商人、包括维兰农在内的自由农人的犯罪者，应同样课以罚金。条条可见，《大宪章》是贵族为保护其生命和财产权利而制定的。

如果国王违反《大宪章》，又该如何应对呢？当时的一干贵族可谓深谋远虑。《大宪章》第 61 条规定，赋予 25 名男爵监督国王恪守《大宪章》诸条款的权利。该条款还规定，倘若国王违反《大宪章》，"此二十五名男爵即可联合全国人民，共同使用权力，以一切方法向余（国王的自称）等施以抑制与压力，诸如夺取余等之城堡、土地与财产等等"，直到国王的错误得以改正。当然，该条款规定了国王、王后及其子女的人身不应受到侵犯。

国王和贵族之间这种均衡的维系很大程度上依赖于贵族团体相对于国王的武力均势，甚或武力优势。但不管怎样，自 1215 年后，英格兰"新政治"的基础性原则已经在大不列颠的地平线上隐约浮现。

经过 800 多年岁月的洗礼，《大宪章》63 条中，只有 3 条今天还在发挥作用。其中一条是关于伦敦城和其他城市地位的，还有两条则是《大宪章》最为精髓的条款：一、除封建义务所规定的贡款赋税外，"王国内不可征收任何兵役免除税或捐助，除非得到本王国一致的同意"，"为了对某一捐助或兵役免除税的额度进行讨论并取得全国的同意，国王应发起召集大主教、主教、寺院长老、伯爵和大男爵等开会，讨论研究征款事宜"。二、"若不经同等人的合法裁决和本国法律之审判，不得将任何自由人逮捕囚禁、不得剥夺其财产、不得宣布其不受法律保护、不得处死、不得施加任何折磨、也不得令我等群起攻之、肆行讨伐"。倘若国王蓄意违反以上规定或基本原则，贵族可以随时造反，国内任何人亦可随贵族造反。

尽管《大宪章》在以后几个世纪中湮没无闻，但到 17 世纪英国内战时，《大宪章》又被人们发掘出来，为其反抗暴政的斗争披上"古色古香"的传统合法外衣。直至今日，人们把它作为一种约定俗成的习惯法加以应用，《大宪章》对君主权力的约束和限制，以法律文件确立了"驯服统治者"的政治原则，成为英国有限政府永久的历史见证。它所蕴含的政治原则与法治精神——特别是对权利与自由的捍卫、对统治者权力的约束，以及对基于法治的政治秩序而非基于统治者个人意志的政治秩序的倡导——都已成为人类现代政治文明的宝贵财富。

延伸阅读

1．［英］马克·莫里斯：《约翰王：背叛、暴政与〈大宪章〉之路》，康睿超、谢桥译，中信出版社 2017 年版。

2．［英］丹·琼斯：《权力之笼：1215 年〈大宪章〉诞生始末与 800 年传世神话》，李凤阳译，北京燕山出版社 2021 年版。

教学建议

本案例设置的主要目的是引导学生了解《大宪章》的来龙去脉，领会封建时代英国封君与封臣之间以双向的权利义务为基础的契约关系，从而理解英国有限君主制的起源，为讨论英国 17 世纪温和地实现政治转型作好铺垫。

本案例讲述时可以结合前近代西班牙、葡萄牙等国王权与贵族的关系，与中国传统社会皇权相比较，引导学生思考中西君主权力的差异。并结合议会制的起源，为后面讲述英国通过内战和光荣革命，相对温和地实现政权交接打好基础。

案例二　王室婚姻与国家命运

案例呈现

古往今来，王室成员的婚姻从来是与国家命运捆绑在一起的，都铎王朝的君主们也不例外。都铎王朝著名的君主亨利八世一生中共缔结了六次婚姻。他的第一位妻子是自己的寡嫂——阿拉贡的公主凯瑟琳。亨利八世的父亲亨利七世为了与当时欧洲最强大的国家西班牙结盟，安排自己 15 岁的儿子亚瑟与西班牙阿拉贡的公主凯瑟琳结婚。不料亚瑟在婚后四个月撒手人寰。亨利七世无意归还凯瑟琳的嫁妆，又想继续保持与西班牙的同盟关系，于是让亚瑟的弟弟亨利娶了自己年轻的寡嫂为妻。

　　亨利八世18岁继承英国王位。在他与凯瑟琳共同生活的二十五年岁月中，凯瑟琳先后诞下五个孩子，但除了女儿玛丽（日后的英格兰女王玛丽一世），其他孩子都夭折了。眼看王位缺少继承人，亨利八世迫切地想要一个男嗣，但王后年岁已大，国王并不认为她还能生出儿子。很快，国王迷恋上了王后的侍女安妮·博林，并决定休妻再娶。

　　今天的读者很难想象当时亨利八世为结束第一段婚姻是多么不易。按照教会规定，解除婚姻关系必须获得罗马教皇的批准。教皇不想得罪西班牙，故而不敢贸然同意亨利离婚。双方较劲几年之后，忍无可忍的亨利索性宣布英国教会脱离罗马教廷，国王是英格兰教会的最高权威，国王的婚姻不受教皇干涉。由此，策略上的考虑使亨利从婚姻领域涉入教权与世俗王权关系的政治敏感问题，英格兰比欧洲大陆其他国家早一百年步入民族国家的行列。

　　如果说亨利八世的离婚案为英格兰脱离罗马教廷掌控，建立独立的民族国家提供了有利条件，那么他和发妻凯瑟琳的女儿玛丽一世的婚姻却将这个国家的利益抛诸脑后。玛丽是一名虔诚的天主教徒。她在1553年继承王位后，宣布英格兰教会回归罗马教廷。

　　初登王位的玛丽在欢欣鼓舞中不无阴影：岁月不饶人。她已经38岁，按照16世纪的标准，这个年纪已经过了生育年龄。然而，作为女王，她却有职责生下王位继承人，确保英格兰忠于罗马。她一直把神圣罗马帝国的皇帝查理五世视为自己的保护人，因此意图让查理五世的儿子腓力做自己的丈夫。这个决定让朝野上下震惊不已，甚至一度引发肯特郡新教徒怀亚特的叛乱。一意孤行的玛丽不顾枢密院和议会的劝谏，最终仍然缔结了与腓力二世的婚姻。她深信：保护英格兰最好的办法莫过于和腓力结婚。1554 年举行婚礼后，两人共同为君统治英格兰。这桩婚姻使英格兰在欧洲国际关系中成为西班牙的走卒。1556 年腓力成为西班牙君主后，轻率发动对法国的战争。作为盟友的英格兰也被迫绑在了西班牙的战车上，加入了与法国的战争。战败的英格兰丧失了在欧洲大陆的最后一块领地——加来。

1558 年，玛丽一世离世，整个伦敦响起了欢庆的钟声。作为没有子女的玛丽唯一的合法继承人，安妮·博林的女儿伊丽莎白继位，是为伊丽莎白一世。伊丽莎白继位时年仅 25 岁，青春美貌，是欧洲王公贵族理想的联姻新娘，因为"征服"伊丽莎白就能征服英国。西班牙、瑞典、神圣罗马帝国、法国的王公贵胄们先后参与了这场求婚角逐。"仅 1559 年 10 月，大约有 10 或 12 个大使争取她的好感。"[①] 面对众多追求者，伊丽莎白清醒地认识到，婚姻不仅是个人私事，更是关乎国家命运的大事。

伊丽莎白执政初期，西班牙和法国是欧洲大陆最强大的两个国家，他们都对英格兰虎视眈眈。如何处理好与这两个国家的关系，关乎英格兰的未来。伊丽莎白巧妙地利用自己童贞女王的身份，以婚姻谈判为诱饵，周旋在西班牙和法国之间，使英格兰得以在夹缝中求生存。

伊丽莎白统治的前十年，法国的威胁最大，联西抑法是其欧洲政策的中心。她利用双方都想与自己联姻的想法，最大限度地维护英国的利益。1559 年，当第一个追求者西班牙国王腓力二世向她求婚时，她起初并没有拒绝，而是通过拖延婚姻谈判争取西班牙对英国的支持，并收回了加来。最终，伊丽莎白由于担心联姻会使英格兰成为西班牙的属国，借口自己是异教徒，拒绝了西班牙的联姻要求。

---

① J. E. 尼尔：《女王伊丽莎白一世传》，聂文杞译，商务印书馆 1992 年版，第 82 页。

1567 年尼德兰革命爆发后，英格兰担心强大的西班牙军队入主北欧将对英国的安全造成极大的威胁，故而帮助尼德兰反对西班牙，西班牙也支持爱尔兰天主教徒反对英格兰的统治，双方之间在对外扩张和海外贸易方面的矛盾日益加剧，英西从盟友变成敌人，而法国则由敌人变成盟友。英格兰转而施行联法制西的外交方针。伊丽莎白以个人婚姻作为联合法国的筹码。她先后与法国的安茹公爵和阿朗松公爵展开了历时十多年的婚姻谈判，利用对方在法国的势力和影响，达成有利于英国的协议，但最终仍然没有答应婚事。

终其一生，"伊丽莎白的婚姻和王位继承问题是至关重要的政治问题，但看来是没有解决的方法了。嫁给一位英国贵族将培植起过于强大的势力从而使女王陷于派系斗争的旋涡；嫁给欧洲大陆的王侯公子将重蹈玛丽一世女王的覆辙，使英国成为其他强国的附庸。因而，伊丽莎白政治家的才能，可能这也是她自己的愿望，甚至她的体格都要求她保持成为一位'童贞女王'。"①

思考讨论

1. 伊丽莎白一世为什么在婚姻问题上犹豫不决？
2. 谈谈伊丽莎白一世的婚姻谈判与英国均势外交的关系。

案例解析

联姻是中世纪西欧王室习以为常的婚姻形式。很多继承庞大王国的公主们，往往把自己从祖辈或父辈那里继承的国家当作一份嫁妆。然而，16 世纪以后，民族国家异军突起，主权意识从无到有。倘若没有

---

① E. N. Williams, *The Penguin Dictionary of English and European History, 1485—1789*, Great Britain: Richard Clay Ltd., 1980, p. 126.

把握住时代脉搏，把自己的婚姻与国家命运捆绑在一起，往往会给国家利益带来极大的损害。伊丽莎白一世同父异母的姐姐玛丽便是如此。

玛丽统治英格兰的时间虽然只有短短五年，但由于对内反对亨利八世宗教改革的政策，残酷打击新教徒，对外与西班牙的腓力联姻，把英格兰绑在西班牙的战车上，与罗马教皇和法国进行旷日持久的战争，最终战败而丧失了英格兰在法国的最后一块领地——加来。玛丽婚姻的前车之鉴使伊丽莎白在婚姻问题上的考虑更是慎之又慎，她不愿英格兰的国家利益因为一桩不谨慎的婚姻而再度受到损害。

与此同时，伊丽莎白一世的母亲安妮·博林本是亨利八世的王后凯瑟琳的侍女，亨利八世为了离婚再娶安妮·博林，宣布英国教会脱离罗马教廷的控制，从而得罪了罗马。亨利八世与安妮·博林的婚姻从未得到罗马教廷的承认，伊丽莎白也被天主教认为是私生子而不具备合法的王位继承权。玛丽一世去世后，伊丽莎白虽然继承了王位，但英格兰在当时的国力并不如西班牙和法国，必须考虑如何在两强当中求生存。因此，伊丽莎白在婚姻问题上一直犹豫不决。

尽管犹豫不决，但伊丽莎白深知自己作为欧洲王室最理想的政治新娘的价值，她以婚姻谈判为外交上的秘密武器，随时根据欧陆国际形势的变化，利用婚姻谈判，最大限度地谋求英格兰的利益。

伊丽莎白继位之初，姐夫西班牙的腓力二世就向她求婚。此时英格兰最大的威胁是法国。她巧妙地以此为诱饵，借婚姻谈判联西抑法，使法国有所忌惮。接下来，又以此为筹码，与法国缔结了停战和约，并瓦解了法国与苏格兰的同盟，缓解了来自苏格兰的威胁。随着英格兰与西班牙的矛盾因宗教和贸易问题日益激化，伊丽莎白又通过与法国安茹公爵和阿朗松公爵的婚姻谈判，营造与法国的友好关系，从而阻滞西班牙的进攻。

英国前首相丘吉尔曾经这样评价伊丽莎白的婚姻外交："国王的婚姻可以是邻国之间的和平纽带，也可以是赢得战争的保证。作为一国之主，伊丽莎白牺牲了个人幸福，挥慧剑斩情丝，一方面避免与欧洲其他国家真正联姻，而另一方面，假借联姻谈判与各国周旋。尤其是在处理英法、英西关系上，大刀阔斧地展开'婚姻外交'，巧妙利用欧洲大国间的矛盾，使之互为制衡，努力为英国争取和平。"①

伊丽莎白在漫长的婚姻谈判中，始终以英格兰的国家利益为准绳，展现出均势外交的特征。无论西班牙和法国哪一方强大了，对英格兰都是威胁。伊丽莎白根据国家利益，利用婚姻外交，不断调整与西班牙和法国的关系，维护英格兰的独立与安全，使英格兰在她的羽翼下得到了生存发展的机会。伊丽莎白一世时期维持欧洲均势的外交思路为英国以后的政治家所继承，很长时间都是英国外交政策的重要考虑依归。

延伸阅读

1. ［英］西蒙·沙玛：《英国史》Ⅰ，彭灵译，中信出版集团 2018 年版。
2. 付静：《女王伊丽莎白一世的婚姻外交》，《历史教学》2004 年第 8 期。

教学建议

本案例设置的主要目的在于通过梳理都铎王朝三位君主的婚姻，引导学生理解王室婚姻与宗教改革、民族国家外交等英国历史上重大问题之间的关系，帮助学生了解英国从王朝国家向民族国家转型时期均势外交战略的形成。

本案例讲述过程中可利用哈布斯堡王朝、波旁王朝、都铎王朝等欧洲王室婚姻与继承关系的例子，引导学生思考王室婚姻与国家命运的关系，并通过着

---

① 李冈原：《"伊丽莎白精神"探析》，《历史教学（高校版）》2007 年第 6 期。

重梳理伊丽莎白一世的婚姻外交，帮助学生理解英国从王朝国家向民族国家转型时期的外交特征。

案例三　专制制度不走运

案例呈现

新的都铎王朝君主政体是在有限的基础之上运作的。这使它与欧陆其他王朝有所不同：它没有一个坚实的军事结构。为了解构成 16 世纪和 17 世纪初绝对主义特殊形式的原因，必须超越拥有法律创制权的国会这一本地特产去考查文艺复兴时代欧洲的国际大背景。因为在都铎王朝国家政权建设捷报频传之时，英国在海外的地缘政治地位已经悄然经历了一场巨变。在兰开斯特时代，先进的英国君主政体使英国的对外实力可与任何欧陆国家相匹敌，甚至略胜一筹。但是在 16 世纪上半叶，西欧列强的势力均衡发生了彻底改变。前一时代英国侵略的对象——西班牙、法国均成为充满活力、咄咄逼人的王权国家，正在为争夺意大利而角逐。突然之间，英国被它们抛在后面。三个国家都在国内旗鼓相当地巩固了君主政体，但是，正是这一平衡的出现使当时两个大陆强国的天然优势第一次起了决定性作用。法国人口是英国的四至五倍，西班牙人口则两倍于英国，还不算它的美洲帝国和欧洲属地。除人口与经济优势之外，在永久性基地上发展现代化陆军以适应长期战争这一地缘需要更使它们如虎添翼。正规军、步兵团的出现，雇佣骑兵、野战炮兵的运用，这一切导致新型王权军事机器的建立——这是中世纪所没有的规模大、耗资多的举措。对于文艺复兴时代欧陆各君主政体来说，建立强大的军队是生存的先决条件。这种迫切性对于地处岛国的都铎王朝国家却并不尖锐。一方面，近代早期军队规模与军费开支的日益膨胀以及大批士兵隔海作战的运输、补给问题使英国曾经一度辉煌的中世纪跨海远征行动成为明日黄花。成为新的大陆强国的军事先决条件是以更广大的财力、人力资源为基础的，这使得英国不可能重演爱德华三世或亨利五世的武功。另一方面，这种陆地优势并未演化成相应的海上攻击能力。当时海战模式尚未出现重大变化，因此，从海上入侵英国的威胁并不十分严重。结果是，在英国，在向"新君主政体"转变的关键时期，都铎王朝国家既不需要、也不可能建立与法国、西班牙绝对主义相匹敌的军事机器。

......

由于没有迫在眉睫的经常性入侵造成的压力，英国贵族在文艺复兴时代远离现代化战争机器，不再受到海外敌对的封建阶级的直接威胁。而且，正如一切处于同一阶段的贵族一样，他们不愿意在国内进行大规模王权建设——这也是建立大规模常备军的后果。在岛国孤立主义的环境中，贵族阶级非军事化的现象出现得非常早。1500 年，每个英国贵族都拥有武器。到伊丽莎白时代，据统计，只有一半贵族有过战争经历。到 17 世纪内战爆发前夕，只有少数贵族上过战场。贵族与中世纪社会秩序所规定的基本军事职能相分离。这一过程比欧陆要早得多，也自然会在地主阶级内部引起强烈反应。在特殊的海上环境中，无法用崇尚佩剑、抵御金钱诱惑来衡量堕落。这又使贵族转向商业活动的时代大大早于欧陆地主阶级。

......

亨利八世为英国海军力量带来了"具有实质意义的、空前的扩展"。在他即位的头 5 年，就为海军购买、建造了 24 艘战船，使海军规模增加了三倍。到他统治末期，英国王室已经拥有 53 艘舰只，1546 年正式成立了海军部。在这一阶段，拥有头重脚轻的堡垒并装备了新型大炮的大帆船仍是粗陋的作战工具。海战基本上依旧是军队之间在水面上短兵相接的格斗。在亨利八世统治时代的最后一场战争中，法国战船在进攻索伦特海峡（Solent）时仍然拥有主动权。爱德华六世统治时代，在卡瑟姆（Chatham）修建了新船坞。不过，在随后的几十年中，随着快速大帆船问世，西班牙、葡萄牙的舰船设计水平远远高于英国，都铎王朝的海上力量相形见绌。自 1579 年以后，在霍金斯（Hawkins）主持海军部时期，皇家海军飞速扩展并加紧现代化。装备着远程火炮的低吊索快帆船的出现使战船变成了运行灵活的炮台，旨在于追击战中在最远射程上击沉敌舰。与西班牙进行的海战刚刚拉开帷幕，就显示出这些新战船的优良技术性能。而英国海盗则早已在美因河（the Main）上用此类战船进行了反复演练。"到 1588 年，伊丽莎白一世已经成为欧洲前所未有的最强大的海上女皇。"在英国新式战船的打击下，无敌舰队灰飞烟灭。岛国的安全保住了，未来帝国的基础奠定了。

英国新近赢得的海上霸权最终带来了双重结果。海战取代陆战导致军事行动的分工和专业化，万无一失地将战争暴力推向海外（当然，武装舰船成为浮动监狱，苦役劳工受到惨无人道的剥削）。与此同时，统治阶级对海事关心的第一焦点是商业发展，因为陆军永远只能是目标单一的建制，而海军的性质则决定了它具有双重性，不仅可以作战，也可以从事贸易。事实上，在整个 16 世纪，英国舰队的大部分战船仍是在商船上安装大炮临时改装而成的，战后，仍然可以改装回商船。国家对商船设计的奖掖政策就更加促成了这种双重性。这样，海军不仅是英国国家暴力机器的"上等"工具，而且是一种灵活的工具，对统治阶级本质上的变化造成了深刻影响。虽然每个单位造价很高，但是，用于海军建造、维修的总费用远远低于常备军的消耗。在伊丽莎白统治的最后十几年中，两个军种开支的比例是1∶3，而随后几个世纪中，海军的收获却高出几倍：不列颠殖民帝国就是这些成果之集大成。①

思考讨论

1. 就军事方面而言，英国为什么没有在16世纪以后跟其他欧洲国家一样走上专制道路？

2. 为什么说专制制度在英国不走运？

案例解析

16世纪以降，随着罗马教会和封建制度的衰败，民族国家异军突起。欧洲大陆的法国、普鲁士、奥地利等国先后建立起绝对君主制，或曰专制君主制。然而，这一制度却没能在英国建立起来。就军事方面而言，是由于英国君主手上缺乏一支常备军。常备军通常是以保家卫国的名义征召的，但往往却被用来将君主的意志强加给臣民。

伊丽莎白一世统治初期，由于西班牙的军事威胁，为国家的生存和安全考虑，议会一度赋予君王较多的专断权力。然而，这一切却随着1588年英西海战的结束而改变。1588年，西班牙无敌舰队入侵英国。当时，无敌舰队拥有130艘战舰、55000名战士，而英国仅有临时拼凑的200艘战船和几千名战士。英国战船的火力仅及西班牙的三分之二。谁都知道英国凶多吉少。关键时刻，老天爷站队到英国这一方。西班牙海军上将算错了航程和风向，使西班牙舰队从东到西绕过英伦三岛北

---

① ［英］佩里·安德森：《绝对主义国家的系谱》，刘北成、龚晓庄译，上海人民出版社2000年，第121—122、124—125、132—133页。

端，准备南下登陆英格兰西海岸或回西班牙集结时，在错误的地方转向，结果在强劲的西风压迫下，半数船只在爱尔兰礁石林立的海岸撞得粉碎，英军可谓不战而胜。倘若西班牙军队顺利登陆，即便不能立即征服英国，旷日持久的战争也会促成英国陆军的常规化。

1588 年无敌舰队覆灭后，这个岛国不再遇到大规模外敌入侵的威胁，君王供养一支常备军的理由站不住脚。于是，议会重新恢复了自己的独立性。但斯图亚特王朝的詹姆士一世继承王位后，却企图恢复议会赋予前任的专断权力。国王和议会冲突不断。到他的儿子查理一世统治时，国王和议会的冲突最终演变为英国内战（1642—1649）。查理一世被送上了断头台，英国成为共和国，国家权力落入内战中崛起的克伦威尔手中。克伦威尔去世后，他的儿子理查继任护国主，却没能保住自己的权力。1660 年，斯图亚特王朝通过一场不流血的政变复辟，查理一世的儿子查理二世成为新的英国国王。

然而，斯图亚特王朝的复辟并没有解决王权和议会之间的冲突。此后数年间，国王和议会因为宗教、外交等问题冲突不断。查理二世的弟弟詹姆士二世继承王位后，不但试图建立常备军，企图走上詹姆士一世和查理一世建立专制王权的老路，而且公开宣称自己是天主教徒，并决定以天主教的方式抚养自己的王位继承人，这就引起议会内大多数新教贵族的不满。最终，议会赶走了詹姆士二世，并且任命他的女儿玛丽二世和她的新教丈夫——荷兰的威廉——到英国执政，史称"双王"。这便是英国历史上的"光荣革命"。

光荣革命后，议会颁布了《权利法案》，作为新国王登基的条件，其中多数条款都是对《大宪章》以来英国人固有权利的重申，如国王不得废止议会通过的法律，不经议会批准不得征税和维持常备军，议员享有言论自由，等等。此后，英国国王失去了专断权力，国王必须遵守法律，国王通过议会来统治。英国走上了与欧洲其他专制国家截然不同的道路。

延伸阅读

1. [法] 孟德斯鸠：《论法的精神》上册，张雁深译，商务印书馆 1995 年版。

2. 严复：《政治讲义》，王栻主编：《严复集》第 5 册，中华书局 1986 年版。

教学建议

本案例设置的目的在于通过对都铎王朝和斯图亚特王朝王权与议会权力斗争的梳理，引导学生从军事角度思考，为什么在 16 世纪建立专制君主制的过程中，英国走上了与其他欧陆国家截然不同的道路，从而帮助学生了解英国政治制度的来龙去脉。

本案例讲述时可结合英西海战、英国内战、光荣革命等重大历史事件，引导学生理解缺乏常备军和陆上战争给英国有限政府的建立带来的影响，使学生对英国政治制度的形成有一个系统认识。

案例四　如此议会

案例呈现

巴力门许多琐碎的习惯，就外国人眼光看来，觉得不可解，其实处处都可以看得出英国人的特别性格。他那议长戴着斑白的假头发，披着纯黑的大裂裳，那秘书服装也是一样，像戏台上扮的什么脚色。议长的名号，不叫做"伯里玺天德"（President），不叫做"赤亚门"（Chairman），却叫做"士璧架"（Speaker），翻译起来，就是"说话人"的意味。因为从前国王向议会要钱，总是找他说话，得了这个名，至今不改。最奇怪的，下院议员七百零七名，议席却只有五百九十六号，若是全体都出席，便有一百一十一人没有坐处。这种不合情理的过节，改正他并非甚难，英国人却不管，还是那老样子。我中、英两国，向来都以保守著名，但我们中国人所保守的，和英国正相反。中国人最喜欢换招牌，抄几条宪法，便算立宪，改一个年号，便算共和，至于政治社会的内容，连骨带肉，都是前清那个旧躯壳。英国人内部是不断的新陈代谢，实际上时时刻刻在那里革命，却是那古香古色的老招牌，抵死也不肯换，时髦算时髦极了，顽固也顽固极了。巴力门里头，最神圣的是"阿达"（Order）这个字，（原意训秩序，此处含义稍广，泛指规则。）议员言动，有些子违犯规则，"阿达""阿达"的声浪，便四座怒鸣。若从议长口中说出"阿达"这个字来，无论议场若何喧哗，立刻就变肃静。他们的"阿达"，却从没有第几条第几项的写在纸上。问他有多少"阿达"，"阿达"的来历如何，没有人能够回答。试举他几个例：从前有位新到院的议员，初次演说，开口就说了一声"诸君"，便到处叫起"阿达"来了。因为他们的"阿达"凡有演说，都是对议长说话，不是对议员说话，所以头一句只能说"士璧架"，不能说"诸君"。因此之故，若是有人正在演说时，你若向他前面走过，便犯了"阿达"，因为把他声浪隔断，怕"士璧架先生"听不真了。"阿达"中最不可思议的，是他们的丝织高头帽，他们穿什么衣服，是绝对自由，惟有这顶高头帽，非戴不可。为这顶帽子，那老政治家格兰斯顿，就闹了两回笑话。原来他们的"阿达"，每到议案采决时，先行摇铃，隔两分钟摇一次，三次后会员都要齐集廊下分立左右以定可否。格翁正在洗澡，（院内有浴室）铃响起来，换衣服，万赶不及，只得身披浴衣，头戴高帽，飞奔出来，惹得哄堂大笑。他们的"阿达"，寻常演说是光着头的，惟有当采决铃声已响，临时提出动议，那提出人必要戴高帽演说。有一回格翁又闹乱子了，他提出这种动议却忘记戴帽，忽然前后左右都叫起"阿达"来，他找他的帽子又找不着，急忙忙把旁座的戴上。格翁是个有名的大脑袋，那高帽便像大冬瓜上头放着个漱口盂，又是一场哄堂大笑。还有好笑的，那戏装打扮的议长，这高头帽也要预备。要来什么用呢？原来巴力门采决的法定人数要四十名，刚缺一名不足时，议长就来凑数。六分钟摇铃三次，每次铃响后，议长点数目。一、二、三，点到第四十，他就把高帽戴在假头发上，高呼"四十"，你想这种情形，不是真有点像唱戏吗？他们又有一个"阿达"，每次散会，总是议员动议，议长宣告。有一天议员个个都忘了动议，竟自鸟兽散了，弄得议长一个人在那神龛里（议长席）坐到三更。幸亏一个院内守夜的走过，问起来由，才到处找得一位议员进来，正式动议，议长然后正式宣告散会，你说好笑不好笑呢？咦！诸君莫笑，这种琐琐碎碎的情节，就是英国人法治精神的好标本，"英国国旗永远看不见日落"，都是从这"阿达神圣"的观念赢得来哩。

我方才说，英国人爱政治活动就像爱打球，同是一种团体竞技的顽意儿。须知他们打球也是最讲规则的，不尊重规则，就再没有人肯和你顽了。就算中国人打牌，也有他种种规则，若打输了就推翻桌子，还成话吗？我们办了几年共和政治，演的都是翻桌子把戏，这却从何说起。他们不制定一种法律便罢，一经制定，便神圣不可侵犯，非经一定程序改废之后，是有绝对效力，无论何人都要服从。所以他们对于立法事业，丝毫不肯放过，人民有了立法权，就算有了自由，都是为此。若是法律定了不算帐，白纸上洒些黑墨来哄人，方便自己的要他，不方便的就随时抹杀，那么何必要这些法律？就有了立法权又中何用呢？讲到这一点，那些半野蛮未开化的军阀不足责了，就是我们高谈宪政的一派人，也不能不分担责任。因为他们蔑法的举动，我们虽然不是共犯，但一时为意气所蔽，竟有点不以为非了。就只一点，便是对国民负了莫大罪恶。我如今觉悟过来了，所以要趁个机会，向国民痛彻忏悔一番。并要劝我们朋友辈，从此洗心革面，自己先要把法治精神培养好了，才配谈政治哩。一面还要奉劝那高谈护法的一派人，也注意这种精神修养，若是拿护法做个招牌，骨子里面还是方便自己的法律就要他，不方便的随时抹杀，那罪恶岂不是越发深重吗？总之，我自从这回到了欧洲，才觉得中国人法律神圣的观念，连根芽都还没有。既没有这种观念，自然没有组织能力，岂但政治一塌糊涂，即社会事业，亦何从办起。唉！我国民快点自觉啊！快点自忏啊！[①]

思考讨论

1. 联系英国政治的演进，分析议会制有哪些特征。

2. 试述英国议会的组成结构。

案例解析

英国是议会制政府的故乡。议会制有三个基本特点：（1）政治行政机构由议会产生，直接对议会负责，政府部长通常来源于并且仍然是立法机构的成员。（2）议会可以通过不信任投票而罢免政府首脑（称为首相、总理）和部长委员会（称为内阁），由于同样的原因，政府在大部分情况下也可以解散议会，重新开始选举。例如 2019 年，为打破

---

① 梁启超：《欧游心影录节录》，载梁启超：《梁启超全集》第十卷，北京出版社1999 年版，第 2998—3000 页。

脱欧僵局，英国首相约翰逊发动大选动议提前举行大选，以争取保守党在议会的多数席位，推动脱欧程序更顺利地进行。在 12 月 12 日的大选中，保守党大获全胜，成功赢得议会半数以上席位，从而顺利得到议会的立法支持，减小了来自其他党派的政治阻力，从而大大加快了脱欧进程。（3）政府首脑的职位通常独立于国家元首。比如伊丽莎白二世作为英国君主在位期间，一共经历了 15 位首相。（4）行政机构是同僚合作型的，采用内阁的形式，其中的首相或总理传统上只是同伴中的第一人，这种多元行政状况与总统制政府下焦点集中于单一行政首长形成了对比。

在英国，下院选举中赢得多数席位的政党组成政府，执政党领袖成为首相，并挑选出 20 名左右的议会同僚组成内阁，通常有外交、国防、财政、内政等重要部门的大臣，不担任某一具体部门首长的大法官、枢密院院长（枢密院是英国君主的咨询机构。它在以往具有十分大的权力，但今日只具有礼节性质。枢密院院长负责主持枢密院的会议，并在取得君主的同意下，发出枢密令。此职务并不繁重，获委任的人士一般都是些负有非部门责任的重要政府官员。在近年，枢密院院长通常会兼任下议院领袖一职，但如果是贵族的话，则会兼任上议院领袖）、掌玺大臣（掌管英国的国玺，负责保管国玺和起草、颁发各种政府文件，历来就是政府首席大臣，因为他是国家最高权力的象征——国玺的掌管人），主管地区事务的苏格兰事务大臣、威尔士事务大臣、北爱尔兰事务大臣。按照惯例，内阁阁员必须是下院议员。内阁是整个体制的核心部分，主要对议会负责，即使是最有权力的内阁首相也不能在没有议会的支持下执政。内阁每周都举行由首相主持的会议。政府对议会的负责是十分严格的，包括首相在内的所有大臣，都必须定期在下议院为自己的政策辩护。无论何时，只要感到发起攻击能得到好处，反对派就会要求进行不信任投票。然而，政府所掌握的多数席位通常为应付这种攻击提供了内在的保护。君主超脱于整个政治过程之上，定期会晤首相，但很少干预政治决定。

延伸阅读

1. ［英］罗伯特·罗杰斯：《议会如何工作》，谷意译，广西师范大学出版社 2017 年版。

2. ［英］比尔·考克瑟、林顿·罗宾斯、罗伯特·里奇：《当代英国政治》，孔新峰、蒋鲲译，北京大学出版社 2009 年版。

教学建议

本案例设置的主要目的在于向学生介绍英国议会制的起源，梳理议会制的特征，并帮助学生理解英国议会的组成结构和工作方式。

本案例讲述时可结合梁启超参观英国议会的感受，以及英国议会开幕式、议长选举、首相质询等相关制度安排和典故，引导学生了解英国议会制的特征，掌握议会制政府的组成结构和工作方式。

案例五　《专利法》对英国经济的刺激

案例呈现

中世纪时，英国的工业远落后于其他国家，因此英国君主通过向外国熟练工匠发放"保护令"的方式来加强本国制造业。例如，服装业是其制造业中的重点行业，1327 年，爱德华三世禁止使用外国布料，并且宣布如果漂洗工、纺织工、染色工或其他以纺织业为生的工人提出要求，他就赋予其特许经营权（franchise）。1331 年，弗兰德斯公司从事羊毛布制造的约翰·卡姆比来到英国经商并教授学徒，从而得到了爱德华三世的保护，使得英国羊毛制造业迅速发展。1337年，英国议会执行了爱德华三世发布的公告，其主要内容为："任何国家的服装工匠来到在国王权力范围内的英格兰、爱尔兰、威尔士和苏格兰，都应安然无恙，受到国王给予的保护和安全通行权，并且住在我们的土地上；基于此目的，服装工匠应更愿意在我们这里定居，我们的国王会赋予其所能给予的一切垄断特权。"不久，德国的兵器制造工匠、意大利的造船和玻璃工匠，以及法国的铁匠都到英国寻求皇室保护并建立新的产业。当时，由英国王室提供的国家层面的保护和垄断也解决了一直存在的、城乡工匠之间的地区竞争与行业竞争以及发展不均衡问题。并且，这种"保护令"产生了双向的正面作用：一方面促使大量的工匠从欧洲大陆向英国移居，使其在英国安居乐业并潜心发展工业；另一方面也提高了英国的工业制造技术与水平，增强了英国国力。英语中的"垄断"（monopoly）一词源于古希腊，它是"单独"和"出售"两个词的组合，在公元前347年被亚里士多德首次使用。在研究英国专利法的缘起时，垄断被视为当时英国君主赋予的开展特定业务或贸易、制造特定商品或控制特定商品整个供应的独家特权。在1550—1600年之间，英国每年大约有几项专利垄断权被授权。在16世纪晚期，所有的贸易和经营活动都需要得到英国君主的授权。因此，在英国专利法缘起之时，"垄断"是中性词，是具有封建君主保护意味的特权。

但是，这种垄断权利并非没有限制。1602年，著名的"爱德华·达西诉托马斯·艾伦案"的判决规定了在以下情形中王室颁发的垄断权无效：该垄断阻止了同一行业中拥有技能的人从事该行业，从而增加失业；垄断的授权不仅损害该行业的工匠的利益，还损害了所有想使用产品的人的利益，因为垄断者只想提高价格而非保证出售商品的质量；女王（当时的伊丽莎白一世）原本因为公共利益而赋予垄断权，但是垄断者只将其用于取得私人利益而欺骗女王；垄断者本人对制作产品一无所知。该案被称为"垄断判例"，在英国专利法历史上被视为现代反垄断和竞争法的基石，体现了普通法对垄断的平衡与限制。

1603 年，英国国王詹姆士一世即位。他延续了之前都铎王朝的策略，即大部分工业政策的目标都是为了增加国库收入。詹姆士一世向专利权人发放"许可"，专利所得的收入由皇室和专利权人共享。但是这种逐利性质的许可发放也受到了一定的诟病。詹姆士一世之前的伊丽莎白一世曾在其著名的《黄金演说》中提到专利许可有其营利的一面，但仍然要为了公共利益而发放。在詹姆士一世执政期间，英国建立了复审机制用以复核专利的授权是否合法。复审机制中较为活跃的一位政治家是当时的总检察长弗朗西斯·培根，但是，培根的核查并不严格，并导致该机制形同虚设。这种垄断"许可"对于当时的英国非常重要，增加了国库收入，提高了国家经济实力。

在英国专利法演进的过程中，专利权最初是一种皇室特权而非英国议会立法的产物，因此英国议会的作用经常被忽略。为了改变这种局面，英国上议院提出了《垄断法令》（*The Statute of Monopolies*）。1624 年 5 月，英国议会通过该法令，它被视为世界上第一部具有现代意义的专利法。该法令第 1 条规定："法令颁布前后赋予或制造的，所有的垄断、佣金、授权、许可、特许和王室专利证书……或为单独购买、销售、制造、操作或使用本领土或威尔士领土内任何事物而制造或授予的……全部违反本国法律，因此全部无效并在任何情况下都不得使用或执行。"法令的第 6 条是唯一例外："之前的条款不延伸至本国单独运用或制作新的制造方法而颁发的 14 年或者 14 年以下的专利和特权，也不延伸至这些新制造的首位真正的发明人；其他人不得以提升商品价格、损害贸易或造成不便利的方式使用该专利，从而违反法律或者危害国家。"该条款显示出英国从封建君主时期转向近代工业时期立法价值判断的转变，即更加强调专利保护客体的新颖性和奖励首位真正的发明人。该法令颁布后，英国专利授权量有了明显的上升。

在《垄断法令》颁布之后的两个世纪中，英国专利立法没有新的成文法出台，一直在判例法体系内进行调整。在 17 世纪晚期，受到洛克财产学说的影响，专利权逐渐被视为一种知识产权。洛克在《政府论》中写道："土地和一切低等动物为一切人所共有，但是每个人对自己的人身享有所有权，除此以外任何人都没有这种权利。他从事的劳动和他的双手进行的工作是属于他自己的。所以只要他使任何东西脱离自然的原本状态，就已经通过劳动在其中掺加了自身所有的东西，因而使其成为财产。"1852 年，英国在专利法修改后设立了专利局；1883 年，英国颁布了《专利、设计和商标法案》(*The Patents, Designs, and Trade-marks Act*, 1883)，使其专利法律制度趋于成熟，并接近于现代模式。①

思考讨论

1. 《专利法》在英国经济崛起的过程中起到怎样的作用？

2. 《专利法》对资本主义的发展有怎样的影响？

案例解析

近代工业革命首先发生在英国。《专利法》的产生，对个人劳动给

---

① 张南：《英国工业革命中专利法的演进及其对我国的启示》，《当代法学》2019 年第 6 期。

予了充分的尊重和肯定，一方面保障了发明人的利益，另一方面也建立了较为完备的激励机制，解放了生产力，促进了科技进步和经济发展，使英国从中世纪的工业落后国家一跃而为世界工业强国。

《专利法》是在对过去特许制度改造的基础上产生的。它将专利授予的对象由原来的城市、贸易公司、贵族大臣转向了个体的发明人，重心由原来垄断市场的销售专利、产品专利转向现代专利主体的技术专利。此后，技术的快速发展及其所带来的经济利益，使得经营者越来越重视技术的开发和利用。谁掌握了一项还未被人发现或利用的新技术，就意味着大量利益的获得。经营者为了追求利益的最大化，转而依赖技术的更新和提高。经营者对技术发明的热衷在于"发明意味着无法估量的财富"。《专利法》出台后的17世纪后期，英国进入了发明创造的高峰期。1680年至1689年间，登记了53个发明专利。17世纪90年代，新专利急剧增长，1691年就有64个；1690至1699年则达到了102个；1700年至1759年间，发明专利共达379项。

新发明不断涌现，并被广泛采用，通过专利技术建造大型工厂也极为普遍。1630年，英国最先获得了蒸汽机的专利，1663年，萨默塞特·爱德华获得了一种蒸汽泵的专利。1764年，哈格里夫斯发明了珍妮纺纱机，1770年登记了专利，1790年在英国等地得到了广泛的推广。1783年，亨利·考特等又发明了搅钢法，1784年登记了专利，并实现了专业化生产。在即将到来的工业革命中，英国因其专利制度所获利益无法估算。[1]

《专利法》是现代产权制度的重要组成部分。秘鲁学者索托认为，

---

① 魏建国：《论英国1624年〈专利法〉的产生及其意义》，《青海师范大学学报（哲学社会科学版）》2004年第2期。

"如果资本主义有灵魂，那么这个灵魂就是合法的所有权制度"。①《专利法》对技术发明者所有权的承认和保护，激发了技术人员、企业主甚至普通劳动者的发明欲望和创造热情。它不仅仅是分配现有财富的工具，而且是推动社会创造更多、更大的物质财富的手段，对资本主义的发展起到重要的促进作用。

延伸阅读

1. ［法］多米尼克·格莱克、［德］布鲁诺·范·波特斯伯格：《欧洲专利制度经济学——创新与竞争的知识产权政策》，张南译，知识产权出版社2016年版。

2. ［秘鲁］赫尔南多·德·索托：《资本的秘密》，王晓冬译，江苏人民出版社2001年版。

教学建议

本案例设置的主要目的在于梳理英国从中世纪的特许经营权到近代《专利法》产生的整个过程，引导学生了解《专利法》对发明者权利的保护如何促进生产力的解放和发展，进而使英国从工业落后国家一跃而为世界工业强国。

本案例讲述的过程中可通过对欧洲各国中世纪到近代工业和发明数据的横向比较，引导学生思考《专利法》的产生如何激发社会的创造热情，促进工业革命和现代资本主义的发展。

---

① ［秘鲁］赫尔南多·德·索托：《资本的秘密》，王晓冬译，江苏人民出版社2001年版，第56页。

案例六　精妙绝伦的离岸平衡手

案例呈现

均势政策是英国几百年来一以贯之的外交战略。特别是到 19 世纪初拿破仑战争结束后的欧洲新秩序安排上，英国在海峡对岸扮演了精妙绝伦的离岸平衡手，游刃有余地担负起欧洲国际关系的调停角色。

由于英国在对拿破仑战争的最后阶段起着外交和军事上的主要作用，因此它可以对 1814—1815 年和谈进程施加极大的影响。威灵顿公爵在西班牙的胜利，使他成为 1815 年 6 月滑铁卢战役之前的军事英雄，而 1812 年以来英国外交大臣卡斯尔雷子爵则通过 1814 年 3 月的《肖蒙条约》成功地巩固了摇摇欲坠的反法同盟。

1813 年，反法同盟因其内部意见分歧而处于分裂状态。奥地利外交部长梅特涅依然钟情于单独与拿破仑媾和的幻想，而俄国与普鲁士却在波兰和北德意志的未来问题上沆瀣一气，互相勾结。1813 年 10 月同盟军在莱比锡战役中的胜利进一步激化了各国之间目标分歧的问题。

1814 年 1 月，卡斯尔雷出使欧洲，协调同盟各国的政策，取得极大成功。他坚持大国一致行动以达成一个解决欧洲问题的总协议，而不是随着问题的出现去达成一系列的特别协定，他的观点逐渐得到了其他国家的认同。卡斯尔雷的决心在《肖蒙条约》中得到了回报，该条约构想了一个有效期长达 20 年的同盟来监督法国，并由英国提供财政援助。因此英国得以在 1814 年 3 月拿破仑战败和被俘后对与法国和谈的条件施加决定性影响。

尽管英国对欧洲问题总协议颇为关注，但是其优先考虑的问题却是对法和约，这也是可以理解的。1793 年英国对法宣战的原因并不是意识形态上的，而是奥属尼德兰（比利时）的入侵及法国攻击荷兰的威胁。因此和约中补充了统一"比利时"与荷兰的计划，以便确保与英国海岸线相邻的安特卫普和斯海尔德河掌握在安全可靠的人手中。

由于获得了重大战略利益，卡斯尔雷就能采取比其他调停人更为公允的立场，并在和谈进程中起到关键作用。同时，由于多数国家在战争还在进行时就达成了事先约定，这些事先约定就使得和谈不可避免地变得复杂起来。

英国对法国的态度特别宽大仁慈，即便在拿破仑从厄尔巴岛逃脱和滑铁卢战役之后也是如此。法国的疆界划定得比较公平，波旁王朝得以复辟，与此同时，一些基本的政治权利也在其宪章中作出了规定。普鲁士和其他一些国家要求法国解体的请求被英国拒绝。卡斯尔雷坚持认为，维持一个和平的法国的策略既宽宏大量，又严厉强硬。因此，为了应对法国扩张主义的重新抬头，卡斯尔雷采取了一些预防措施。他在法国的边境上建立了一些"缓冲"国家或"看守国"，同时以欧洲某一强国作为后盾。这样做是为了阻止法国军队再像 18 世纪 90 年代那样横行无阻，迅疾征服其邻国。先前的奥属尼德兰与荷兰的统一加固了通往北方的障碍，这一障碍在普鲁士统治下的莱茵河流域各公国统一之后进一步得到了巩固。与此相似，热那亚并入皮埃蒙特——这一合并由于奥地利对伦巴第和威尼西亚的统治而得到加强——阻断了法军进入意大利的沿海路线。除此之外，战胜国还把其反法同盟的有效期再次延长了 20 年。

要使英国海上利益得到强有力的维护，只能寄希望于英国的制海权。英国在战争期间享有搜查权（针对战争走私等），这引起了他国的不满，但是这些不满得到了最大程度的控制。同时，英国对贸易路线的战略控制，特别是对地中海和环非洲地区的控制也得到了加强。这说明对法战争迫使英国优先考虑欧洲大陆的政治及其自身的安全，在此之前，英国的主要利益在欧洲之外以及商业方面。继续保留诸如马耳他、好望角及西印度群岛的一部分地区等关键的殖民地是不容置疑的；但是，与此同时，英国也把其他许多殖民地归还了荷兰、西班牙，甚至法国，这一慷慨行为其至让拿破仑都感到困惑不解。此外，英国还希望各国共同谴责奴隶贸易。

1814 年 9 月到 1815 年夏季举行的维也纳会议解决了中欧的问题，但英国认为这可能是和解协定中最难令人满意的部分。卡斯尔雷一直希望看到一个强大的中欧出现，并由奥地利与普鲁士保证其稳定，它的作用是构成一道阻挡俄国及法国扩张的屏障。卡斯尔雷的计划能否取得成功，取决于奥地利和普鲁士是否抵制俄国势力的扩张，特别是抵制沙皇对整个波兰领土的觊觎。但是，作为对奥地利和普鲁士可能失去其东部领土的补偿，普鲁士人要求得到整个萨克森，当时，萨克森国王在背叛拿破仑问题上显得犹豫不决。

要维持德国与整个欧洲的"势力均衡"，就必须寻求一个合理解决波兰－萨克森危机的办法。起初，卡斯尔雷想让两个日耳曼国家联手对抗俄国，但是这一策略在 1814 年遭到失败，于是，他只好另外寻求妥协的办法，那就是削减新波兰的国土面积，说服奥地利同意普鲁士取得五分之二的萨克森土地。即便如此，要确保普鲁士遵守这些条款，仍然有必要以战争来威胁。在奥地利的影响下，这一危机最终促成了一个脆弱的日耳曼国家联盟的形成，而这让卡斯尔雷感到非常失望。

毫无疑问，卡斯尔雷在 1814—1815 年调解过程中扮演着主要角色。

如果"维也纳协定书"是对长时间战后无数遗留问题的切实可行而又理性的反应，那么，这位英国外交大臣则功不可没。然而，卡斯尔雷的声誉因 19 世纪自由党人和历史学家的诋毁而遭受了不公正的损害，这些人极力夸大民族主义感情在 1815 年欧洲各民族之间的影响力。但是，在卡斯尔雷死后一个世纪，英国一位外交大臣对他的工作倍加推崇，该大臣在 1926 年说："在卡斯尔雷时代，大不列颠作为新欧洲的和平缔造者和调停人而重新走上前台。"①

思考讨论

1. 拿破仑战争后的英国为什么对法国"特别宽大仁慈"？

2. 英国为什么能够长期作为离岸平衡手，奉行均势外交？

案例解析

英国与欧洲大陆被英吉利海峡隔开，英国的外交政策明白支持维持欧洲大陆的均势，故而一贯采用离岸平衡的策略。法国大革命和拿破仑战争期间，法国成为欧洲大陆最强大的国家，其他欧洲国家无力承担遏制法国的重任。因此，英国向欧洲大陆派兵，并在击败法国方面扮演了重要角色。

在战后欧洲秩序的安排上，英国并没有对法国实施报复性制裁，肢解战败的法国，而是维持了法国在大革命以前的"古老边界"。英国之所以这样做，一方面是担心惩罚性的谋和会令战败的法国对和约不满而反弹，进而威胁战后欧洲安全；另一方面，英国担心俄国成为欧洲的仲裁者，成为欧洲未来的潜在霸主。倘若过分削弱法国，也就削弱了将来

---

① ［英］约翰·劳尔：《英国与英国外交（1815—1885）》，刘玉霞、龚文启译，上海译文出版社 2003 年版，第 28—33 页。

掣肘俄国的力量。因此，为了确保欧洲的持久和平，对法国"特别宽大仁慈"。

均势政策之所以能够长期作为英国的外交战略，首先是由于英吉利海峡为岛国英国提供了一道安全屏障，使其自 1588 年英西海战后就没有遭遇到大规模外敌入侵的威胁，从而可以从容应对欧洲大陆的风云变幻。不过，倘若整个欧洲的资源和人口被整合到一个帝国之下，那么英国的生存与安全也会受到威胁。所以，英国必须时刻防范欧洲大陆出现潜在霸主。最好的办法莫过于奉行均势政策，在海峡对岸担任离岸平衡手。这一政策的实施，从英国自 1792 年到 1930 年代的外交政策中便可窥见一斑。

1792 年到 1815 年期间，正值法国大革命和拿破仑战争时期，法国是欧洲大陆最强大的国家，致力于支配欧洲。英国自 1793 年便开始派遣军队到欧洲大陆，并在拿破仑战争后期为击溃法国作出了巨大贡献。

1816 年至 1904 年期间，英国奉行"光辉孤立"政策。这一时期，尽管欧洲大陆也爆发过多次战争，但 1793—1815 年间成为欧洲潜在霸主的法国的权力已被削弱，而 20 世纪初即将成为潜在霸主的德国还没有强大到能够支配欧洲，维也纳和会缔造的欧陆均势并未被打破，所以英国并没有向欧洲派出一兵一卒。

1905 年到 1930 年期间，英国放弃"光辉孤立"，努力遏制 20 世纪初成为潜在霸主的德国。19 世纪末，统一的德国凭借其可怕的军队、大量的人口和强大的工业能力，成为欧洲最强大的国家。尽管法国和俄国在 1894 年结盟遏制德国，但法国和德国的差距日益朝着有利于德国的方向发展，俄国在日俄战争以后一蹶不振，无力对抗德国的军队。1905 年，英国意识到，法国和俄国不足以遏制德国，于是在 1905—

1907 年联合法俄形成了三国协约。此后，英国承担起大陆义务对付德国霸权的威胁。一战爆发后，英国立即派出远征军至欧陆对抗德国。随着战争的升级，英国远征军的规模也在不断增加，直至 1917 年夏成为最厉害的联盟军队和击溃德军的主要力量。多数英军在战后不久就撤出了欧洲大陆，只有小股占领军留在德国直至 1930 年。

从英国 100 多年来的外交运作中可以看出英国均势外交的运行机制：当欧洲大陆各国势均力敌，没有出现潜在霸主时，英国作壁上观；一旦欧陆平衡被打破，而恢复均势的责任不可能推卸给欧洲大陆某一个国家或国家联盟时，英国才会向欧陆派兵，以恢复均势。总体来说，这一做法在几百年的时间里为英国政治的稳步推进、经济迅速发展、社会的快速变化和帝国的全球扩张奠定了基础。

延伸阅读

1. ［美］亨利·基辛格：《大外交》，顾淑馨、林添贵译，海南出版社 2012 年版。

2. ［美］约翰·米尔斯海默：《大国政治的悲剧》，王义桅、唐小松译，上海人民出版社 2003 年版。

教学建议

本案例设置的主要目的在于梳理英国均势政策的由来与演变，引导学生思考英国为什么能够长期作为离岸平衡手，奉行均势外交，帮助学生理解英国在不同历史时期均势外交的政策逻辑。

本案例讲述时可借助威廉三世执政时期、法国大革命和拿破仑战争时期、两次世界大战时期等不同历史阶段英国外交政策的调整，引导学生理解均势外交的来龙去脉与利弊。

案例七　兴也殖民，衰也殖民

案例呈现

如果将"日不落帝国"比作一个巨人，那么强大的海军就是支持他的脊梁。两个世纪以来，正是所向披靡的英国舰队缔造了这个地跨五洲、占据 1/4 世界领土，囊括 5.63 亿肤色各异、语言不同的民众的庞大帝国。每一次帝国扩张，英国的殖民者们无不是在炮舰的开拓和庇护下，才把英国的米字旗插在新的领土上；也正是这支舰队有力地维系着大英帝国的英伦三岛和大大小小遍布世界各地的 291 块领土。如今，海军力量的衰落，意味着英国再也无力对殖民地采取迅速而有效的军事行动，英国失去了实行有力的殖民统治的武力后盾。

第二次世界大战彻底摧垮了大英帝国的经济和军事根基；同时却使广大殖民地人民得到了战争的洗礼，增强了他们为民族独立而斗争的决心和力量。二战期间，英国殖民地成为英国重要的军队来源、后勤供应基地和物资中转站。据统计，二战期间自治领与各殖民地提供了约 500 万人的作战部队，其中半数来自印度。在反法西斯的战争中，殖民地人民的民族意识和政治觉悟大大提高。太平洋战争后，英军被日军赶出东南亚，当地人民在共产党和其他进步组织的领导下沉重地打击了日寇。他们用生命和鲜血抗击日寇保卫家园，绝不是为了在胜利后让英国殖民者再次践踏他们的土地。而战争期间，英国为了获取殖民地的有力支持，不仅大力开发殖民地资源，促进生产，而且吸收了一些当地上层人士参加殖民地的行政决策，甚至还向某些殖民地许诺战后让其独立。二战对殖民地的影响与对英国的截然不同：战争给了殖民地人民一个契机，民族经济的发展和社会政治生活方面的巨变为殖民地人民的民族独立创造了条件。而英国则被战争打得千疮百孔，自顾不暇。二战结束后，民族独立已成为不可阻挡的洪流。亚非各地人民揭竿而起，在风起云涌的民族独立运动中，大英帝国终于分崩离析。

著名作家乔治·伍德科克在 1974 年出版的《谁宰了英帝国？》一书中说，以人而论，印度的甘地是第一个。从历史的角度来看，英帝国的瓦解显然不能归咎于某一个人，但印度的独立却像是多米诺骨牌的第一块，一旦英国的殖民大旗在印度倒下，英国在其他领地的殖民统治便以不可阻挡的态势相继宣告倒台。

印度素有英国"皇冠上的宝石"之称，有了印度，英国才显得格外出众。印度拥有 390 多万平方公里的土地，3 亿多人民。当时的印度包括整个南亚次大陆，即今天的印度、巴基斯坦、孟加拉三国都在其境内，它比英国本土大 15 倍，人口比英国多 6 倍。这块古老广袤的土地从 1600 年起就被英国一步步窃取，直至 1849 年完全沦为英国殖民地。印度是大英帝国崛起的垫脚石，在几百年的时间里，仅贸易一项，英国就从印度榨取了上百亿英镑的巨额利润。而印度为英国带来的市场、原材料、税收、人力等方面的收益更是无法计数。其在亚洲的重要地理位置又为英国向中亚和东亚进一步扩张提供了便利。光是以印度为跳板向中国等国倾销鸦片，英国就攫取了大量财富。

印度在大英帝国发展上的重要地位使其逐渐成为帝国的第二中心。正是在印度做出的决定使新加坡成为英国殖民地，使亚丁失去了独立，在波斯湾建立了霸权，征服了缅甸并计划入侵阿富汗。英国历史学家布莱恩·拉平说："假如英国在 1914 年到 1918 年的大战中失败，以印度为基地的帝国或许能继续存在，就像以君士坦丁堡为基地的一个帝国在罗马失陷后仍能继续存在一样。"①

然而正如马克思曾指出的那样，英国在印度的殖民统治，一方面使印度遭受到前所未有的奴役与压榨，但另一方面也促成了印度社会的巨大变革。而后者将使印度在向西方民主化靠拢的同时，将那些传授给他们民主自由的殖民者统统扫荡干净。就像拿破仑的大军横扫欧洲的时候，将民主和自由撒播在欧洲大陆上而促成了被压迫民族的觉醒，最终导致了自己的垮台一样，英国殖民者也避免不了这样的命运。②

1884年印度国民大会党成立后，成为领导印度争取民族独立运动的核心力量。20世纪初，印度民族独立运动蓬勃发展。第二次世界大战后，随着反英运动席卷整个印度，英国工党政府意识到，世界各地的民族解放已经成为不可阻挡的历史潮流，与其被赶出殖民地落得一无所有，不如主动撤出殖民地，以此作为谈判的筹码，最大限度地保留英国在当地的利益。此后，大英帝国开始其非殖民化计划。

1946年6月，英国议会几乎未经辩论就通过了蒙巴顿的"印巴分治"方案，按照居民信仰将印度分为印度和巴基斯坦两个自治领，分而治之。印度成为英国非殖民化计划的第一个见证。

1931年丘吉尔在他坚决反对印度独立的演讲中曾经说道："丧失印度，对英国是决定性的致命一击。英国从此微不足道，黯然失色。"印度和巴基斯坦的独立鼓舞了其他英属殖民地的人民争取民族解放的斗争，英帝国从此踏上了一条解体的不归路。

———————

① ［英］布莱恩·拉平：《帝国斜阳》，钱乘旦、陈仲丹、计秋枫译，上海人民出版社1998年版，第20页。

② 陈晓律、王苏琦、王君、袁满：《英帝国》，三秦出版社2000年版，第435—438页。

1. 英国的殖民地对帝国兴衰产生了怎样的影响？

2. 为什么第二次世界大战加速了英帝国的解体？

案例解析

英国的强盛与英帝国是牢牢捆绑在一起的，殖民地是英国保持世界霸主地位的保证。经过几百年的扩张，到 1914 年，英国的殖民地面积达到 3380 万平方公里，相当于全球陆地面积的 1/4 和当时世界总人口的 1/4，总面积比英国本土大 150 多倍。① 英国的殖民地遍及五洲，米字旗在世界各地飘扬，英帝国臻于极盛，成为名副其实的"日不落帝国"。

广袤的殖民地意味着廉价的劳动力和原材料，以及巨大的商品市场，为英国成为世界贸易的中心奠定了坚实的基础。在维多利亚时代的英国人眼中，"北美和俄国的平原是我们的玉米地，芝加哥和敖德萨是我们的粮仓，加拿大和波罗的海是我们的林场，澳大利亚、西亚有我们的牧羊地，阿根廷和北美的西部草原有我们的牛群，秘鲁运来它的白银，南非和澳大利亚的黄金则流到伦敦，印度人和中国人为我们种植茶叶，而我们的咖啡、甘蔗和香料种植园则遍及东西印度群岛。西班牙和法国是我们的葡萄园；地中海是我们的果园；长期以来早就生长在美国南部的我们的棉花地，现在正在向地球所有的温暖区域扩展"。②

19 世纪中期以后，英国在资本输出过程中过度地投资于殖民地，

---

① 齐世荣、钱乘旦、张宏毅主编：《15 世纪以来世界九强兴衰史》上卷，人民出版社 2009 年版，第 161 页。

② ［英］保罗·肯尼迪：《大国的兴衰》上，中信出版集团股份有限公司 2013 年版，第 156 页。

也对经济发展带来了一定的负面影响。首先，由于广袤的殖民地为其提供了廉价原材料和市场，英国人不愿冒投资风险进行技术创新，故而在第二次工业革命中被美国和德国赶超。其次，英国经济过于依赖殖民地，万一某一环节出了问题，经济链条断裂，便如推倒了多米诺骨牌，不堪设想。

果然，20世纪的两次世界大战使英帝国日薄西山。两次世界大战中，英国的自治领和殖民地都被卷入战争。第一次世界大战使英帝国发生动摇，第二次世界大战更是使其走向终结。战争的胜利促进了殖民地的离心倾向，最终导致战后英帝国的解体。

第二次世界大战之所以加速英帝国的解体，原因是多方面的。第一，开战初期，英军在亚洲的不堪一击暴露了英国的脆弱，自治领和殖民地意识到英帝国不能给自己带来安全的保障，开始重新思考他们和英国的关系，这就削弱了英帝国的凝聚力。第二，在战争中，迫于战局需要，英国为了动员自治领和殖民地出钱出力，不惜许下各种诺言。帝国各地共派出500万军队投入战斗，为同盟国的胜利立下了汗马功劳。战争结束后，英国必须履行许下的诺言，这就为殖民地的独立提供了契机。第三，战争促进了殖民地人民民族意识的觉醒。战争中联合国家提出民族自决的原则，这一原则直击殖民地和宗主国的关系问题。有了民族自决的口号为后盾，殖民地早晚会与帝国分道扬镳。第四，战争使大批殖民地人民走出国门，开阔了眼界。战争结束后，他们成为本国民族主义的传播者，为英帝国培养了更多掘墓人。最后，战争中的盟国——尤其是美苏两国——对殖民主义都深恶痛绝，战后美苏成为两个超级大国，营造出瓦解英帝国的国际环境。从1947年印度独立开始，缅甸、锡兰、马来亚、肯尼亚、塞浦路斯及非洲、加勒比地区、太平洋和印度洋岛屿的英属殖民地相继独立，英帝国仅留下"英联邦"的幻影。

英帝国的瓦解，使高度依赖殖民地原料和世界市场的英国经济变得脆弱。尤其是银行、保险、商品交易和海外投资等行业，一度受到较大冲击。英国在世界事务中的影响力，也因帝国的瓦解和美苏两个超级大国的崛起而大打折扣。此后，英国不得不走出"帝国情结"，重新界定自身的国际地位。

延伸阅读

1. ［英］罗伯特·巴尔曼·莫厄特：《大英帝国简史》，严旭译，华文出版社 2021 年版。

2. 钱乘旦、许洁明：《英国通史》，上海社会科学院出版社 2017 年版。

教学建议

本案例设置的主要目的在于帮助学生了解英帝国几百年殖民扩张的大致历程，引导学生思考这种扩张对英国世界霸主地位的影响，理解第二次世界大战后英帝国瓦解的原因，以及英帝国解体对英国国力的影响。

本案例教学过程中可利用视频和世界地图向学生展示 17 世纪以来英国海外扩张的历程和殖民统治的基本特征，启发学生思考殖民扩张给英国发展带来的机遇，以及 20 世纪英帝国瓦解对英国综合国力和国际地位的影响。

案例八　联合王国闹分家

案例呈现

2014 年 9 月 18 日，苏格兰 400 万常住居民举行公投，以决定苏格兰是否将成为一个独立主权国家。这一公投举世瞩目，因为无论其结果如何，都将对英国的未来产生深远影响。公投结果显示，苏格兰将继续留在英国，英国的统一和完整得以保持。但是，此次公投的原因及其影响，仍然值得我们深思。

历史上，苏格兰是一个独立王国，成立于公元 9 世纪，它与同处大不列颠岛的英格兰王国关系十分复杂，双方既纷争不断，又由于各种姻亲关系而"血脉相连"。英格兰一直试图通过武力征服苏格兰，双方之间曾发生过两次大规模战争，直到 1328 年，英格兰才正式承认苏格兰的独立地位。但双方之间的摩擦从未停止。1603 年，英格兰女王伊丽莎白一世去世后无子嗣，因此传位于苏格兰国王詹姆士六世（即英格兰的詹姆士一世），自此两个王国由于受同一个国王统治而形成了自然的联邦，也就是历史上所称的"共主联邦"（Union of the Crown）。但这一联邦并不稳固，直到 1707 年，英格兰与苏格兰才签订联合条约，正式成立大不列颠联合王国。此后，尽管要求苏格兰独立的呼声始终存在，但均未形成规模。第一次世界大战结束之后，特别是苏格兰民族独立党的成立，再次推动了苏格兰的独立进程。

苏格兰民族独立党（SNP）成立于 1934 年，自成立伊始，其宗旨始终是致力于推动苏格兰独立。20 世纪 70 年代以来，英国各地区的民族主义势力发展迅速，苏格兰民族独立党的力量也逐渐壮大。为缓解这一问题，1977 年，工党政府提出了苏格兰法案和威尔士法案，拟分别在这两个地区成立地方议会，但议案未能通过。工党政府随后又在当年 11 月第二次提出了权力下放议案。在 1979 年举行的公投中，尽管支持这一议案的比例达到了 52%，但投票率没能达到规定的 40% 这一门槛，因此权力下放的方案未能实施。

自 1979 年起，保守党开始执政，其间苏格兰与中央政府的关系日趋紧张，尤其是撒切尔执政时期实行的去工业化政策，以及关于北海油田的利益分配问题，造成双方矛盾激化。1987 年，苏格兰工党和联盟党发表联合声明，主张成立苏格兰议会。1997 年，以布莱尔为首的工党赢得大选，之后即开始推行大规模权力下放。在同年举行的全民公投中，超过 74% 的苏格兰公民赞成建立苏格兰议会。1999 年，经选举后的苏格兰议会正式运行。根据 1998 年的《苏格兰法令》，除一般性行政事务之外，苏格兰议会还在财政税收方面拥有一定权力，特别是它可以以 ±3% 的浮动比例收取所得税。除此之外，苏格兰还保留着自己的法律体系（大陆法系而非英美法系）和教育体系。

工党政府推行的一系列权力下放措施在一定程度上缓解了苏格兰与英国中央政府的对立情绪，但并未彻底消除双方矛盾的根源。在 2007 年举行的地方选举中，苏格兰民族独立党得票率首次超过工党，成为苏格兰第一大党，并单独组成地方政府，苏格兰首席部长、苏格兰民族独立党领袖萨蒙德（Alex Salmond）公开宣称力争苏格兰在 2017 年成为独立国家。在 2011 年的地方选举中，苏格兰民族独立党首次获得超过半数以上的席位，再次单独组阁，此后开始加快推进苏格兰独立进程。经过多次谈判，2012 年 10 月 15 日，英国中央政府与苏格兰地方政府签署《爱丁堡协议》，计划于 2014 年底之前举行公投，从而使苏格兰独立进程进入实质性阶段。2013 年 3 月 15 日，苏格兰地方政府发表《苏格兰独立公投议案》，提出在 2014 年 9 月 18 日举行公投，公投中只提一个问题，即"你认为苏格兰是否应该独立？"而且，此次公投并未如 1979 年那样设置最低投票率门槛，只要有半数以上苏格兰居民赞成独立，则苏格兰将于 2016 年 3 月 24 日宣布独立。

2014 年 9 月 18 日，决定苏格兰以及英国未来命运的公投如期举行。公投结果显示，反对苏格兰独立的比例超过支持独立者 10 个百分点，为 55%，苏格兰全部 32 个地区中，有 28 个地区反对独立。根据《爱丁堡协议》，英国中央政府和苏格兰地方政府都表示尊重这一结果，英国的统一得以保持。①

苏格兰独立公投结果公布后，英国首相卡梅伦在唐宁街 10 号首相官邸门前发表公开讲话。卡梅伦说：

> 苏格兰人民做出了选择。这是一个清晰的结果。他们选择继续一起组成我们的国家。和数百万人民一样，我非常高兴。……现在是英国团结起来、共同向前的时刻。我们将有一个更公平的体系——不但对苏格兰人民更公平，重要的是，将对英格兰、威尔士、北爱尔兰人民也同样公平。……我们已经听到了苏格兰人民的坚定愿望。苏格兰选出了一个由英国的强大和安全作为支持的苏格兰议会。我想对支持团结的人民表示感谢——感谢你们展示出我们国家团结起来才能更好的事实。我也要对支持独立的人们表示敬意——你们进行了一场很精彩的活动。我要对投票支持独立的人们说，"我们听到了你们的声音"。我们现在有一个机会，一个很好的机会，来改变英国的管理方式，我们为了更好而改变。所有党派的政治领导人现在全部身负重任，我们要一起为苏格兰、英格兰、威尔士、北爱尔兰人民的利益而努力，为我们每一个英国公民而努力。对这些承诺表示怀疑的苏格兰人民，请听我说：我们在本届政府进行了权力下放，我们还会在下届议会做同样的事。支持统一的三党联合做出承诺，给苏格兰议会更多的权力。我们保证兑现承诺。……现在，我们必须向前看，并以此为契机，让所有人——无

---

① 李靖堃：《苏格兰独立公投及其影响》，《当代世界》2014 年第 10 期。

论他们曾投票支持哪一方——团结起来，为我们整个英国创建更美好、更光明的未来。①

思考讨论

1. 苏格兰是在怎样的情况下与英格兰合并的？
2. 分析苏格兰独立运动的原因。

案例解析

苏格兰和英格兰本是两个独立的政治实体。17世纪，苏格兰经济传统而落后，英格兰却通过世界各地的殖民地和贸易，以及资金的注入和企业家的投入，经济逐渐兴旺起来。雄心勃勃的苏格兰人想要改变现状，享受跟英格兰一样的繁荣。1695年，苏格兰人帕特森向苏格兰议会提出殖民巴拿马的"达里恩计划"。"达里恩计划"初期不仅吸引了苏格兰本地的投资商，而且吸引了英格兰和荷兰人。然而，在东印度公司的游说下，英格兰和荷兰商人纷纷撤资。作为报复，愤怒的苏格兰贵族和平民众筹出风险投资需求全额——40万英镑。1698年，1200人的队伍浩浩荡荡从苏格兰启航去了新世界。他们在巴拿马遭受了灭顶之灾。次年，仅有不到300名幸存者回到了苏格兰。

"达里恩计划"的失败使苏格兰面临破产。1707年，苏格兰在饥荒、无奈之下与英格兰签订了《联合法案》，创建了新的国家——大不列颠。《联合法案》的签订是由一部分濒临崩溃的苏格兰贵族策划的，他们中的大部分人已经被伦敦收买。根据《联合法案》，苏格兰国会解

---

① 英国驻华大使馆：《卡梅伦就苏格兰独立公投结果发表演讲（全文）》，https://news.so-hu.com/20140920/n404488046.shtml，2014年9月20日。

散，苏格兰交出了税收权、海关权、军事权和外交事务权。作为回报，伦敦给予苏格兰约 4 万英镑的债务补偿，基本填补了"达里恩计划"的损失。

在苏格兰与英格兰牵手 307 年后，苏格兰之所以要举行公投，与英格兰"分手"，有着复杂的历史与现实原因。

第一，1707 年联合以前，苏格兰与英格兰虽时有姻亲关系，但也积累了几百年的战争积怨。苏格兰国王一度向英格兰国王行效忠礼，继而又和与英格兰为敌的法国结盟，英苏处于战争状态达 2 个半世纪。这些历史积怨通过文学、影视作品不断强化着苏格兰人的民族意识。

第二，1707 年的《联合法案》在反对联合的苏格兰人眼中，是"完全的投降"和"恶魔的交易"，将导致国家的灭亡。这种联合并非基于"爱"的婚姻，而是基于"利益"的不伦之恋，是英格兰乘人之危合并了苏格兰。

第三，20 世纪苏格兰独立意识突显也是不列颠帝国衰落的产物。18 世纪两国联合以后，不列颠帝国以惊人的速度向全球扩张，苏格兰人打下了英帝国的江山，英国著名的殖民者多为苏格兰人，殖民地的管理者也多为苏格兰人，苏格兰人充分享受到了不列颠帝国海外扩张的成果，社会经济繁荣昌盛。然而，随着不列颠帝国的解体，英国经济不断面临困境，苏格兰不再享受帝国扩张带来的种种利益，离心力自然日益攀升。

第四，现实经济的考虑是影响苏格兰人政治抉择的重要因素。一方面，1960 年代末北海油田的发现，使英国一跃成为欧洲第三大产油国和第四大天然气生产国。苏格兰耿耿于怀的是：英国石油中有 2/3 来自北海油田，可巨大的收益却归英国中央政府而不是苏格兰所有，苏格兰每年还要向中央政府交纳近 90 亿英镑油气税。如果苏格兰独立，以现有的渔业作业线为国界，苏格兰将获得 95% 的油田和 60% 的气田，从此成为像挪威一样富裕的国家。另一方面，在撒切尔夫人担任首相期间，率先在苏格兰地区试验"人头税"政策，加上实行私有化、打压工会、破坏罢工等政策，激怒了苏格兰选民。1980 年代降低制造业比重的"去工业化政策"给以重工业为主的苏格兰造成沉重打击，钢铁厂、造船厂纷纷倒闭，居高不下的失业率和通货膨胀令苏格兰的民族主义力量迅速壮大。

第五，苏格兰与英格兰在价值偏好上的分歧也是苏格兰人想要与英格兰分道扬镳的深层原因。比起英格兰对自由市场的推崇，苏格兰人更加偏好公正、平等和同情。2014 年 4 月，格拉斯哥的报纸《周日先驱报》（*Sunday Herald*）上有这样一组数据：在苏格兰，最富有的 10% 家庭的财富是最贫穷的 10% 家庭的财富的 900 倍（其中，最富有的 100 人积聚了 210 亿镑的财富），30% 的孩童所在的家庭只拥有 2% 的国民财富。这种二元分割的经济状况使得工人、农民和以阿伯丁为中心的东北部工业区成为独派最大的支持力量。

第六，威斯敏斯特的政治架构也是苏格兰人想要离英"单过"的一大诱因。苏格兰在英国议会只占有 9% 的议员席位，而更为糟糕的是，在近年来的若干次大选中，由于苏格兰人所选择的政党总是与整个英国所选择的政党背道而驰，这在很大程度上意味着苏格兰人永远不会成为英国议会的优先考虑对象，从而导致英国议会的政策与苏格兰人的利益和价值偏好之间的鸿沟日益加深。因此，独派认为，既然苏格兰的利益和价值偏好在现有的政治架构下注定得不到应有的表达，那么，独立便成为最佳选择。

延伸阅读

1. ［英］T. M. 迪瓦恩：《苏格兰民族：一部近代史》，徐一彤译，社会科学文献出版社 2021 年版。

2. ［英］罗伯特·休斯敦：《牛津通识课：苏格兰史》，张正萍译，海南出版社 2020 年版。

教学建议

本案例设置的主要目的在于梳理历史上苏格兰与英格兰的关系，让学生了解两国从相互独立的政治实体到合并为大不列颠王国的缘由，理解 20 世纪苏格兰的独立运动尤其是 2014 年苏格兰独立公投的原因。

本案例讲述过程中可结合文学影视作品向学生介绍历史上苏格兰与英格兰的恩恩怨怨，通过经济、政治等一系列数据向学生展示《联合法案》签署至今苏格兰的发展状况，从而引导学生思考苏格兰独立运动的成因，以及对苏格兰和整个英国的影响。

第四章　理性、激情与荣光：
法国两百年之兴衰

案例一　百年战争

案例呈现

英法战争，又称百年战争，是指英国和法国，以及后来加入的勃艮第，1337—1453 年间发生的战争。导致该战争爆发的因素错综复杂，包含国家间政治、经济、社会、国际关系等多种因素。战争的胜利使法国完成民族统一，为日后在欧洲大陆扩张打下基础；而英格兰的败局，使其几乎丧失了全部所占的法国领地，也使英格兰的民族主义兴起。英法"百年战争"断断续续进行了长达 116 年，是世界最长的战争之一。

战争爆发的导火线则为争夺法国的王位。1314 年，法国的卡佩王朝国王腓力四世去世，他没有留下可以继承王位的后代。法国贵族推举腓力三世的孙子腓力继位，即国王腓力六世。英国国王爱德华三世以腓力四世外孙的资格要求继承卡佩王朝的王位，反对腓力六世为王。1337 年，爱德华称王法兰西，腓力六世则宣布收回英国在法国境内的全部领土，英法战争由此开始。

但就战争的目的而言不只是领地，还有经济争夺的动因。佛兰德尔地区位于法国境内，工商业繁盛，毛纺织业尤为发达，而其原料主要依赖英国进口，法国在1328年占领该地后，英王爱德华三世下令禁止向该地出口羊毛。为了保证原料来源，佛兰德尔地区转而支持英国的反法政策，承认爱德华三世为法国国工和佛兰德尔的最高领主，使英法两国矛盾进一步加深。

战争刚开始的时候，双方行动都极为缓慢。1340年，爱德华三世以强大的海军袭击法国舰队，取得海上优势。1346年，经过充分准备的英国陆军登上法兰西的土地，公然对法国进行挑衅。法王腓力六世调集全部兵力，要与英军决一死战，双方军队在克勒西遭遇。当法国军队赶到时，预先埋伏的英军弓箭手以逸待劳，弓箭像雨点一样飞落到法军头上、身上，打得法军狼狈不堪、四处溃逃。英军乘胜追击，占领海岸要塞加来港。但在当时发生了横扫欧洲的黑死病，战争不得不暂时停止。

10年后，战火重燃。1356年9月，普瓦捷之战，在英军的强攻猛击下，法军再次惨败，法王约翰二世（1350—1364年在位）及众臣被俘，英借此向法国索取巨额赎金。国王被俘后，太子查理监国，为了筹集国王赎金和战争经费，实行新的徭役制，并增加税收。军事的失败和苛捐杂税使城乡人民增加了对统治者的愤怒，1358年法国爆发了扎克雷起义。最终，起义被王子查理和纳瓦尔国王查理二世联合武力镇压。起义虽败，但法国也已经无力与英再战。1360年法国王子查理被迫签订屈辱的《布勒丁尼和约》。和约条款极为苛刻，法国不仅要缴纳巨额的国土赎金，还要把加来及法国西南部大片领土割让给英国。

为了夺回英国占领区，法王查理五世整顿内政，改革军事，组织雇佣军，建立炮兵部队和新的舰队。法军主动挑起战争，采用突袭和游击战术，迫使英军放弃一些被占土地，退到沿海一带。为了保住在法国的沿海据点，1396 年，英国被迫与法国议和。法王查理五世死后，王位由他 12 岁的儿子查理六世继承。在他执政期间，形成两大贵族势力，即法国北部的勃艮第公爵和南部奥尔良公爵两大集团。双方争权夺利，互相残杀，造成国家的衰微，加重了人民的痛苦。勃艮第公爵在争斗中失败，于是勾结英国，答应英王亨利五世可以继承法国王位。法国统治阶级的内讧，导致了国家的衰弱，便利了英军的再度入侵。

1415 年，英王亨利五世再度进攻法国，英军在阿金库尔战役中击败法军，并在勃艮第公爵的援助下占领法国的北部，从而迫使法国于1420 年在特鲁瓦签订丧权辱国的和约。和约规定，法国成为英法联合王国的一部分，查理六世的儿子正式放弃王位，亨利五世与查理六世的女儿结婚，有权在法王查理六世死后继承法国王位。但是 1422 年查理六世和亨利五世先后死去，英国国王由亨利五世的儿子亨利六世继承，同时英方擅自宣布不满周岁的亨利六世兼领法国国王，继承法国王位。但法王查理六世的儿子不甘心放弃父亲的王位，在南部大贵族的扶持下自称法国国王，是为查理七世。这样在法国有了两个国王，法国被分割成南北两个部分，法国北部和西北部是英国统治下的法国，查理七世则控制着卢瓦尔河流域及其以南狭小的地方。

1428 年，英军大举围攻通往法国南部的要塞奥尔良，并开始长期的围攻。英军的屡次进犯，使法国遭到空前的洗劫和瓜分，法国处境十分困难。在民族危难之时，人民群众空前广泛地参加保卫独立的战争。南部的人民用金钱和物资支援军队抗战。在英占区，尤其是诺曼底，由农民和城市贫民组成的游击队十分活跃，到处打击敌人。农村女青年贞德是无数人民英雄中的一个典型。贞德是法国北部的一个农家少女，她憎恨英军的入侵，她憎恨勃艮第的卖国，她决心献身保卫祖国的斗争。

1429 年 4 月，她受王太子之命，率领军队向奥尔良进发。贞德向围困奥尔良达半年之久的英军发动猛烈进攻，英军难以招架，四散溃逃。贞德所向披靡，被困 209 天的奥尔良终于被解了围。奥尔良战役的胜利，使整个战争朝着有利于法国的方向发展。人们亲切地称呼贞德为"奥尔良姑娘"。贞德在国家危难之际挺身而出，献身祖国的爱国主义精神极大地鼓舞了法国人民的爱国斗志。

法国人民经过长期艰苦卓绝的斗争，不断取得胜利，勃艮第公爵被迫解除和英国的同盟。法军相继攻占巴黎、诺曼底、波尔多等地。1453 年，法军夺回吉耶讷，标志着百年战争结束。战争最后以英国失败告终，法国从英国手中收复了除加来港外的所有国土，英法两国长达一个世纪的封建战争至此结束。[①] 1458 年，法军攻陷加来，英格兰失去在欧洲大陆的最后一个城市，百年战争最终结束。

思考讨论

1. 旷日持久的英法百年战争，给法国与英国各自带来了何种影响？
2. 这场战争反映了法国国内君主与地方诸侯间的何种关系？

案例解析

"百年战争"一词出现于 19 世纪中叶，是英法两国围绕着法国王位继承问题而展开的争夺封建领地的一场跨度百余年的争霸战争。关于百年战争的起因，历史学界有很多的观点，如对法国王位继承权的争夺、封建领土的争夺、英王对法国支持苏格兰的报复和英国全民对法国财富的垂涎（因为战争可以带来比平时更多的金银百货）等等，而总

---

① 周明博：《全球通史：从史前时代到二十一世纪》，当代世界出版社 2019 年版，第 182—185 页。

结起来，主要无外乎经济原因和政治原因。固然政治因素是战争爆发的原因之一，但两国对经济利益的争夺则是百年战争爆发的根本原因。两国的失和，除了爱德华三世要求嗣立外，还有更根本的冲突，那就是两国对加斯科尼和佛兰德尔都有野心。

第一，英格兰作为岛国，与欧洲大陆隔海相望，由于独特的地理位置和富饶的资源，时常受到欧洲大陆海盗和王朝国家的侵略，与欧洲大陆的联系越来越紧密。英法两国因领地问题长期不和，到金雀花王朝时冲突更加激烈。后因腓力六世与爱德华三世的王位之争更是使得两国之间的矛盾进一步升级。

第二，在中世纪相当长的时期里，英格兰和苏格兰是死敌，直到1707 年英格兰和苏格兰合并。英格兰和苏格兰长期不和，法国借机大力支持苏格兰以牵制英格兰。无论是英王对法国王位继承权的争夺，还是英格兰对法国支持苏格兰的仇恨，双方的矛盾只是封建的和政治上的敌对，这充其量是英格兰进攻法国的次要原因。真正深层次的原因是13 世纪后期英法在商业利益上的冲突，它主要体现在英法在加斯科尼葡萄酒贸易上和佛兰德尔毛织品贸易上的竞争。

第三，13、14 世纪英国王室财政收入发生结构性变化，使国王格外关心关税的发展。对经济利益的争夺，可以说是两国不断发动战争的主要原因。在导致战争的众多因素中，加斯科尼和佛兰德尔争夺被认为是最主要的。加斯科尼位于法国西南部，属于阿奎丹地区。加斯科尼不仅供应英格兰大量的葡萄酒，而且经此地英格兰的布和谷物才得以出口到波尔多（Bordeaux）和巴约讷（Bayonne），这进一步加强了与英格兰的联系。佛兰德尔位于欧洲西北部，是法国的领地，也是英格兰主要的羊毛消费市场和呢绒进口市场，法王可以在此地征收大量的捐税。对英法两国君主来说，控制这两个地区意义重大。对法王来说，如能将这两个地区纳入版图，将加快法兰西统一进程，有助提升国王统治权威，同时给政府带来丰厚收入。对英王来说，加斯科尼作为安茹家族祖传领地，直接关系王室尊严与荣誉，将其牢牢控制有助实现重建"安茹帝国"的梦想。[1] 无论从政治上还是从经济上考虑，两国君主都想要争夺两地的控制权。此外，1228 年，佛兰德尔发生了下层市民和农民起义，佛兰德尔伯爵向法王求援，法王腓力六世出兵镇压了起义，并取消了起义城市的自治权。这引起英王的极大不满，于是在 1336 年以禁止羊毛出口来对法国施加压力，这便成为两国交战的直接原因。

无论是对近代英法两国国家疆域的形成，还是对这两个民族国家的兴起，百年战争都具有特别重要的意义。这场战争，使得两国的封建势力受到了沉重的打击，从前以领地为基础的集团关系受到了破坏。由于战争中显示的是一个国家的整体力量，所以无论是在英国或法国，"国家"观念开始形成。百年战争推动了法国的统一。战后，新的法国国王路易十一（1461—1483 年在位）继续打击强大的勃艮第势力，并完全兼并了这块处于分裂的领地。他的继承人查理八世（1483—1498 年在位）合并了大领地布列塔尼，最终完成了国家的统一。领地的观念被国土的观念所取代。在英国，百年战争的失败和一无所获，造成了大贵族的不满，赋税负担的加重使得广大人民群众极为愤恨。在这种情况下，新兴的约克家族与原来的兰开斯特家族发生了长达 30 年的战争，这场战争的结果使两大贵族几乎同归于尽，为新生的资产阶级兴起创造了条件。英法百年战争对欧洲的战争技术也是一场革命，在战争中传统

---

[1] 李增洪、徐桂民：《英法百年战争爆发原因之分析》，《廊坊师范学院学报（社会科学版）》2013 年第 3 期。

的战争方式已经被淘汰，枪炮被用在战场上。在指挥上，以前的小规模的作战被大规模的战争所取代。[①]

延伸阅读

1. ［美］弗雷奥利：《圣女贞德与百年战争》，刘晶波译，上海社会科学院出版社 2013 年版。

2. 张芝联主编：《法国通史》，北京大学出版社 1989 年版。

教学建议

本案例设置的主要目的在于引导学生通过了解英法百年战争的发展历程，得以一窥中世纪欧洲的面貌，并了解英国"退出欧洲"走向海洋，法国迈向统一并称雄欧洲的历史渊源。

在对本案例进行讲述时可结合欧洲王位继承制度的特征来阐释百年战争的成因，同时为后面讲解法国民族意识觉醒觅得历史渊源。

案例二　三十年战争与国家至上原则的确立

案例呈现

"三十年战争"自 1618 年始，至 1648 年终，是由神圣罗马帝国的内战演变而成的一次大规模的欧洲国家混战，也是历史上第一次全欧洲大战。

1618 年捷克反对哈布斯堡王朝的起义，是三十年战争的导火线。因联姻关系，波希米亚国王由哈布斯堡家族神圣罗马帝国皇帝兼任。1583 年神圣罗马帝国皇帝兼波希米亚国王鲁道夫二世选择将波希米亚

---

① 周明博：《全球通史：从史前时代到二十一世纪》，当代世界出版社 2019 年版，第 185 页。

的布拉格作为新的宫廷，并对那里的新教徒采取宽容态度。继承鲁道夫二世的马提亚斯于 1617 年任命其堂兄斐迪南二世担任波希米亚国王。斐迪南二世是一名狂热的天主教徒，他禁止布拉格新教徒的宗教活动，拆毁其教堂，并宣布参加新教集会者为暴民。1618 年 5 月 23 日，新教徒在图尔恩伯爵的率领下冲进王宫，把皇帝的钦差从窗口抛入壕沟，并成立临时政府，由三十位成员组成，宣布波希米亚独立。史称"掷出窗外事件"，它成为三十年战争的开端。

敌对两派的信徒彼此对立、相互残杀。在波希米亚各地，不肯放弃信仰的新教徒，财产全被充公，由天主教徒瓜分。波希米亚的宗教冲突逐步升级，演变成一场各国君主争权拓土的斗争。在其后的三十年间，丹麦、法国、荷兰、西班牙和瑞典全都卷入了这场战斗的旋涡中。三十年战争分不同的阶段，每个阶段以皇帝的主要敌国命名。一般把三十年战争分为四个阶段：捷克阶段、丹麦阶段、瑞典阶段、法国－瑞典阶段。当中大部分战役均在神圣罗马帝国的领土内发生。

（一）第一阶段：捷克阶段（1618—1624）

捷克保持着某些独立的政治和宗教权利，奥地利哈布斯堡王朝在 1617—1618 年开始剥夺捷克这些权利。1618 年，捷克爆发了反哈布斯堡王朝的起义，这也成为三十年战争爆发的标志。1619 年 6 月，由图尔恩伯爵统率的捷克军队将维也纳包围，哈布斯堡王朝为迫使图尔恩解除对维也纳的围困，任命布库阿和丹彼尔指挥军队侵入捷克领土。新教联盟改变策略，开始与天主教联盟进行谈判。但事与愿违，哈布斯堡王朝与天主教联盟结盟，1620 年 9 月初派蒂利伯爵和布库阿的军队侵入捷克，在 1620 年 11 月 8 日的白山战役中大败捷克军队。

（二）第二阶段：丹麦阶段（1625—1629）

哈布斯堡王朝同盟地位的巩固引起丹麦、荷兰和英国的不安。

1624—1625 年，在法国的协助下组成了反哈布斯堡王朝军事同盟。英法两国将丹麦视为对抗哈布斯堡王朝的工具，同时丹麦也有自己的如意算盘：把波罗的海南岸地区从德意志手中夺过来。丹麦军队和新教军队侵入德意志北部，在战争初期获得了胜利。1625 年初，瓦伦斯坦提议由他资助组建一支数万人的军队，反击丹麦的入侵。皇帝采纳他的意见，先后封他为军区司令、帝国武装部队总司令，升为弗里德兰公爵。1625 年秋，瓦伦斯坦和蒂利天主教联盟军队联合向德意志北部发起进攻。尽管一方面哈布斯堡王朝发生了大规模农民起义，另一方面瓦伦斯坦采用布拉格荷籍银行家汉斯·德·威特的"以战养战"的策略，用对被征服地区征收特别税的方法供养军队，激起群众的不满，但由于这支军队训练有素，注意战略战术，再加上从有能力的士兵中提拔军官，瓦伦斯坦军队仍于 1626 年 4 月 25 日在德绍附近打败新教联盟军队，次年占领西里西亚。1627—1628 年，瓦伦斯坦军队占领整个德意志北部，并侵入日德兰半岛。1629 年 5 月 12 日，丹麦接受恢复原状和不再干涉德意志内部事务的条件，签订了《吕贝克和约》。和约虽然签订，但新教诸侯国及其城镇居民仍受到瓦伦斯坦和蒂利雇佣军的骚扰。自 1628 年起，战事扩展到意大利北部诸国，西班牙和奥地利的哈布斯堡王朝与法国在这里进行角逐。1629 年，在英、法、荷三国调解下，瑞波两国缔结了阿尔特马尔克停战协定。该协定使 1617 年开始的波瑞战争暂时停止，从而瑞典能够抽调军队对哈布斯堡王朝作战。

（三）第三阶段：瑞典阶段（1630—1635）

"北欧强国瑞典，早就野心勃勃，要统治整个波罗的海。"瑞典无法容忍瓦伦斯坦的军事胜利和德国皇权的加强。而在天主教阵营这边则发生了内讧，瓦伦斯坦被蒂利接替，任帝国军队总督。1630 年 7 月 6

日，瑞典国王古斯塔夫·阿道夫带兵 15000 人悍然在奥得河口的乌泽多姆岛登陆，很快占领什切青一带，三十年战争进入一个新阶段——瑞典入侵时期。1631 年 6 月，古斯塔夫·阿道夫与勃兰登堡和萨克森新教侯爵阶层缔结有利于本国的条约，当他把瑞典和新教的军队扩充到 3.9 万人后，开始积极进攻。1631 年 9 月 17 日，瑞军给蒂利军队以毁灭性的打击。在哈布斯堡王朝内部，新教居民将瑞军看做脱离封建压迫的斗士，不断爆发反哈布斯堡王朝起义，这加速了瑞军获胜；但不久农民很快辨清瑞军征服德意志的企图，立马调转枪口，奋起斗争，这也加剧了瑞军在德意志西南部作战的被动地位。瓦伦斯坦重新得到重用。而这次复出的瓦伦斯坦，权力超过第一次。"根据与皇帝的协议，他拥有军权、政权和财权，皇帝和帝国政府不得干预。"瓦伦斯坦第一手棋就拿瑞典的盟友萨克森开刀，于 1632 年 5 月 22 日攻占布拉格。1632 年 9 月，瑞典军试图采取围魏救赵的办法，假装向奥地利进军，企图吸引瓦伦斯坦军离开，但瓦伦斯坦早已看穿其伎俩，并乘机进击萨克森，以切断其供应线。1632 年 11 月 16 日晨，双方在莱比锡以西之吕岑遭遇。身患严重风湿病的瓦伦斯坦无法骑马但坚持乘车指挥，终于击毙横行一时的阿道夫。1634 年 9 月 6 日，瑞军在讷德林根附近交战中失利。树倒猢狲散，其他德意志新教诸侯拒绝与瑞典结盟，反而将橄榄枝纷纷投向了哈布斯堡王朝，缔结布拉格和约，反哈布斯堡王朝同盟处境艰危。

（四）第四阶段：法国-瑞典阶段（1635—1648）

"天主教同盟的再次胜利促成法国的参战。法国本是天主教国家，同德皇、西班牙和德国天主教诸侯在宗教上是一致的，并无宗教矛盾。但法国的国策是对外扩张，争夺欧洲霸权。在三十年战争前三个阶段，法国一直假手他国和新教联盟的力量来打击哈布斯堡王朝，待两败俱伤后，法国好从中取利。"[1] 到了 1635 年，法国看着哈布斯堡王朝继续强大，心里略感不安，于是与瑞典缔结圣日尔曼和约，并直接参加三十年战争。1645 年瑞军在扬科夫、1648 年协同蒂蕾内在楚斯马斯豪取得重大胜利，这时，哈布斯堡王朝开始主动求和，而此时由于英国、法国国内都发生了资产阶级革命，无暇顾及外战，遂匆忙地签订了《威斯特伐利亚和约》。

那时候，人们所用的武器包括了手枪、火枪、迫击炮和大炮，瑞典是最大的军火供应商。天主教徒和基督新教徒全都无法置身事外。士兵冲上战场，投入战斗，不是喊叫"圣母玛丽亚"，就是高呼"神与我们同在"。军队把德意志的大城小镇洗劫一空，又滥杀敌军和平民。战争残酷血腥，跟圣经所载的预言有天壤之别："国与国不再拔剑相攻，他们也不再学习战事。"人民对战事极其厌倦，盼望和平早日到来。战争渐渐失去宗教性质，不再单单是基督新教徒与天主教徒之间的冲突，而是变得越来越政治化。讽刺的是，在幕后推动这个转变的，竟是天主教会内一个位高权重的枢机主教黎塞留。他于 1624—1642 年出任法国首相。黎塞留希望把法国发展成欧洲霸权。为此，他不惜逐步削弱天主教同胞——哈布斯堡家族的权力。他向德意志各邦、丹麦、荷兰和瑞典的基督新教军队提供资金，而军队当时正跟哈布斯堡家族对抗。

1635 年，黎塞留首次调派法国军队作战。《和平万岁！》一书解释说，在最后阶段，"三十年战争不再是宗教之间的冲突……这场战争成为了欧洲各国的权力斗争"。天主教徒与基督新教徒之间的纷争，最终演变成天主教徒联合基督新教徒跟其他天主教徒的战斗。天主教联盟在

---

① 张婷婷主编：《世界通史 2》，吉林出版集团有限责任公司 2015 年版，第 305 页。

17 世纪 30 年代初大大失势，终于在 1635 年解体。[①]

思考讨论

1. 为何《威斯特伐利亚和约》的缔结被认为是近代国际关系的开端？

2. 法兰西王国名臣黎塞留在三十年战争中有何作为？

案例解析

基辛格在《大外交》中说："1618 年开启的战端，年复一年地打下去，直到史学家除了以其历经的时间——三十年战争外，找不出更贴切的命名。"三十年战争是以新教徒和天主教徒之间的宗教战争开始的，后来则失去宗教性质。它是资本主义产生和资产阶级民族形成的深远过程的反映，是和一些欧洲国家最初的资产阶级革命（1566—1609 年的尼德兰资产阶级革命、1640—1660 年的英国资产阶级革命）密切相连的。由于战争始于宗教之争，又是在信奉天主教和新教的两大势力中展开，所以有的史学家将其称为"宗教战争"，但是这并不能概括它的全貌。如果就宗教方面来说，主持法国国家事务的枢机主教黎塞留，理应支持哈布斯堡王朝致力于恢复天主教的正统地位，但是作为现代国家制度之父，他奉行国家至上的信念，将法国的国家利益看得比任何宗教目标都重要。他的目的是，利用中欧诸国饱受战争的衰惫，从中渔利，从而为法国成为欧洲强国奠定基础。[②]

"国家利益至上"观念的出现是西欧民族国家日渐兴起的反映。近代民族国家形成后，"国家利益至上"原则成为大国指导国家对外战略

---

① 刘玉龙：《国际条约与世界秩序》，国家行政学院出版社 2014 年版，第 9—14 页。

② 刘玉龙：《国际条约与世界秩序》，国家行政学院出版社 2014 年版，第 9 页。

和调整相互关系的一个行为准则，《威斯特伐利亚和约》确立的主权观念更是清楚地奠定了新国际秩序的基础。17世纪的法国首相黎塞留是"国家利益至上"原则的积极倡导者和最早践行者。他认为国家是一种价值，国家高于一切，为了它，一切手段都是好的。出于国家利益需要，在国内事务中，他平定地方分裂割据，加强中央集权，并通过发展商业和外贸来增强国家的实力；在国际事务中，黎塞留致力于反对哈布斯堡王朝称霸欧洲的外交政策。三十年战争期间，虽然他身为天主教徒，还是罗马教会的枢机主教，在教会内位高权重，但他却和信奉新教的德意志诸侯联盟反对天主教的西班牙和奥地利，因为他将哈布斯堡王朝重建天主教权威的企图，视为地缘政治上对法国安全的威胁。为追求现代人所谓的国家安全利益，他站在了新教各诸侯这一边，并利用教会内部的分裂，护卫新教诸侯的自由，反抗神圣罗马皇帝的中央集权目标。总之，黎塞留把宗教与道德均置于"国家利益至上"原则之下，将法国的国家利益看得比任何宗教目标更重要。基辛格评述说：在宗教热情及思想狂热仍重于一切的时代，黎塞留"不涉及道德使命、冷静沉着的外交政策如鹤立鸡群般突出"。对于指责黎塞留采取助长异端蔓延的政策是犯下道德罪行的说法，他以典型的马基雅维利式论点加以反驳：因为法国是欧洲最纯正最虔诚的天主教国家，谋求法国的利益，就等于谋求天主教的利益，法国的强大符合天主教教会利益。

在黎塞留的倡导之下，"国家利益至上"原则取代中世纪的世界道德观成为其后法国国家政策的指导原则。遵循这一原则，法国在外交上不但走出了深陷重围的险境，削弱了哈布斯堡王朝的实力，还大大拓展了版图，成为欧洲最强大的国家。①

----

① 陈会颖：《法国政治经济与外交》，知识产权出版社2014年版，第156—160页。

三十年战争中形成的近代国际关系体系是近代世界历史格局形成的原生形态和母体结构。宗教在欧洲有很大影响，尤其是马丁·路德进行宗教改革之后，在欧洲，宗教改革派得到了普遍的支持，同时明显地出现了新教和旧教之间的尖锐冲突。三十年宗教战争，主要是天主教联盟和新教联盟之间的战争，最初是以法国和德国国内战争的形式为先导，之后，捷克、匈牙利、瑞典、西班牙和英国先后介入，出于不同的利益和关系结成不同的联盟，国内战争演变成了欧洲的国际战争。在1620年7月，双方曾经签订条约，根据这个条约，天主教同盟和新教同盟之间保持和平，但和平并不包括捷克，因此又激发了新的矛盾和冲突，战争继续。1648年8月6日，交战各国签订《威斯特伐利亚和约》，长达三十年的宗教战争宣告结束。《威斯特伐利亚和约》承认欧洲各国的宗教平等与信仰自由，划清法国与德国、瑞典与德国等国之间的边界，从而正式形成了欧洲各国的近代政治格局。由于这个政治格局包括捷克、匈牙利、瑞典、西班牙和英国等主要是大西洋沿岸的国家，因此，这也表明大西洋时代的世界历史得以形成。

马克思认为："一些以宗教作为内讧借口的高级领主（签订了）第七次（和平的条约）；根据这个条约，宗教改革派获得了一些新的特权。"[1] 通过马克思对三十年战争的分析，可以发现，三十年战争实际上是政治上的矛盾和冲突的体现，只不过采取了宗教战争的形式。这表明宗教可能只是政治利益的一个借口，因此，三十年战争既是欧洲新旧教之间的较量，又是一场新兴资产阶级与天主教会和世俗的封建势力的较量。以三十年战争为典型，16—17世纪以大西洋为中心的近代国际

---

① ［德］马克思：《马克思历史学笔记》（第四册），中共中央马克思恩格斯列宁斯大林著作编译局译，红旗出版社1992年版，第4页。

关系体系的形成，亦即近代世界历史的基本格局的形成。①

三十年战争和《威斯特伐利亚和约》在国际关系史上是一个划时代的事件。《威斯特伐利亚和约》确定了一些现代国际关系原则，对欧洲国际体系的建立和欧洲未来的政治经济秩序影响深远。它开创了以"会议"解决争端的先例，明确规定了现代国际关系的重要法律原则，确定了国家主权的平等。《威斯特伐利亚和约》首次创立并确认了条约必须遵守和对违约的一方可施加集体制裁的原则。罗马教皇神权统治体制的世界主权论被打破。主权是国家的属性，国家主权的统一性、不可分割性和独立性的国家主权学说和观念得到进一步的发展和认同。这就否认和打破了罗马教皇神权统治体制的世界主权论，使国际关系中的世俗化倾向加强了。世俗专制的封建王权体制得到了加强，其中，在法国体现得最为明显。《威斯特伐利亚和约》还确立了外交常驻代表机构的制度，为主权国家间经常性的政治经济交往提供了制度上的便利。

延伸阅读

1. 吴春秋：《世界战争通鉴》，国际文化出版公司 1995 年版。

2. ［英］塞缪尔·罗森·加德纳：《三十年战争史：1618—1648》，王晋瑞译，华文出版社 2019 年版。

教学建议

本案例设置的主要目的是引导学生通过了解三十年战争的来龙去脉，从而一窥封建时代欧洲各国间政治军事博弈及宗教斗争的复杂情况。

本案例讲述时可以将法国在三十年战争中取得的胜利与启蒙运动相联系，从而将三十年战争对资产阶级革命的推动、资产阶级革命带来的思想解放运动

---

① 黄皖毅：《马克思世界史观文本、前沿与反思》，知识产权出版社 2008 年版，第 75—76 页。

进行梳理。

案例三 朕即国家：绝对君主制的诞生

案例呈现

在西欧历史进程中，绝对君主制是上承封建等级制国家，下启现代国家的过渡国家形态。等级制国家大致出现在 12 世纪末至 14 世纪初，统治者与各类团体是国家政治结构的基本构成要素。统治者需依赖定期召开的全国或特定区域内的各类等级大会（如市镇居民大会、教士议会、三级会议等）来处理政务。与"领主－附庸"关系不同，等级会议不是统治者的扈从或依附者，而是"合伙人"，他们具有相对独立的权利诉求，又与统治者共同构成整个统治秩序。史家把等级制国家的这种特点称为"权力二元性"。15 世纪末 16 世纪初，欧洲部分国家逐步摆脱这种"权力二元性"，以立法权为核心内容的主权被视为统一且不受限制的最高权力，绝对君主成为这种权力的人格化身。这一转型既受欧洲各国之间军备竞赛的影响，也是罗马法复兴以及有关"国家理性"观念兴起与发展的产物。至 17 世纪下半叶，西欧各主要国家先后取缔了本国的等级会议，并逐步确立绝对君主制。绝对君主制成为第一种国际性的国家制度。路易十四治下的法国是欧洲绝对君主制的典范。

路易十四（1638—1715），是法王路易十三之子。他即位时年仅 5 岁，由其母亲安娜王后摄政，实权掌握在首相马扎然手里。法国自从建国以来，政权由谋臣执掌，国王只主持宫廷生活，这似乎是法国当时的惯例。路易十四的祖父亨利四世、父亲路易十三都是这样。但路易十四决定改变这种状态。

1661 年，马扎然病逝。马扎然死后，福格接替了他的职权，比之前者更加专横。福格手握庞大的私人军队，足以抵得上一个普通的小邦海军实力的私人舰队也在他的控制之下。他善于结交，同其他许多贵族关系密切，国家的一切重要部门，甚至在王宫里也有他的耳目。在政治上，他除了担任财政大臣，还任巴黎高等法院大法官，而巴黎高等法院一向是与王权相对立的一座堡垒。1661 年 9 月，路易十四 23 岁时，他突然发动政变，将福格逮捕，废除旧制，建立起由自己控制的政权，并说出了传世名言："朕即国家"。

为加强专制统治，路易十四建立了更加完善的国家机器。在中央，国王下面有相当于秘书的掌玺大臣。国务大臣掌管内政外交各部门事务，他们直接对国王负责。为加强对地方的控制，国王派财政官到各省监督地方政务，其权限凌驾于省长之上。各省、市的地方官全由国王直接任命，他们只能按中央指示办事。路易十四还建立了内政、外交、财政、陆军与宗教委员会等机构，但这些机构只起咨询作用，决定权都操于路易十四之手。他还宣布教会必须听命于国王，各大臣未经国王同意不得发出任何政令。1665 年又宣布，高等法院和地方高等法院不得讨论和表决国王的敕令，只能不折不扣地去执行。

在军事上，路易十四实行了两项重大改革。第一是中央取得了直接调动各省军队的权力。第二是改雇佣外国人当兵为招募本国人当兵。把民间那些勇武强悍的人吸收到了军队中，既增强了军队的战斗力，又削弱了人民群众反抗的力量。

路易十四开始亲政时，法国的财政状况十分严峻，国债达 4 亿多法郎。1665 年，他任命柯尔伯为财政总督，兼任宫廷大臣和海军大臣。柯尔伯开始整顿法国财政。他授权王室财政会议对王国的全部政策进行监督。柯尔伯还促进国内外贸易，增加出口，减少进口，以增加黄金储备。为了增加出口，必须发展本国的工商业。为了保护本国工商业的发展，柯尔伯实行保护关税政策，抵制外国商品，鼓励本国工业，他帮助创办45家手工工场，国家给他们以专利权和各种补贴。他制定手工工场条例，对伪劣商品给予严厉惩罚。柯尔伯取消国内关卡，降低税率，修建公路，开凿运河，成立各种垄断公司，如法兰西东印度公司、西印度公司、利凡特公司、北方公司等。柯尔伯推行的重商主义政策产生了一定的结果，改善了法国的财政状况，使法国经济得到了较快的发展。

路易十四在推行政治、军事和经济改革时，还十分注重思想意识，连信仰也不肯放过，他只准民众信仰天主教，对其他教派一律采取迫害和消灭的政策。路易十四亲政以后，以神权国家的绝对主义自居，建立繁荣昌盛的天主教，极其严格地限制宽容异教徒的《南特敕令》的执行。与此同时，教会方面加强了改教运动，在国王的威胁和教士的敦促下，新教大领主们纷纷改信天主教。

路易十四一直梦想称霸欧洲，建立一个欧洲帝国。而当时的国际形势也很有利于法国的称霸：德意志四分五裂，意大利也没有形成统一的强大国家，西班牙和葡萄牙已经在走下坡路，而英国在1660年发生复辟后已成为法国的附庸。① 路易十四充分利用这一大好时机，进行了一系列的征服战争。当时，西班牙哈布斯堡王朝的国王同时领有奥地利大公和神圣罗马帝国皇帝，他的领地几乎把法国包了起来。路易十四决定首先切割哈布斯堡王朝的领土。

1665年西班牙国王菲利普去世，路易十四之妻为菲利普之女，于是路易十四便要求西班牙把南尼德兰割让给法国，作为陪嫁。被西班牙

---

① 张振宇主编：《人物世界历史》上，北京图书馆出版社2004年版，第313页。

拒绝后，路易十四以此为借口，于 1667 年发动了对西班牙的战争。荷兰害怕法国在征服南尼德兰之后会威胁荷兰的安全，参加反对法国的战争。荷兰又和英国及瑞典结成联盟，四国共同对付法国。路易十四虽然毫不惧战，但十分清楚这会使战争拖下去。于是，断然与西班牙媾和，西班牙慌忙同意，其他三国的同盟也随之解除了。

但事情远没有结束，路易十四把这场战争的半途而废迁怒于荷兰，因为是他拉着瑞典和英国入伙的，又因两国在海上的贸易争端，为了独霸海上贸易，必须打败荷兰。于是路易十四在 1672 年发动了对荷兰的进攻。不久，德意志、奥地利、西班牙也来参战。后来，英国又加入同盟国的战团。路易十四这才决定停战。在得到几个重要的要塞后，与盟军媾和。

1700 年，路易十四发动西班牙王位继承战争，奥地利和英国结成反法同盟，荷兰、普鲁士、葡萄牙也相继加入同盟并对法作战，这场战争一直打到 1713 年。

路易十四连年的征战，给法国人民带来深重的灾难。人口锐减，财政危机，使强大的法国不可避免地走了下坡路。路易十四好大喜功，不断发动对外战争的同时，还大兴土木，建造了包括凡尔赛宫在内的一批建筑物。为了让朝臣对他的威严表示崇拜，他在宫中实行森严隆重的礼节。

不过，路易十四对文学艺术和科学技术十分尊重，他本人和政府经常提供大笔奖金用于这些方面的建设，并先后成立了法兰西科学院、法兰西建筑学院和法兰西戏剧院。路易十四执政，采用高度中央集权政策，对法国历史的发展起过一定的推动作用。但他在位的后半期，军事的失利和豪华宫廷的庞大开支，造成国库空虚，农业凋敝，工商业破产，民不聊生。1715年，路易十四在民怨声中死去。①

思考讨论

1. 绝对君主制有何特点？

2. 绝对君主制与专制主义的异同何在？

案例解析

绝对君主制在法国历史进程中具有特殊地位，此政体源于古老的等级封建制，但同时拥有自身特质，特别是权力的高度集中。

从历史和政治的角度来看，在法语中绝对君主制和绝对王权是含义相近且可相互替换的两个概念，但是后者的含义更为宽泛，例如文学绝对主义和哲学绝对主义。根据《拉鲁斯百科全书》的释义："绝对君主制或绝对王权是指权力集中于君主一人且君主行使一切职权（立法、司法、行政）的政治制度。"根据《不列颠百科全书》："绝对君主制为高度中央集权的君主拥有绝对权力的制度，类似独裁王权或独裁统治。绝对王权的核心在于王权不再受到其他政治机构（司法、立法等）的制衡与监督。"从历史的角度出发，欧洲绝大多数国家均在中世纪晚期和近代早期建立起了中央集权国家，而法国正是这种政体的典型代表，因此历史学家将这一公认现象称作"绝对君主制"。可以说绝对君主制或绝对王权是由国王（这一时期欧洲各国国王）个人统治的强力集权式的国家管理方式。

绝对君主制通常有两个重要特征：首先，由于君权神授，国王是法律的唯一来源。不过，如若国王本人违反了上帝的法律或自然法，人民

① 张振宇：《人物世界历史》上，北京图书馆出版社2004年版，第309—315页；张弛：《法国绝对君主研究路径及其转向》，《历史研究》2018年第4期。

在理论上仍有权反抗，即王权部分受限于它本身的特质；其二，国王依靠常备军和官僚机制管理国家。

关于路易十四建立绝对君主制有以下三方面的原因。首先，在他登上历史舞台前，法国便已有绝对君主制的酝酿。绝对君主制是欧洲封建制长期发展的产物，因此路易十四继续发展绝对君主制通常被认为是历史的延续。法国王权的集中早在路易十四出生前就已经在紧锣密鼓地进行着。中世纪欧洲的封建制呈现出分裂的特点，国王只是名义上的国家最高统治者，控制着他自己的领地和整个法国。实际上，由于金字塔式的封建制度，国王如同一个大领主只拥有自己的王家领地，而封臣往往拥有很大的权力和独立性。领主的封臣只向其封君臣服，而不受国王掌控。在一些比较复杂的情况中，封地的来源多种多样，某一封臣可能向不止一位封君尽忠。另一方面，王权与其他权力严重重叠。例如，作为精神与意识形态的统治中心，天主教会和教皇同样执掌着全欧洲。教皇本身亦为一位大领主，教堂和修道院均有自己的土地与立法体系。因而，权力的分配呈现出混乱和复杂的局面。面对行政管理上的重重问题，法王一直尝试削弱贵族的影响力，并建立强有力的中央政府。直至15世纪末16世纪初，随着一系列战争的爆发、饥馑的蔓延和黑死病的肆虐，贵族集团逐渐失去了权力上的优势地位。相反，随着货币经济的出现和武器装备的改进，国王逐渐有能力组织起力量强大的正规军，并加强中央集权。简言之，法王路易十一开启了法国绝对君主制的时代，直至路易十四统治时期，王权集中走向顶峰。

其次，路易十四童年时代的经历也对他走上绝对君主制之路有着极大的影响，该因素也常被认为是绝对君主制的直接与具体原因。父亲路易十三逝后，年仅5岁的路易十四继承大统。由于路易十四年龄尚幼，他的母亲安娜成为摄政王。从其父直至路易十四继承王位，来自意大利的宰相们（孔奇尼、黎塞留、马扎然）在法国掌权。尽管先王们都曾做出过努力，大权却从未真正属于国王。此时，三十年战争使法国满目疮痍。为平衡战时国家财政，马扎然不得不采取一系列应急财政措施。马扎然的改革激怒了贵族和法国人民，因而一场声势浩大的反抗运动在法国席卷开来，即投石党运动。面对法西战争和国内的骚动，路易十四和母亲被迫逃离首都。投石党运动和连年的对外战争让年轻的路易十四意识到了王权集中和重振法国实力的重要性。从法国社会的角度来看，骚乱过后法国人民渴望国家统一、社会稳定，路易十四理解他在未来所应扮演的角色以及人民的心理需求。此外，投石党运动吓坏了宰相马扎然，也影响了他未来的动向。作为路易十四的辅政大臣，马扎然建议路易十四本人亲理国事，不再任用任何宰相。

最后，路易十四内政外交各方面的政策均促使法国的绝对君主制走向顶峰。路易十四亲政后，深刻懂得掌权法国的不易。他接受了马扎然的建议，不再遴选任何可能威胁王权的宰相。与此同时，他开始大刀阔斧地改革，加速王权集中，直至完全建立绝对王权。

政治上，路易十四为其宫廷打上了自己的人格烙印。他无意召开可能威胁王权的三级会议，相反他利用马扎然的亲信组建内阁。除了治国精神有所改变之外，一切照旧。国王要求大臣们做详细的汇报，他本人为一切事务做最终决定，任何人都无权在国务会议上以国王的名义做出决定。他本人还颁布了《路易法典》。凡尔赛宫建成后，路易十四要求所有贵族迁入凡尔赛。一方面，他紧密监视宫廷贵族；另一方面官廷奢侈炫目的生活让贵族沉醉其中，毫无反抗之志。

经济上，路易十四成绩斐然。在路易十四的允许下，柯尔伯实施经济改革，大力推行重商主义。法国经济腾飞，法国殖民地得到大力开发。法国经济的复兴确保了路易十四在各方面的影响力和权力，特别是军事领域。

军事和外交上，路易十四不断发动对外战争，并利用战争为筹码进行战事谈判。尽管战争大量消耗了法国国力，它也同样对外彰显了法国的实力，为法国赢得领土，让路易十四在欧洲荣光四射。鉴于法国国家利益和个人荣耀，路易十四可谓是戎马一生，战争的胜利为其赢得了人民的支持，他从而能执掌全局，维持绝对君主制。

宗教上，路易十四是虔诚的天主教徒，尽管出于国家经济利益的考虑，他从不认可教皇在法国拥有的优势权力地位。路易十四统治初期的宗教政策相对温和，继续执行亨利四世所颁布的《南特敕令》；在其统治后期，单一宗教的思想逐渐成为其主导宗教政策，废除《南特敕令》，颁布《枫丹白露敕令》，力图强迫所有新教徒皈依天主教，他甚至默许龙骑兵的行为。对于冉森教派，路易十四依旧采用残忍政策，对异教徒进行迫害镇压。此外，他本人支持高卢教会和四点宣言的颁布，反对教皇在法国拥有的特权。尽管路易十四的宗教政策呈现出强权特点，并激化了法国与新教国家、教皇之间的矛盾，但这一切象征着法国成为欧洲强国，路易十四本人是法国世俗和精神的双重最高领袖。

文化上，路易十四同样功勋斐然。在这一时期，他是著名而富有的文艺事业资助者，建立凡尔赛宫，发明众多宫廷礼仪。他利用宫廷的繁文缛节麻痹贵族，特别是宫廷严格的等级制度剥夺了贵族反抗的权利。此外，他本人也资助众多如莫里哀一样的文艺工作者，但几乎所有的文学艺术作品均在为绝对王权服务，美化其王权的正统性与神圣性。文艺审查工作同时进行，禁止任何文艺工作者公开指摘路易十四。他的文化政策从不只服务于他本人，法国文艺事业的繁荣对外彰显着法国的强大。这一做法取得了明显的成功，欧洲其他王公贵胄均称赞并模仿法国艺术，最好的例子便是俄国沙皇彼得大帝模仿巴黎修建了圣彼得堡新都。

在路易十四掌权期间，法国绝对君主制发展至顶峰。究其原因，首先，王权集中为法国历史发展的必然，路易十四只是顺应历史潮流，加速了这一历史进程；其次，由于路易十四童年时期的特殊经历，他本人一直有意愿完成这一宏图；最后，路易十四一生励精图治，采取各项政策，以实现其王权集中和国家强大的夙愿。以上三点原因保证了在其统治期间，法国绝对君主制的发展必然走向高潮。[①]

延伸阅读

1. ［英］布伦达·拉尔夫·刘易斯：《君主制的历史》（第2版），荣予、方力维译，生活·读书·新知三联书店2016年版。

2. 黄艳红：《法国旧制度末期的税收、特权和政治》，社会科学文献出版社2016年。

教学建议

本案例设置的主要目的是引导学生通过了解路易十四的成长历程及其生活之时代背景，从而理解法国绝对君主制的诞生缘由及发展历程，并为了解欧洲绝对君主制的演化历程进行铺垫。

本案例讲述时可以与他国绝对君主制做对比，结合各国具体的历史情况，寻求各国绝对君主制的异同。

---

① 赵昱臣：《试论路易十四建立绝对君主制的原因》，《文存阅刊》2018年第20期。

案例四　启蒙运动

18 世纪法国产生了以反对封建专制制度及其精神支柱天主教反动势力为目标的思想解放运动，这就是启蒙运动。启蒙运动是法国大革命的前奏，在政治上、思想理论上为大革命作了充分准备，提供了精神武器，并在世界历史上产生了深远影响。

启蒙运动的代表人物有伏尔泰、孟德斯鸠、卢梭、狄德罗、霍尔巴赫、爱尔维修和平民思想家梅利叶、摩莱里及马布利等人。他们犹如灿烂的群星，照耀在法国天空上，给法国人民带来了光明和希望。

启蒙运动的发难者是一位造反的天主教神甫让·梅利叶（1664—1729）。他生前默默无闻，临终时留下三卷巨著《遗书》，公开了隐藏多年的真实思想。他坚决否定一切宗教和教会，尖锐批判天主教义和专制制度，为启蒙运动的方向开了路。他还预言一个没有剥削、没有压迫、没有私有财产的理想社会必将来临。

伏尔泰（1694—1778）出身于巴黎一个富裕的资产阶级家庭。自幼在贵族学校读书时受到过歧视，种下了他反抗封建特权的种子。后因写讽刺专制制度的作品曾两次被关进巴士底狱，并于 1726 年被驱逐出境，大半生流亡在外。他是博学而著名的作家，高举着科学、民主两面旗帜，写出的作品有近百卷之多，代表作是 1734 年出版的《哲学通信》。他揭露封建专制制度的罪恶，抨击教会的欺骗说教。他说宗教本身就是弥天大谎，称天主教为"恶根"，教皇为"禽兽"。政治上他倡导建立"开明君主制"，实行英国式的君主立宪。由于高寿，伏尔泰几乎经历了法国启蒙运动的全过程。无论就奋斗时间之长和著作数量之丰，或是斗争范围之广和思想影响之大而言，伏尔泰都是启蒙运动无可争辩的领袖，是受到人们尊敬的启蒙泰斗。

孟德斯鸠（1689—1755）出身于贵族世家，还继承了男爵称号和波尔多省法院院长的世袭职务，但他是封建阶级的叛逆者。10年法院院长的阅历和长期社会考察使他更了解封建制度的黑暗。他通过《波斯人信札》《罗马盛衰原因论》《论法的精神》等著作，揭露专制制度罪恶，严厉抨击暴君政体，并探寻其必然灭亡的规律。他对启蒙运动的最大贡献是，具体规划了资产阶级国家的政治模式和基本制度，特别是他发展了英国洛克（1632—1704）的分权思想，建立了三权分立的政治学说，即立法、司法、行政三权必须分立，否则就会形成专制统治。他认为，不但三个权力不应结合在一起，就是两个权力也不应集中在一个机构手中。如立法权与行政权在一个机关手中，国家就会处于暴政之下。他强调三权应该互相牵制。三权分立学说奠定了资产阶级政权理论的基础。

法国启蒙运动中比较激进的是小资产阶级思想代表者卢梭（1712—1778）。他祖籍法国，出身于日内瓦一个钟表匠家庭。由于家境贫寒，当过学徒，也曾浪迹天涯，体察过封建专制的黑暗和人间不平。主要著作有《论人类不平等的起源和基础》《社会契约论》《爱弥儿》等。他指出，社会不平等的根源是私有制。私有制出现后有了贫富，社会出现不平等，一切道德风俗的败坏也随之而来，国家又用法律把这种不平等固定下来。他反对富人剥削压迫穷人，但不主张废除私有制，只主张均衡贫富，实现小私有制。他的主要贡献是提出"社会契约""主权在民"和建立民主共和国的学说。他认为，一个理想的国家应该是公民以契约形式结成的国家，公民是"主权者"，人人自由平等。人民的意志是国家权力的源泉，一切权力的表现和运用必须体现人民的意志。如果统治者违反了人民的意志，侵犯了人民的主权，人民就有权推翻它。他的这一思想成为第三等级中中下层群众的理论旗帜，并在法国大革命中一度成为居支配地位的革命思想，在《人权宣言》和雅各宾专政时期的政策中得到鲜明的反映。

与卢梭等人大约同时，有一批思想家——狄德罗（1713—1784）、霍尔巴赫（1723—1789）、爱尔维修（1715—1771）等，曾经共同编纂百科全书，因而得名为百科全书派。他们用唯物论为思想武器，与封建专制制度、天主教会及宗教迷信作斗争。在狄德罗主持下编纂的百科全书称《科学、艺术、技艺详解辞典》，全书35卷，编辑出版历时30年，参加撰稿近200人。绝大部分启蒙学者都汇集在百科全书的旗帜下，其中既有著名的启蒙学者伏尔泰、孟德斯鸠、卢梭，也包括自然科学家达朗贝和布封、哈勒，文学家博马舍以及重农学派经济学家魁奈和杜尔哥等人，其核心人物是以狄德罗为首的几位唯物主义哲学家，他们宣传的唯物论和无神论，为百科全书奠定了哲学基础。百科全书派的唯物主义观点是在18世纪自然科学较为发展的基础上形成起来的，它是法国大革命的理论旗帜，为《人权宣言》提供了底本。

在启蒙运动中反映下层人民利益的思想家，除前述梅利叶外，还有摩莱里（大约生活在1700—1780年间）和马布利（1709—1785）等人。他们不仅反对封建专制制度，而且反对私有制，认为私有制是罪恶的根源。但他们都是带有平均主义色彩的空想共产主义者。[1]

---

① 周明博：《全球通史：从史前时代到二十一世纪》，当代世界出版社2019年版，第238—241页。

1. 启蒙运动的历史渊源可以追溯至何时期？与文艺复兴又有何区别与联系？

2. 启蒙运动为何会在法国达到高潮？

案例解析

恩格斯对 18 世纪法国的启蒙运动和那些思想家给予了极高的评价，指出："在法国为行将到来的革命启发过人们头脑的那些伟大人物，本身都是非常革命的。他们不承认任何外界的权威，不管这种权威是什么样的。宗教、自然观、社会、国家制度，一切都受到了最无情的批判；一切都必须在理性的法庭面前为自己的存在作辩护或者放弃存在的权利。……以往的一切社会形式和国家形式、一切传统观念，都被当作不合理的东西扔到垃圾堆里去了。"在黑暗的封建社会里，这些思想家给人们带来了光明，启迪了人们的反封建意识。"启蒙"一词的原文（lumières）就是光明之意。

启蒙运动是一场伟大的思想解放运动。资产阶级为打破中世纪宗教神学的统治而进行的意识形态领域的斗争，经历了几个世纪的时间，有过多次反复的较量。14 世纪从意大利兴起的文艺复兴运动可以说是第一次思想解放运动。启蒙运动是第二次高潮，而且是在更成熟、更具有科学性的基础上开展的。它所高举的理性旗帜，体现了时代的要求。中世纪的各种封建权力都带有一种神圣的灵光，其存在的依据是人们对上帝的迷信，对"高贵"血统的敬畏。千百年来这一切都是天经地义的，不容置疑。启蒙运动冲破了这个思想牢笼，勇敢地用人的理性取代了这种曾是不可动摇的传统观念。

蒙在权力上面的神秘纱巾被揭下了，显露出来的是普普通通的人。

启蒙运动的重大功绩就在于论证了每个人都具有的天赋自然权利。人是生而自由和平等的，都具有追求生存与幸福的本性和权利。人权成为一种强有力的口号，对抗并否定了封建主义的王权、神权和特权。在权利概念上的这种改变，是富有时代精神的根本性变革。

封建特权得以长久维持的重要原因之一，就是由生产落后造成的蒙昧状态的长期存在。启蒙思想家们崇尚知识，提倡科学，对蒙昧主义进行了挑战。启蒙运动本身就是经济发展和科学技术发展达到一定程度时的产物。它重视以新的科学成果论证和检验自己的学说，揭露、讽刺和批判愚昧无知与顽固守旧。"知识就是力量"这句名言虽出自17世纪培根之口，但是18世纪的法国启蒙学者身体力行，发扬光大了这一思想。狄德罗主编的《科学、艺术和手工艺百科全书》（一译《科学、艺术、技艺详解辞典》）在当时就是一部科学的宝库。它的作者中有不少学识渊博的科学家，包括著名的化学家拉瓦锡在内。百科全书派的无神论哲学和布封的《自然史》更是对神学迷信的直接否定。

在哲学唯物主义学说的发展史上，启蒙哲学也是一个十分重要的发展阶段。在朴素的、机械的唯物论向辩证唯物主义发展的过程中，启蒙哲学家们作出了不可忽视的贡献。他们继培根、洛克、笛卡尔、伽桑狄等人之后，创立了一个新的哲学体系，不仅阐述了许多闪烁着辩证法光辉的可贵论点，而且还把哲学同反封建的现实斗争紧密结合起来，成为一种战斗的唯物主义。

启蒙学者们不仅彻底地批判和否定了封建制度，而且还为未来的新社会描绘了一幅幅蓝图。他们在经济自由、政治平等、政体、国家机构、法制、人与人的关系等方面所阐述的主张，实际上多数是资本主义社会的一些立国的基本原则。其中大半都经过时间的检验，证明是资本主义制度下行之有效的设想。

以上所述启蒙运动所作出的贡献，不仅为即将来临的大革命作了舆论准备，而且也超出了国界，跨越了时代，在世界思想文化史上，在更广阔的范围里和更长远的时期内，起着积极的作用。

启蒙运动最直接的影响还是对法国大革命所发挥的作用。大革命中所有资产阶级派别的领导人和革命家，几乎都是在启蒙思想的培养和影响下产生出来的。也有的人，如吉伦特派的理论家孔多塞，本身就是百科全书派的哲学家。制宪议会所制定的众多法令，包括《人权宣言》和1791年宪法，都是以启蒙思想为理论依据的。雅各宾派的重要活动家，大都是卢梭的信徒。

启蒙思想也通过各种渠道在下层群众中得到了广泛传播，起了动员和组织人们进行反封建斗争的作用。革命是由资产阶级领导整个第三等级进行的。第三等级广大群众能够在资产阶级提出的纲领和口号下进行斗争，在相当大的程度上应归功于启蒙运动。它使自由、平等的口号深入人心。从三级会议召开时的陈情书到恐怖时期巴黎无套裤汉搞的直接选举制和公开唱名式的表决方式，莫不反映出启蒙运动的影响，特别是卢梭人民主权学说的影响。

18世纪法国启蒙运动，成为整个欧洲启蒙运动的中心，并直接推动和影响了欧洲和北美的资产阶级民主革命。1776年美国的《独立宣言》宣布人人生而平等，这直接来自启蒙思想。德国的莱辛、歌德、席勒领导的文学革命和康德开启的哲学革命，俄国的普希金、拉吉舍夫和十二月党人，都直接受到法国启蒙思想的影响，他们都自称是18世纪法国启蒙思想家的信徒和学生。

法国启蒙运动所提出的口号、思想和原则，也在我国产生了历史的回响，19、20 世纪之交，启蒙思想家的著作被介绍到中国，启发和鼓舞过不止一代忧国忧民的仁人志士。孙中山先生的思想和实践、辛亥革命的理想、五四新文化运动对科学和民主的赞颂，都体现了法国启蒙思想的深刻影响。[1]

延伸阅读

1. 周明博：《全球通史：从史前时代到二十一世纪》，当代世界出版社 2019 年版。

2. 张芝联主编：《法国通史》，辽宁大学出版社 2000 年版。

教学建议

本案例设置的主要目的是引导学生了解启蒙运动的发展，从而感知启蒙运动用理性的光辉映照出的那一个民主、科学的光明时代，探究启蒙运动在欧洲思想史发展过程中的重要作用。

本案例在讲述时可与欧洲思想发展史上的另一个重要事件——"文艺复兴"相联系讲解，将二者的思想内容特征、影响领域、历史意义等多方面进行比较。

案例五　从贵族革命到民众革命

案例呈现

1774 年即位的国王路易十六，昏庸靡费，无以复加。法国的经济危机、财政危机、政治危机接踵而来，互相影响，最后汇成封建专制制度的全面危机。1789 年春，法国爆发了 300 多次农民和城市平民起义，

---

① 周明博：《全球通史：从史前时代到二十一世纪》，当代世界出版社 2019 年版，第 238—241 页；张芝联：《法国通史》，辽宁大学出版社 2000 年版，第 190—192 页。

资产阶级感到自己的经济实力同政治、社会地位越来越不相称，一心想夺取政权。革命风暴即将来临。

1789 年 5 月 5 日，路易十六被迫在凡尔赛宫召开三级代表会议，要第三等级出钱解决国家财政困难。这样的会议已有 175 年没有召开了，全国民情激愤。第三等级代表在人民群众高涨的革命情绪支持下，要求进行政治改革，先不研究财政问题，同特权等级发生了冲突。6 月 17 日，第三等级代表退出三级会议，宣布自己代表全体国民，单独举行国民大会。他们不理国王的命令，在一个露天的网球场宣誓：不制定出一部宪法绝不散会。不久国民大会改为制宪会议。路易十六阴谋用武力镇压，不断向巴黎、凡尔赛调集军队，巴黎市民则举行示威游行支持制宪会议，局势紧张。

7 月 12 日傍晚，巴黎人民行动起来，和军队发生冲突。次日清晨，巴黎上空响起警钟，人民手拿短刀、斧头涌上街头，并从军火库和残废军人院夺得几万支枪，开始武装进攻。资产阶级利用这一形势，迫使巴黎市政府同他们共同组成新政府——常务委员会，并组织起资产阶级的民兵组织国民自卫军，以保卫资产阶级的利益和财产。7 月 14 日，巴黎的工人、手工业者和小资产阶级攻占象征封建统治的巴士底狱。占领巴士底狱的消息在农村获得广泛的响应。农民拒纳贡赋，焚毁封建契约，进攻贵族城堡，起义浪潮席卷全国。贵族开始大批逃往国外。农民的起义巩固了 7 月 14 日巴黎平民所取得的胜利，对封建制度的崩溃起了决定性的作用。

7 月 14 日起义标志着法国大革命的开始，但是革命阵营的分野从这一天起也开始明朗。7 月 14 日以后，政权转到制宪会议的大资产阶级手中，其首领是米拉波和拉法叶等人。他们同王室有密切联系，君主立宪制是他们的政治纲领。他们只要求对旧制度做某些改革，不愿使革命走得太远。制宪会议只为资产阶级服务，农民的土地问题没有解决。1791 年 6 月，制宪会议还通过一个反对工人的列沙白利哀法，禁止工人集会、结社和罢工。

制宪会议害怕人民，宁愿和国王妥协。1791 年 9 月通过的宪法，规定法国是君主立宪制的国家，国王是行政首脑，军队总司令；立法权集中于立法议会，但国王有权暂停实施立法议会通过的议案。根据宪法新选出的立法议会中，约三分之二的席位被大资产阶级所占。路易十六利用这种形势，力图复辟。他逃亡国外的行动失败后，就暗中加紧勾结沙俄、普鲁士、奥地利的封建君主。普奥干涉联军出现在法德边境，公然扬言要"夷平巴黎"。国内王党分子立刻蠢动起来。巴黎人民义愤填膺，他们自发建立新的城市委员会——巴黎公社，和资产阶级中的激进派——雅各宾派一起，共同号召法国人民起义。1792 年 8 月 9 日夜，天空响起警钟，2 万起义群众包围王宫，10 日，逮捕并监禁了国王。8 月 10 日的起义摧毁了君主政体，结束了君主立宪派的统治，立法议会宣布废除 1791 年宪法，由人民选举的国民公会代替立法议会。

9 月 20 日，法国人民组织的义勇军，在瓦尔米大捷，打退了入侵的外国军队。次日，国民公会在巴黎开幕，立即宣布废黜国王。9 月 22 日又宣布成立共和国，即法兰西第一共和国，实行法国共和历。1793 年 1 月 21 日，在人民的压力下，国王路易十六被推上了断头台。但是新上台的吉伦特派只考虑自己发财致富，忽视人民的切身利益；虽然废除一些封建义务，但并不想解决农民的土地问题。它的社会经济措施使农业减产，物价腾贵，人民生活不断恶化；它对欧洲反法同盟的干涉作战不力，干涉军又出现在法国边境；法国西部旺代郡的王党分子发动武装暴乱，公开要求恢复王室。1793 年 5 月 31 日，武装人民包围了国民公会，要大会交出吉伦特派领袖；6 月 2 日，29 名吉伦特派领袖被逮捕。雅各宾派取得了政权。法国大革命升到了最高阶段。

雅各宾派上台的时刻，共和国的形势十分危急，国内 83 个郡中有 60 个郡发生反革命叛乱；外国干涉军从北面、东面、南面几路入侵；反革命猖獗。马拉被女贵族科尔黛用短刀暗杀，整个革命的巴黎都在为"人民之友"哭泣。敌人预言雅各宾政权很快就将完蛋。

1793 年 6 月到 7 月，雅各宾政权先后通过三个土地法令，规定将逃亡贵族的土地分成小块，用分 20 年付款的办法卖给农民；公地归还农民；无条件废除一切封建义务；烧毁全部封建地契和文据。雅各宾派的土地政策符合大多数农民的利益，基本上解决了农民的土地问题。农民土地问题比较彻底地解决，加强了反击国内外敌人的群众基础，基本上由农民组成的法国革命军队，英勇果敢地打败了王党反动势力和外国干涉军的入侵。

1793 年 6 月 24 日，国民公会通过了共和国新宪法，新宪法除保证资产阶级自由、平等、财产权利以外，还规定公民有起义权和受教育权。虽然由于当时处在非常时期，这部宪法暂缓实施，但宪法反映了雅各宾专政的资产阶级民主主义性质。

雅各宾派刻不容缓地加强革命专政，健全专政机构，采用革命的手段镇压国内的反革命叛乱。雅各宾派政权还实施全面限价政策。对反革命、窝藏粮食、抬高物价的人只规定一个惩治办法：死刑。雅各宾派的努力产生了重大效果。到 1793 年年底，国内叛乱基本上被荡平。短期内组成的 42 万革命军队，把外国干涉军逐出国境。

就在这样一个胜利的时刻，雅各宾派本身也发生分裂。以丹东为代表的右翼，这时已成为大资产阶级的代言人，反对罗伯斯庇尔的恐怖政策和最高限价政策；以肖梅特为代表的左翼，代表巴黎平民阶层利益，支持阿贝尔派的某些主张。执掌政权的罗伯斯庇尔派这时成了中派。中派既反对丹东的倒退要求，又反对肖梅特派的前进要求。罗伯斯庇尔把丹东和肖梅特都送上了断头台。这样一来，罗伯斯庇尔既割断了同群众的联系，失去了群众的支持，又使所有资产阶级反对派联合起来反对雅各宾专政。

1794 年 7 月 27 日，反对革命政府的阴谋集团在国民公会发动政变，逮捕罗伯斯庇尔、古东、圣·鞠斯特等人，次日，他们被送上了断头台。雅各宾专政被颠覆，法国大革命的上升线被打断了。

法国大革命是世界历史上最大的，也是最为彻底的一次资产阶级革命。它第一次真正把斗争进行到底，直到交战的一方即贵族被消灭，而另一方即资产阶级获得完全的胜利。它不仅推翻了法国封建专制制度，确立了资本主义制度，而且震撼了整个欧洲的封建制度，有力地推动了欧洲和拉丁美洲的革命斗争。法国资产阶级革命的胜利，最终促成世界资本主义体系的形成和资本主义在世界范围内的胜利。①

思考讨论

1. 将法国大革命推向高潮的事件是什么？它带来了何种影响？

2. 法国大革命与拿破仑帝国的建立有何渊源？

案例解析

法国大革命，如果作为资产阶级革命，是始于 1789 年。实际上，

---

① 周明博：《全球通史：从史前时代到二十一世纪》，当代世界出版社 2019 年版，第 246—250 页。

它开始是作为贵族革命始于 1787 年的。

当时的法国贵族因反对国王路易十六试图征收一种统一税以弥补因支持美国革命所造成的财政亏空，而借此恢复贵族在 16、17 世纪丧失的权力，迫使路易十六让步答应在 1789 年召开久已闲置的三级会议。但出乎贵族的意料，三级会议如期召开时，在平民的抗议下路易十六被迫让三级会议改组为国民议会。资产阶级与小资产阶级联合取得了第一个胜利，成为议会的多数。

而当国王企图派兵进行镇压时，爆发了巴黎的半民起义。大批小资产阶级民众涌向街头，攻占并摧毁了巴士底狱。于是，革命由资产阶级革命又转变为民众革命。"巴士底狱的陷落标志着民众登上了历史舞台。"革命由巴黎扩张到农村，农民拿起武器，烧毁庄园，夺取土地。国民议会被迫投票，废除了封建制度，没收了教会土地，改革司法制度和行政制度，特别是通过了《人权和公民权宣言》（简称《人权宣言》）。宣言阐明了关于自由、财产和安全的基本原则，第一次提出了"自由、平等、博爱"的革命口号，并从此传播到整个欧洲和世界。直到这一阶段，法国革命依然是一次资产阶级革命，具有伟大的进步意义。

随着 1792 年战争的爆发，取代国民议会的国民公会，不断向左转，到雅各宾派取代了吉伦特派，一个空前恐怖的统治时期出现在法国。不仅是路易十六，就是原先的革命者也纷纷被送上了断头台！最后，只得由拿破仑这位"开明君主"来收拾残局。

对于拿破仑，斯塔夫里阿诺斯认为有功亦有过。在国内，拿破仑可以说是一位"开明的专制君主"，结束了骚乱，建立起了可信的政府。对外，"拿破仑在其所有征服地区都贯彻法国革命的一些基本原则。他废除封建制度和农奴制，承认所有公民的平等，实施其著名的法典"。[①]
但他个人却野心膨胀，过度的军事扩张，特别是入侵俄罗斯的失败，使原来拥戴他的人民转而成了他的掘墓人。

托克维尔和傅勒认为评价法国大革命要做好两大区分。一要把1789年同1793年这两个性质不同的阶段区分开来。他们认为，在1793年之前，法国的资产阶级革命已经完成了，它开创了欧洲资产阶级革命的新时代；1793年之后，革命走向了反面，违背了革命所确定的原则，异变成"多数暴政"。二要把革命的主旨同参加革命的人区分开来。大革命的主旨，开创了一种普适的民主文化，这是非常伟大的；但参加和指挥革命的人，则是从旧社会过来的，他们容易重走老路。大革命留下的遗产，也是具有两面性的，既有自由、平等、博爱的现代民主文明，又有专制、独裁、残暴的乌托邦野蛮。这样的评价，应该说是公平的。就看后人如何接受了。

正由于此，法国大革命的影响，也有其两面性。它既从右的方面启动了后来欧美资产阶级民主宪政的新潮流，却也从左的方面激励了后来布尔什维克那种极端的乌托邦大演习。从现有史实看来，一般易于接受前者影响的国家，多半是具有如下的背景：一是市场经济比较发达；二是社会的中坚力量比较强大，可能掣肘统治者的威权；三是统治集团还不具有绝对的控制能力；四是没有外力对民族独立的威胁。而易于接受后者影响的国家，一般则具有如下的背景：第一，还未基本脱离农耕社会的发育阶段；第二，社会还未分离化，处于散乱无自组织能力的状态；第三，国家还处于君主文明或亚君主文明阶段；第四，国家已受到

[①]　夏振坤：《发展的多维视角：反思与前瞻》，华中科技大学出版社2014年版，第300页。

外力的严重威胁或有战争的危险。①

延伸阅读

1. ［法］弗朗索瓦·傅勒:《思考法国大革命》，孟明译，生活·读书·新知三联书店 2005 年版。

2. ［法］阿尔贝·索布尔:《法国大革命史》，马胜利、高毅、王庭荣译，北京师范大学出版社 2015 年版。

教学建议

本案例设置的主要目的是引导学生了解法国大革命的来龙去脉，以小见大，通过对法国资产阶级与封建阶级对立冲突的了解，领会世界历史浪潮中封建阶级与资产阶级斗争的相同与相异之处。

在本案例的教学过程中可将法国大革命与拿破仑帝国的建立相联系进行讲解。从大革命后法国新政府的软弱无力，到各阶级呼唤一个强有力的政府领导法国，加之种种原因，拿破仑领导革命，从而建立拿破仑帝国，使学生领会到历史的环环相扣性。

案例六　昙花一现的拿破仑帝国

案例呈现

法国革命胜利后，国内外敌人仍虎视眈眈，国内有王党复辟势力在捣乱，国外有反法同盟在进攻。热月党在国内无情地镇压雅各宾革命民主派，镇压革命群众，它已经没有任何群众基础，它不想使革命走得更远，既害怕革命人民，又害怕封建复辟，还得对付反法同盟。这样一

---

① 夏振坤:《发展的多维视角:反思与前瞻》，华中科技大学出版社 2014 年版，第 299—300 页。

来，要想保卫它的政权，就必须依靠一个强有力的中央政权，势必完全依靠军队，这就为军事独裁开辟了道路。

在这种形势下，战功赫赫的拿破仑为法国新兴大资产阶级赏识，被他们捧上了政治舞台，成为法兰西第一共和国首席执政官。拿破仑上台以后，无论是在执政府时期或1804年以后法兰西第一帝国时期，政权形式虽然有所改变，而阶级属性没有改变，它始终是代表大资产阶级专政。拿破仑政权的任务，就是维护与巩固法国大资产阶级的利益，建立"现代资产阶级社会"，因此，在他执政时期，他始终一贯地为法国大资产阶级服务，积极地保护与巩固有利于大资产阶级的法国革命的成果，积极地执行有利于大资产阶级的一切对内对外政策。

1804年5月18日，《共和十二年宪法》颁布，宣布成立法兰西帝国，取代了法兰西第一共和国。法兰西第一共和国执政府的统治结束，拿破仑称帝。因法国大革命让欧洲各王室感受到威胁，故欧洲诸国组建反法同盟妄图扑灭法国共和政权。第一帝国在对第三次反法同盟的军事行动中取得胜利，击败奥地利、普鲁士、俄罗斯、葡萄牙等国，其中包括1805年奥斯特里茨战役及1807年弗里德兰战役等。欧洲战争于1807年7月《蒂尔西特条约》的签订下结束。法国对外的一连串战争被称为拿破仑战争，把法国的影响力扩至整个西欧及波兰。在拿破仑带领下，法兰西帝国对外多次打败了反法同盟军队，传播了民族独立和自由民主的思想。

然而，莱比锡一战，英、普、奥等组成的第六次反法同盟，终于打败了拿破仑，拿破仑被迫退位，被放逐到他的领地厄尔巴岛上，波旁王朝复辟。拿破仑在厄尔巴岛度过了11个月，他并不甘心自己的失败，仍然在关心着时局的发展。

1815 年初，反法同盟在维也纳开会，联盟内部由于分赃不均而大吵大闹，以至于剑拔弩张、横刀相向。就在众强国不和之时，俄罗斯、普鲁士、英国与西班牙释放法军俘虏的决定，更是给拿破仑提供了强大的军力。与此同时，由于波旁贵族的残酷统治，法国人民越来越不满复辟的现状，更加怀念拿破仑时代。拿破仑见时机已成熟，便决定东山再起。

1815 年 2 月 26 日夜，趁英法警卫舰队不在，拿破仑率领 1050 名官兵，分乘 6 艘小船，逃离厄尔巴岛，经过三天三夜的航行，抵达了法国地中海南岸。登陆后，拿破仑一路发表演讲，宣布自己将给法国带来和平，不再向外扩张，而且他不会再实行专制统治，将改为君主立宪制以确保人民的自由。国王屡次派兵堵截，但是所有军队一见到皇帝就阵前倒戈。士兵们紧紧把他包围起来，吻他的手，吻他的膝，高兴得哭了起来。从这时起，拿破仑的北进变成了一次凯旋。被派来阻止拿破仑前进的军队们，纷纷加入拿破仑阵营，他们对波旁王室毫无好感，因此拿破仑最终没费多少工夫，便重新夺回了权力。他马上重建势力，康巴塞雷斯、达武、马雷、内伊、苏尔特等文武人臣又回到了他身边。到 3 月 20 日拿破仑回到巴黎时，他已经拥有了 14 万人的正规军和 20 万人的志愿军，路易十八逃跑了，百日王朝开始。

欧洲各国君主原本认为拿破仑已经被打入了地狱的深渊，并且再也没有机会爬出来了。所以当拿破仑复辟的消息传到正在维也纳因分赃不均而争吵得面红耳赤的君主们耳朵里时，他们立即搁下彼此之间的矛盾与怨恨，再度联合起来。此时，拿破仑给他们的恐惧感更甚于"三皇战役"结束之时，他们从没有想到拿破仑在法国的地位竟是如此高高在上——不放一枪便能进入巴黎。尽管拿破仑在重返皇位之后宣布自己的"和平主张",但这并未缓解各国君主的敌意。一日纵敌,将成数世之患。拿破仑曾经让整个欧洲颤抖,不能不消灭——他们不敢与"科西嘉怪物"和平相处。于是,欧洲各国迅速组成第七次反法同盟,他们一共有70万人的军队,法国却只有28.4万人。拿破仑分析了形势,认为俄奥联军只需要用少数兵力牵制,重点打击对象是在比利时的英普联军。6月,他率军北上比利时,决定攻占布鲁塞尔。6月16日,拿破仑出其不意地在林尼战役中击溃普军。

1815年6月18日,滑铁卢战役打响了。英军的指挥官是威灵顿公爵。7.2万法军和6.8万英军在小镇滑铁卢附近打了一场改变了19世纪的大决战。鏖战一日,英军和法军都死伤惨重,但就在临近黄昏法军已经占了上风时,普鲁士军队在比洛副司令的率领下突然杀了出来。法军惨败,他们拼命溃逃,尽管拿破仑和内伊企图力挽狂澜,但是一切都没有用。康布罗纳将军的最后一个法军方阵已经覆没,滑铁卢满是逃兵,拿破仑不得不随军败走。滑铁卢战役的惨败,导致百日王朝彻底垮台。6月22日,拿破仑宣布退位,被流放至圣赫勒拿岛。

"百日王朝"是拿破仑人生的又一个巅峰,也是他最后一个巅峰,它既是拿破仑政治生涯的黄昏,也堪称历史的一个奇迹。"百日王朝"犹如金字塔上的黄昏,后来的每一个世纪都在仰视着它![①]

拿破仑政权是法国革命的产物,它同法国革命有关,但也有区别。它只能是法国革命的一个特殊阶段,也是法国资产阶级革命的最后阶段,即大资产阶级窃取革命成果,保护和巩固有利于大资产阶级革命成果的阶段。由于拿破仑推行的是一条法国大资产阶级的政治路线,其结

---

① 刘翔:《一口气读懂法国史》,民主与建设出版社2012年版,第211—213页。

果为封建王朝复辟开辟了道路，葬送了自己的政权。①

思考讨论

1. 拿破仑帝国建立后，拿破仑采取了哪些措施来巩固其统治？其中又有哪些措施对世界其他国家产生了极大的影响？

2. 拿破仑帝国灭亡的原因是什么？

案例解析

拿破仑是一个有杰出才能的资产阶级军事家、外交家、政治家，同时也是一个贪婪成性、野心勃勃、飞扬跋扈，为了达到统治目的不择手段的资产阶级统治者。

拿破仑在执政期间，所实行的一切对内、对外政策，其进步性主要表现在，他为法国大资产阶级保护与巩固了法国革命的最主要成果——资本主义所有制，并用法律形式巩固下来，使资产阶级和农民可以无任何阻碍地充分利用他们获得的土地和财产，从事工商业活动，进行自由贸易，发财致富。这样，拿破仑就为法国资产阶级奠定了坚固的社会经济基础。此外，拿破仑把法国资产阶级革命原则、革命制度、革命理论推行到他征服的封建国家里，在那里起到了瓦解封建势力的积极作用；在那里培育了资产阶级革命思想的种子，为那些国家今后的资本主义发展、资产阶级革命的出现创造了有利条件。所有这些就是拿破仑在历史上所作的巨大贡献，这也是 19 世纪欧洲各国的进步哲学家、文学家和诗人歌颂他赞美他的原因。

拿破仑的反动性主要表现在，他反对民主思想，轻视人民，仇视进步思想，飞扬跋扈。在他执政期间，不仅取消了共和国和革命时期在政

---

① 王铭：《法国大革命与拿破仑帝国》，辽宁教育出版社 1991 年版，第 5—7 页。

治上的一切革命民主原则，还反对任何自由。他置人民群众于唯命是从和奴隶式的生活地位。他在政治上比起雅各宾派革命民主专政时期倒退得多了。在对外战争中，尤其是在他称帝之后，他肆意扩张侵略，改划欧洲版图，分割被征服国家的领土，掠夺各国各族人民的财产，给被征服国家和人民带来极大的灾难。这就是他的反动性和在历史上的罪过，也就是19世纪各国文学家、哲学家、诗人在他们的作品中斥责拿破仑的原因。

拿破仑帝国犹如一颗流星划过历史的长空，照亮了整个欧洲，而又转瞬即逝。1804年12月2日，拿破仑正式加冕称帝，标志着拿破仑帝国的建立。在不到十年的时间里，帝国盛极一时，政权延伸到了除巴尔干半岛以外的整个欧洲大陆。但是仅仅过了十年，1814年盛极一时的拿破仑帝国，随着拿破仑被第六次反法同盟击败而土崩瓦解了。其原因如下：

第一，家天下的统治窠臼。

拿破仑帝国建立后，特别是1810年前后，拿破仑帝国达到了鼎盛，维斯瓦河以西的欧洲几乎全部处于拿破仑帝国的统治之下。"唯亲"是任何一个王朝或国家生存的大忌。结果事与愿违，拿破仑的这些亲属们在所辖领地中饱私囊，贪婪腐败，各自为政。最后大部分都被所辖领地的人民赶下了台。到了拿破仑统治的后期，他的专制独裁思想达到了登峰造极的地步。1807年，他恢复了贵族制度，大肆封官赐爵，恢复了旧封建王朝的亲王、公爵、侯爵、伯爵、子爵、男爵等封号，他封的贵族头衔有1000多个。他的政权也变得更加贵族化。同年，拿破仑还取消了保民院，并使元老院完全从属于他，立法院也几乎是形同虚设，整个国家机器就成了听命于他个人意志的工具。在这种思想的支配下，他逐渐背弃了卢梭的思想和大革命的共和主义原则，仿效过去，或恢复过去，重建教会，成立帝国，同欧洲的封建王朝达成妥协，拿破仑政权的革命性也逐步丧失，从而"为正统的王朝复辟铺平了道路"。拿破仑帝国的大厦可谓是外强中干。

第二，自我感觉良好的"大陆封锁体系"。

纵观拿破仑的一生，他所要追求的是侵略、法兰西的强大以及法国资产阶级的霸权。在拿破仑看来，阻挠和破坏他在欧洲称霸的国家主要是英国，而英国阻挠拿破仑称霸的主要力量是经济。欧洲普、奥、俄几个专制国家财政不支，若没有英国的巨额财力支持和补给，它们根本就无法把反法战争坚持到底。在第四次反法同盟战争中，拿破仑重挫普鲁士之后，俄国曾犹豫与法国继续作战，是英国用金钱推动俄国准备对法战争的。因此，拿破仑认为在经济上遏制英国，对于反法同盟来说，无疑是釜底抽薪。1806 年 11 月 20 日拿破仑在刚刚攻占下的柏林发布第一道命令，即《柏林敕令》，宣布："不列颠处于封锁状态"，"禁止与不列颠诸岛的任何贸易关系"，"禁止任何从属于法国的或与它结盟的国家输入英国及其殖民地的货物"，"居留在欧洲大陆上的英国人一律拘捕，英国的商船和一切商品都予没收"。这标志着法国大陆封锁的开始，1807 年，法国又颁布了《枫丹白露敕令》和《米兰敕令》，对英国实行全面封锁。以后，普鲁士、奥地利、丹麦、西班牙、葡萄牙也被强行加入法国的"大陆封锁体系"。

拿破仑的大陆封锁体系对英国的打击最初是沉重而有效的。但随着时间的发展，这种做法的效应逐渐消失，原因在于推行大陆政策的前提是大陆的绝对统一，因为不完全的封锁等于没有封锁。而拿破仑帝国是一个在武力征服之下支离破碎的松散联合体，再加上大陆其他国家对大陆封锁体系的阳奉阴违，各国之间贸易走私猖獗，等等，这一切都是导致大陆封锁体系瓦解的潜在威胁。大陆封锁体系的最终结果是，拿破仑搬起石头砸了自己的脚，法国的经济雪上加霜。

第三，"西班牙溃疡"与"俄罗斯寒冬"。

拿破仑的一生英名与军事连在一起。他虽然被称为"战神"，但是他也犯过许多错误，其中最致命的就是入侵西班牙和俄罗斯。

1807年10月，为了解决大陆封锁体系在伊比利亚半岛的"裂口"，即将葡萄牙和西班牙拉入该体系之中，拿破仑出兵葡萄牙，粗暴地干预西班牙的王室纠纷，并将自己的哥哥约瑟夫扶上西班牙国王的宝座，激起了西班牙人民的强烈愤慨：1808年5月，西班牙首发起义，起义迅速蔓延各地。拿破仑陷入了人民起义的汪洋之中，始终未能扑灭西班牙人民的起义之火。西班牙战场成为牵制法国军事力量、动摇法国大陆体系、耗尽帝国资源并最终成为导致拿破仑帝国"坏死"的"西班牙溃疡"。

1812年，拿破仑的声威达到顶峰。他把俄国看作是争霸欧洲大陆的最大障碍，便于6月24日率军50万入侵俄国。初期法军进展顺利，攻占重要城市斯摩棱斯克。8月底，俄军换帅，由库图佐夫任总司令。9月初，俄法两军25万人在博罗迪诺会战，双方损失惨重。法军伤亡5万多人，俄军伤亡4万多人。俄军撤出莫斯科，展开游击战。法军在饥寒交迫下，于10月19日撤出莫斯科。一路上遭到俄军和游击队的袭击。这时，俄国的严寒冬天到来，法军在四面攻击和严寒冻饿的轮番打击下，损失惨重。12月底，当法军撤出俄国时，全军仅剩2万余人。拿破仑在西班牙和俄罗斯的失败是帝国由盛转衰的重大转折点。

第四，"成也萧何，败也萧何"的武力。

拿破仑依靠武力起家，武力成就了拿破仑帝国，也导致拿破仑帝国的覆灭。而军事的过度扩张是帝国走向衰落的直接原因。穷兵黩武挖空了国家的财力，也耗尽了国家的军力。连年征战，不得休息，导致拿破仑帝国日渐衰落。正如恩格斯所言："一个在四分之一世纪里连年战争而力量消耗殆尽的国家，已不可能单独抵抗整个武装起来的世界对它的进攻了。"

拿破仑兵败后，被流放到遥远的位于非洲南端的圣赫勒拿岛，病死于此地。拿破仑帝国由此画上了句号。[1]

延伸阅读

1. 刘祚昌等主编：《世界通史（近代卷）》下，人民出版社 2007 年版。

2. 吴于廑、齐世荣主编：《世界史·近代史编》上卷，高等教育出版社 2001 年版。

教学建议

本案例设置的主要目的是引导学生通过了解拿破仑一生的政治浮沉及拿破仑帝国的兴亡，一观法国大革命在法兰西热土上的延续与发展，并从独裁式政权的两面性及大陆封锁政策的失败中探究帝国衰亡的实质。

本案例讲述时可以与法国大革命相联系，探讨二者之间的承接关系。同时也可以将拿破仑帝国的独裁式统治与路易十四时期的绝对君主制相对比，探究其异同。

案例七　阿尔萨斯和洛林：法德千年恩怨纠葛

案例呈现

公元 814 年，法兰克王国君主查理曼驾崩。843 年，查理曼的三个

---

① 陈海宏：《世界历史上的重大失误》，山东人民出版社 2015 年版，第 171—175 页。

孙子缔结《凡尔登条约》，以莱茵河为界，河东归日耳曼人路易，称东法兰克王国；河西归秃头查理，是为西法兰克王国；洛泰尔得到北意大利及东西法兰克王国之间的狭长地带，是"中部王国"。阿尔萨斯和洛林地区分别是中部王国的两个行政区域。公元870年，围绕东西法兰克王国中间地带的归属权，日耳曼人路易和秃头查理展开角逐，最终二人订立《墨尔森条约》，西法兰克王国夺得洛林地区，阿尔萨斯被划归东法兰克王国。10世纪以后，洛林被并入东法兰克王国的继任者——神圣罗马帝国。此后几百年，阿尔萨斯和洛林一直是神圣罗马帝国的属地。三十年战争后，法国逐步夺取了阿尔萨斯和洛林两地。1870年，普鲁士和法国展开大战，法国战败，被迫割让原阿尔萨斯的93%和原洛林的26%给随后在普鲁士主导下建立的德意志帝国。这块土地就是现在的阿尔萨斯－洛林地区。德国对阿尔萨斯－洛林的吞并损害了法国的国家利益，伤害了法兰西人民的民族感情，对这一地区的争夺成为两国此后近百年国家间关系的主旋律。

从1870年到1945年，德法之间共发生了三次大规模的战争。今天的阿尔萨斯－洛林就是在这三次战争中逐渐塑造成形的。这三场大战分别是普法战争、第一次世界大战和第二次世界大战。1866年，围绕西班牙王位继承权问题，法国与普鲁士的矛盾不断激化。1870年，普法双方正式开战，法方很快战败。1871年5月10日，法国与在战争后成立的德意志帝国缔结《法兰克福条约》，法国将阿尔萨斯和洛林的大部割让给德国。其时正值第二次工业革命在欧洲如火如荼地展开之际，失去阿尔萨斯－洛林地区的法国丧失了重要的煤铁资源产地，在工业化道路上举步维艰。而德国则充分利用阿尔萨斯－洛林的资源在第二次工业革命中奋力向前，取得了举世瞩目的成就，一跃而成为世界性的工业强国。从民族感情上来说，德国人认为对阿尔萨斯－洛林的占领是"对黎塞留和路易十四的占领的一种必要的纠正，是从历史、语言和民族方面进行理解的民族原则的合法运用"。但德国对这一地区的割占极大地伤害了法兰西人的民族自尊心。

在法国人看来，阿尔萨斯－洛林地区"至迟从大革命以来就成了法兰西民族及其国家的一部分，而现在成了失败和法兰西被征服的象征"。领土与民族国家是紧密相连、不可分割和神圣不可侵犯的，对其中一个的损害会直接导致另一个的损伤。每一个民族国家都将自己看作是一个特殊的、不可侵犯的领土实体。《法兰克福条约》对阿尔萨斯洛林的分割无法让法国方面坦然接受。这直接导致了法国对德国强烈的民族仇恨。普法战争后，法国一方面加紧工业化进程，另一方面拉拢盟友，以伺机夺回阿尔萨斯－洛林。德国为求对抗法国及其盟友，保住胜利果实，也积极展开外交攻势，组织同盟。双方的紧张对峙最终酝酿了一场史无前例的世界级大战。

1914 年，第一次世界大战爆发。以德奥为首的同盟国与以英、法、俄为首的协约国之间展开了长达 4 年零 3 个月的拉锯战。最终协约国取得胜利。1919 年 6 月 28 日《凡尔赛和约》签订。根据条约，阿尔萨斯－洛林地区重回法国怀抱。一战的惨败再加上战后协约国对德国的严厉惩罚深深地刺痛了德国人的神经，使之萌发了强烈的复仇情绪。这股情绪最终在纳粹的操纵下，点燃了第二次世界大战的烈火。

1939 年，第二次世界大战正式爆发。法国在战争前期很快就战败投降。1940 年 6 月 21 日，德法在贡比涅森林签订停战协定，阿尔萨斯－洛林作为条款之一被德国重新夺回手中。1945 年德国战败后，阿尔萨斯－洛林又重新划归法国。至此，阿尔萨斯－洛林才算是最终结束了漫长的动荡生涯。[1]

思考讨论

1. 阿尔萨斯与洛林为什么历史上在法德之间几易其手？

2. 阿尔萨斯和洛林问题的历史渊源何在？

案例解析

法德两国对阿尔萨斯-洛林的争夺，有着繁杂的利益因素与感情因素。其深层原因在于民族群体与特定地域的紧密联系。自有人类以来，土地一直是民族群体生活中的重要元素。法德两个民族国家对阿尔萨斯-洛林的争夺既有物质的原因，也有情感的因素。具体来分析，主要原因在于该地区具有丰富的矿藏资源、重要的战略地位及两国的领土认识差异。

阿尔萨斯-洛林地区蕴藏着丰富的矿藏资源。阿尔萨斯蕴藏着丰富的钾碱，洛林地区盛产铁矿、盐矿，并有大量适合建筑用途的石料资源。可以想见，如此丰富的资源无疑会成为德法争夺这一地区的强劲动力。特别是在第二次工业革命时期，矿产资源对于民族国家向工业强国的转变具有的重要助推力，使得资源的重要性愈益彰显。法国地处欧洲西北部，平原面积占国土总面积的三分之二。虽然气候温和，环境优美，但煤铁资源的极度缺乏却对法国的工业化发展极为不利。所以，拥有丰饶矿藏资源的阿尔萨斯-洛林对法国来说至关重要。而德国，虽然由于山地较多，煤铁资源较为丰富，但如果占有阿尔萨斯-洛林，则无疑会使德国的工业化速度更为迅速。

阿尔萨斯-洛林地处西欧的心脏地带，独特的地理位置赋予其重大

---

① 李波：《浅析阿尔萨斯-洛林问题》，《文史月刊》2012 第 7 期。

的战略价值。如果法国占有该地，则可以将莱茵河和阿登高原作为法国东部的天然屏障，将德国莱茵河上的交通截断，并可作为进攻德国的桥头堡，在战略上形成极大的优势，反之亦然。三十年战争期间，法国宰相马扎然说："法国的边界应当延伸到荷兰。而在德意志这边，莱茵地区也是令人担忧的，洛林和阿尔萨斯都关系到法国的安全。"从德国方面来看，如果占有这两个地区，莱茵河将成为自己的内河，可以轻易地通过莱茵河出入大西洋，而不必受法国的掣肘。德国在普法战争后吞并阿尔萨斯－洛林，正是看到了阿尔萨斯－洛林两地重要的战略价值，因为"占领了麦茨和斯特拉斯堡后，德国就有了一道极其坚固的防御线，只要比利时和瑞士保持中立，法国人就只能在麦茨和佛日山脉之间的狭长地带采取大规模的行动"。

　　法兰西民族和德意志民族在领土认识上具有相当大的差别。人类的地域认识在不同的民族当中有各自不同的标准。有的民族以语言作为地域的界线，有的以自然边界作为划分领土的标准，有的依靠宗教，有的求助于文化。法国人一直笃信"天然疆界"的理论。所谓"天然疆界"是根据线状物理地形来划定的，例如一条河流、一座山脉或一条海岸线等。法国人把古代高卢人奉为祖先，认为古代高卢人生活的边界就是法国人的"天然疆界"，阿尔萨斯－洛林正处于古代高卢边界的莱茵河畔，所以自然被法兰西人看作自己神圣不可侵犯的领土。从红衣主教黎塞留到近现代的法国政治家们，无不为争取、维护法国的"天然疆界"而殚精竭虑。黎塞留曾在自己的《政治遗嘱》中说道："我秉政之目的在于：为高卢收回大自然为它指定的疆界"，就充分表达了法国人的这种倾向。对于德国人而言，语言是凝聚和强化民族意识、增强民族认同感的最主要工具。这种认识使德意志人认为，"如果一个民族是一个操有相同语言的群体，那么，如果政治疆界分离了这种群体的成员，这些疆界便是武断的、非自然的和不公正的"。费希特更是明确指出："使德意志人与其他欧洲民族分离开的是共同的语言和共同的民族特点。"阿尔萨斯－洛林地区使用的语言是德语和法语，但由于历史原因，使用德语的人占据大多数。根据德国在 1910 年的统计，该地讲德语的人数为 163 万，讲法语的仅有 20 万。这种情况，使德国很自然地将其认为是自己的领土。

阿尔萨斯－洛林问题对德法关系的影响是决定性的。对德国来说，一方面，它深知对该地区的割占势必招致法国的民族仇恨，埋下战争的隐患。俾斯麦在《法兰克福条约》签订后就曾公开表达过这种忧虑："我完全确信，这次战争不过是德法之间将要发生的许多次战争中的第一次，在它后面还要爆发一系列其他的战争"。但另一方面，德国在该地的利益和感情都使其不愿将阿尔萨斯－洛林拱手相让。对法国来说，情况亦然。在阿尔萨斯－洛林问题上的僵持使德法两国在外交上可操作的空间大为缩小，两国除了拉拢盟国相对抗似乎没有其他的外交目的。这种外交对立达到最大化的结果就是一次又一次大战的爆发。

阿尔萨斯－洛林地区的历史发展极为复杂，如果从 1618 年三十年战争前算起，到 1945 年至今，该地区共经过了八次身份转换。即使从 1870 年普法战争爆发后阿尔萨斯－洛林问题正式形成算起，也有五次。如此频繁的归属权的更替，加上每次更替后的强制性文化同化政策，使当地的民族认同陷入了困境。正如一位历史学者所说，"对法国人来说，他们太德国；对德国人来说，他们又太法国"。无论是在德国统治下还是在法国统治下，阿尔萨斯－洛林人都饱受歧视、排斥与不公正的待遇。在第一次世界大战中，居住在法国的阿尔萨斯人遭到逮捕，而这些人在先前还是法国士兵，并且在 1870 年对普鲁士的战争中浴血奋战过。在德国统治下，法律规定禁止使用法语，哪怕是偶尔出于生活习惯使用一个法语单词也可能招来牢狱之灾。对于阿尔萨斯－洛林的民众来说，身份认同的困境让他们饱尝苦痛。长期的不幸经历塑造了一个独特的"阿尔萨斯－洛林"，阿尔萨斯－洛林的民众在"半个他者"的定位下，认识到了自己是一个独特的命运共同体，发展出了自己的"同一性"。他们在面对"你是哪里人"这个问题时，更愿意称自己是阿尔萨斯－洛林人，而非德国人或法国人。法德两国对阿尔萨斯－洛林的争夺，带给两地人民的不是荣耀，不是幸福，更多的是难以抚平的伤痛。[1]

延伸阅读

1. 袁明主编：《国际关系史》，北京大学出版社 2005 年版。
2. ［美］亨利·基辛格：《大外交》，顾淑馨、林添贵译，海南出版社 1998 年版。

教学建议

阿尔萨斯－洛林问题即为百年欧洲强国斗争过程的一个缩影。本案例设置的主要目的是引导学生通过了解阿尔萨斯与洛林问题产生的渊源与经过，领会德国、法国两国之间百年博弈的过程。

本案例讲述时除了与法德两国百年间的冲突摩擦史相联系，还可以与法德两国之间的观念史（对待土地的传统观念）相联系。

---

[1] 李波：《浅析阿尔萨斯－洛林问题》，《文史月刊》2012 第 7 期。

案例八　法兰西的大国梦

法兰西民族复兴的过程，也是实现法国"大国梦""强国梦"的过程，不过，自20世纪90年代以来，法国的大国和强国地位受到质疑和挑战。

法国"大国梦""强国梦"的提出由来已久，早在第二次世界大战中和战后，戴高乐就提出法国的"大国梦""强国梦"。他在《战争回忆录》中开宗明义地表明心迹："我对法国一向有一种看法"，法国"除非站在最前列，否则法国就不能成为法国……。总之，法国如果不伟大，就不成其为法国"。早在戴高乐领导抵抗德国法西斯侵略的同时，就在不同的场合强烈地表达了维护法兰西荣誉和复兴法兰西民族的强烈愿望："为了作战和复兴而团结起来的法国人民，同样还要在全世界恢复法国的地位和伟大。"二战刚刚结束，戴高乐多次发表谈话，表达法国在战后国际事务中应发挥她的作用，"这种作用应该是一个大国的作用"，他在1945年11月22日声明中指出："法国可能遇到了一个千载难逢的机会，她的人民会赢得无限美好的前途，足以弥补她所经历的惨重苦难。但是，如果我们不成为大国，我们就不能维护我们的权利，也就不能履行我们的义务……我们要不顾我们蒙受的损失和苦难，我们要不辞劳苦地恢复我们的实力！这就是今后法国的主要斗争目标！"与此同时，戴高乐紧锣密鼓地开展对外活动，要求与美、英、苏等平起平坐，给予法国在国际事务中的应有地位，起着战胜国对战败国应起的作用，从而使法国不断地向大国地位攀升。

20 世纪 60 年代，戴高乐的"雄心大志"就是更加强烈、更加迫不及待地实现法国的"大国梦""强国梦"，并将之与增强法国的硬实力和软实力紧密挂钩。1958 年 9 月 4 日，戴高乐在解释第五共和国宪法草案的精神和内容时指出，按照该宪法所建立的政治体制，"将使共和国变为强大"，"也重新得到了它成为伟大的机会"。1958 年 9 月 21 日，他在要求法国公民对新宪法投赞成票的演说中再次指出："我们向世界表明我们还能够而且永远能够成为一个大国。"1960 年 6 月 14 日，戴高乐在电视广播演说中承认法国的衰落，重申法国必须大力发展经济，建立稳固的经济基础，"我们应该列入强大的工业国家"，从而"把我们古老的法国改变成一个新的国家，使它适应它的时代。这关系到它的繁荣、强盛和向外影响。而这个改变是我国的伟大愿望"。他于 1961 年 7 月 12 日电视广播中说："在 1960 年，我们的工业就增长了 11.4%，这使我国列入了世界的前列。我们眼看着我们的国家变成一个工业强国，就是说变成了一个强国。"在军事方面，戴高乐强调他的"雄心"，就是要建立强大的防务，发展独立的核打击力量，"首先是为了使法国承担起世界大国的使命……"

戴高乐以后的法国历届总统，无不传承戴高乐的"雄心大志"，努力实践法国的"大国梦""强国梦"。希拉克要实现"法兰西民族复兴"；萨科齐要塑造一个"新法国梦"；奥朗德要与过去"决裂"，在新世界格局中把法国塑造成一个"真正的强国"。

在探寻戴高乐及其法国历届总统的"大国梦""强国梦"缘由的过程中，人们不难发现其中之一是具有神秘主义色彩。戴高乐对"法兰西神圣"笃信不移，他承认"对法国一向有一种看法"包括感情和理智两个方面，"感情的那一面使我把法国想得像童话中的公主或壁画上的圣母一样献身给一个崇高而卓越的使命。我本能地感觉到上天创造法国，如果不是让它完成圆满的功业，就是让它遭受惩戒性的灾难"。戴高乐及历届法国总统以及许多法国人对法国负有"神圣使命"的神秘主义，促使他们去做"大国梦""强国梦"。

缘由之二则是戴高乐及历届法国总统以及许多法国人的历史主义观。他们怀念路易十四和拿破仑一世的武功和盛世、法国大革命的影响力、19世纪法国世界文明中心的地位。戴高乐认为："在过去的一千五百年中，它已习惯于一个大国地位"，"在过去，它在国际舞台上是人口最多、最富有、最强大的国家"。他希望通过"大国梦""强国梦"的实现来复兴法兰西，恢复法国的中心地位和举足轻重的作用。

然而，戴高乐的"大国梦""强国梦"最主要还是源于现实原因。自19世纪末至20世纪中，法国经过普法战争和两次世界大战，满目疮痍，国力日益衰弱，其国际地位和作用也大大下降，从而使法国二战后相当长时期在处理国际事务中往往力不从心，也不为国际社会认可。这个时候的法国被国际社会称为"欧洲病夫"，犯"法兰西沉疴"。戴高乐担任第五共和国国家元首后，决心改变这种状况，努力建设和增强法国硬实力和软实力，圆他的"大国梦""强国梦"，实现法兰西民族的复兴，从而使法国与二战后所获得的战胜国地位和联合国安理会常任理事国的大国强国地位相称，其政治、经济、军事、科技和文化在世界上的影响日益扩大，其政治模式、经济模式和社会模式往往为一些国家所向往或效仿。①

---

① 吴国庆：《法国的"大国梦""强国梦"及其受到的质疑和挑战》，http://ies.cass.cn/wz/yjcg/qt/201403/t20140301_2457876.shtml，2014年3月3日。

1. 法兰西"大国梦"情结有何历史渊源？

2. 如今法国的"大国梦"又面对着何样的挑战？

决定一个国家在世界上的地位的国力可划分为"硬实力"与"软实力"两个层面。"硬实力"主要指人口总数、国土面积、国民生产总值和军事实力等要素，"软实力"则是指很难用物质形态表现的数量而来衡量的事物。对于战后的法国，"大国梦"之所以能够得到延续，与其拥有不可低估的硬实力与软实力是密不可分的。戴高乐为实现法国"大国梦""强国梦"分别从增强硬实力、软实力两方面入手，采取了多项措施。

在增强硬实力方面，他着眼于发展和增强经济、建立以核力量为主的独立防务、发展科技几个方面。戴高乐把经济的强大，作为实现"大国梦""强国梦"的先决条件。针对以谨慎、保守、分散和处于受保护地位为满足的传统经济，他提出"扩张、高产、竞争、集中"。一方面，他坚持国有化、计划化，加速工农业改造并使之现代化，改革货币以稳定币值，加强商品的竞争力，提高在国际贸易中的地位。另一方面，他改变过去对欧洲共同市场的怀疑甚至反对的立场，积极实施《罗马条约》，以便扩大法国商品市场特别是农产品市场。

在军事方面，戴高乐主张革新。他在20世纪50年代抨击"欧洲防务集团"和"欧洲军"时，提出法国建立独立防务和独立核力量的主张。1959年11月3日，戴高乐在法国高等军事学院的演说中指出："法国的防务必须属于法国。……当然在必要时，法国的防务同其他国家的防务要互相配合。……但是法国必须有自己的防务，法国必须靠自己的力量、为自己的利益并用自己的方法来保卫自己。"戴高乐一方面在法属殖民地实行"非殖民化－合作"政策和结束阿尔及利亚战争,收缩战线,把军事力量调回法国本土和欧洲,并实行军事现代化。另一方面,他从1959年开始逐步退出北约军事一体化机构,收回法国地中海舰队和法国大西洋舰队的指挥权,迫使美国撤走驻在法国的核轰炸机,最终于1966年完全退出北约军事一体化机构,接管驻法美军基地和北约总部。自此,法国开始建立起独立的防务和完整的国防工业体系,制定全方位的军事战略。20世纪70年代,法国完成了军事现代化,一跃成为世界上第三大军事强国,仅次于美国和苏联。

作为第五共和国两任国家元首的戴高乐,深知经济和军事"大国梦""强国梦"必须以科技"大国梦""强国梦"为前提。于是,他大力发展科技,加大对科技的投入,提高科技人员的地位。到20世纪60年代末,法国在核能利用、航空航天、铁路、电信、医学和农业等许多方面的技术和科学水平,都处在世界领先的地位。正是科技"大国梦""强国梦"的实现,使法国传统工业日益现代化,加速产业结构的调整,改造了能源结构,开拓了新产品的国际市场,从而增强了法国的经济实力。正是科技"大国梦""强国梦"的实现,法国才形成了以高、精、尖为核心的军事工业体系,生产出技术先进和品种齐全的武器装备。

在增强软实力方面,他致力于政治体制的创新、外交独立自主、社会模式及文化发展层面。戴高乐缔造的第五共和国政治体制构成了当代法国的政治模式。第五共和国采用半总统半议会制,拥有美国总统制的某些特征(如总统是国家权力中心),但不同于美国总统制(法国政府对议会负政治责任);也拥有英国议会制的某些特征(法国议会通过不信任票或弹劾政府），但不同于英国议会制（法国议会不再是国家权力中心）。它形成了西方政治制度中的第三种政治模式。正是依靠这种政治模式，第五共和国政府换届的频率大大下降，从而减少了政局的动荡，保持了相对的稳定。也正是依靠这种政治模式，戴高乐及以后的历届总统和政府，能够施展宏图，推行强有力的内外政策，增强法国硬实力和软实力，以实现"大国梦""强国梦"。

20 世纪 60—80 年代，法国建立起新社会管理模式。其主要有：（1）完备的社会保障和福利制度。1945 年出台《社会安全保障法》开始建立当代法国社会保障制度，1970 年代在全行业中普及和推广，使法国人人享有医疗和生育、退休、家庭补助三大社会保险。与此同时，法国还建立了失业保险和社会救助等福利制度。（2）财富分配和再分配制度。为实现公平正义，法国建立起财富分配和再分配制度。这种制度使法国贫富差距不断地缩小，基尼系数从 1962 年的 0.50（二战后的最高值）下降到 20 世纪 80 年代中期的 0.30。（3）法国政府与资方、工会、民间组织结成"社会伙伴"关系，定期就有关工资、就业、社会问题进行对话和协商，化解劳资和社会矛盾。（4）重视环境保护，建立环境保护管理体制，实施一系列环境保护的法规和政策，促进人与自然的社会和谐。这样的社会模式，有利于消除或化解法国社会存在的矛盾和冲突，保持法国社会的相对稳定与和谐，从而为实现"大国梦""强国梦"提供了前提条件。

法国是具有悠久历史的国家，其历史在长期发展过程中积淀了雄厚的文化底蕴，构成了强大的法国文化软实力。在思想方面，18 世纪的启蒙运动给法国乃至整个人类带来"科学"和"民主"之光芒，法国大革命中提出的"自由、平等、博爱"口号成为人类进步的旗帜，法国大革命中建立的政治体制也为世界许多国家所仿效。19 至 20 世纪法国思想家辈出。这些思想在不同程度上对当代世界文化产生了重大甚至决定性的影响。

在文艺方面，从 17 世纪到 20 世纪，法国为世界提供了许多文艺思潮和流派，还为世界奉献出众多杰出的文学家、音乐家、画家和雕塑家，极大地丰富了世界文化宝库。二战后，法国继续保持民族文化的创造力，文艺的内容和形式不断花样翻新。1901—1985 年，法国共有 12 人获得诺贝尔文学奖，为世界第一。这些都显示了法国文化的巨大影响力。

第五共和国时期，戴高乐一改第四共和国自甘堕落为美国的"小伙伴"形象，推行独立自主的外交。戴高乐为实现其"民族大志"，采取了许多战略战术：（1）反对美苏霸权，均衡东西方关系。他反对美国在大西洋联盟中的霸主地位，要求与美国平起平坐，分享在西方阵营中的领导权和决定权；他退出北约，建立本国的独立防务；他主张"经济爱国主义"，保持法国经济的独立性，反对以美元为中心的货币金融体系，坚持以黄金作为国际结算的基础；他反对美国文化的入侵，走文化的"法兰西道路"。在对苏联的军事威胁进行坚决回击的同时，他主张与苏联建立"缓和、谅解、合作"的关系，从而使冷战时期东西方紧张关系有所改善。（2）推进欧洲一体化，建立第三极，以发展多极化世界。从戴高乐提出提前实施《罗马条约》的农业政策到密特朗倡议建立欧洲经济与货币联盟，都显示了法国在欧洲的政治领导地位（当然，也要依靠法德轴心），促进了欧洲一体化，加速了两极世界的瓦解，使世界向着多极化方向发展。（3）戴高乐宣布在外交上要实施"世界范围的政策"，他以"非殖民化－合作"政策保持对非洲的影响，承认中华人民共和国，鼓励拉丁美洲国家独立。法国这些外交政策和外交活动，从软实力方面展现法国作为"大国""强国"的地位和作用。①

延伸阅读

1. ［美］理查德·F. 库索尔：《法兰西道路》，付春光译，商务印书馆2013 年版。

2. ［法］戴高乐：《战争回忆录》，北京编译社译，世界知识出版社 1981年版。

教学建议

本案例设置的主要目的是引导学生了解法兰西的"大国梦"，探求法国历史对"大国梦"思想的塑造作用，也得以一探法兰西特有的民族性格。

本案例讲解时可引导学生自行分析法国欲实现"大国梦"的现实可能性与局限之处，也可让学生结合法国对"大国梦"的追求过程来分析和探讨戴高乐采取的部分措施的合理性与局限性。

---

① 吕一民：《法国通史》，上海社会科学院出版社，2012 年版，第 362—370 页；吴国庆：《法国的"大国梦""强国梦"及其受到的质疑和挑战》，http：//ies. cass. cn/wz/yjcg/qt/201403/t20140301_2457876. shtml，2014 年 3 月 3 日。

第五章　美国的崛起及其霸权的张弛

案例一　新大陆的政治风貌

案例呈现

16—18 世纪欧洲列强纷纷在北美建立殖民地。法国人建立了新法兰西（包括圣劳伦斯流域下游大潮区，密西西比河流域等处）；西班牙人建立了新西班牙（包括墨西哥和美国西南部的广大地区）。17 世纪初，英国开始向北美移民。最初的移民主要是一些失去土地的农民，生活艰苦的工人以及受宗教迫害的清教徒。

1607 年，一个约一百人的殖民团体一路奔波抵达了弗吉尼亚一个河口，建立了詹姆士镇，这是英国在北美所建的第一个永久性殖民地。在以后 150 年中，陆续涌来了许多的殖民者，定居于沿岸地区，其中大部分来自英国，也有一部分来自法国、德国、荷兰、爱尔兰和其他国家。到达殖民地的大多数是西欧贫苦的劳动人民，也有贵族、地主、资产阶级，以英国人、爱尔兰人、德意志人和荷兰人最多。移民中有逃避战祸和宗教迫害者，有自愿和非自愿的"契约奴"以及乞丐、罪犯，还有从非洲被贩运来的黑人。

1620 年，一批移民乘"五月花号（Mayflower）"到北美并在船上制定《五月花号公约》。在 11 月 11 日于普利茅斯上岸，船上 41 名自由成年男性签署共同遵守《五月花号公约》。内容为组织公民团体、拟订法规等，奠定自治政府的基础。

沿着"五月花号"开辟的自治之路，新大陆的民主制度逐渐发展起来。英属北美殖民地与法属和西班牙属美洲殖民地比较，前者拥有较多的民主。经过数代移民励精图治，艰辛刻苦地经营开发，到 18 世纪下半叶，英国殖民者已经在大西洋沿岸建立了 13 个殖民地，分别是新罕布什尔、马萨诸塞、罗德岛、康涅狄格、纽约、新泽西、宾夕法尼亚、特拉华、马里兰、弗吉尼亚、北卡罗来纳、南卡罗来纳、佐治亚，这 13 个殖民地初步奠定了英属北美殖民地的雏形，它们的地理分布犹如富兰克林在《宾夕法尼亚报》上画的分成几段的蛇的形状。今天美洲大陆上的主要居民是从欧洲来的。远离老家，劈波斩浪而来的欧洲人在新大陆上过着比同时期欧洲社会普遍更加民主的生活，人民主权原则主宰整个美国社会，特别是美国人在他们革命之前就已实行人民主权原则，这就集中体现了北美新大陆的优越与民风民情。

在美国独立前 100 多年的社会发展中，民主、自治的春风微微吹拂，美利坚人的民族性格在风雨浸润中慢慢打磨而成。这样的政治氛围为独立后美国的发展奠定了文化基础，对后来美国历史的发展产生了巨大的，主要是积极的影响。

在 18 世纪中期，殖民地的经济、文化、政治相对成熟，殖民地议会仍信奉英王乔治三世，不过他们追求与英国议会同等的地位，并不想成为英国的次等公民，但是此时英法的七年战争结束，英国急于巩固领土，便向北美殖民地人民征租重税，乔治三世一改放任政策，主张高压手段。因此引发殖民地人民反抗，如"没有代表就不纳税"宣言、"波士顿惨案"、"不可容忍的法案"等。殖民地人民于 1775 年 4 月在莱克星顿和康科特打响"莱克星顿的枪声",揭开美国独立战争的前奏。①

思考讨论

1. 新大陆的优越地理与民风民情为美国民主政治建构提供了怎样的社会条件?

2. 美国民主政治脱胎于欧洲却又与英法等国具有巨大差异的原因何在?

案例解析

美国特殊的历史和宗教信仰、乡镇自治传统、特殊的地理环境等创造了特殊的美利坚民族,进而孕育了美国特殊的民情,这种特殊的民情就是美国民主形成的坚实土壤。

(一) 历史和宗教

17 世纪初,清教徒为了躲避宗教迫害,被逼逃离欧洲大陆移居北美。清教徒具有很强的热爱民主和自由的天性,他们在祖国受到政府的迫害,所以就去寻找世界上人迹罕至的地方,以便在那里可以按照原来的方式生活,并自由地崇拜上帝。托克维尔指出,"清教教义不仅是一种宗教学说,而且还在许多方面掺有极为绝对的民主和共和理论"。②

1620 年 11 月 11 日,102 名清教徒乘着"五月花号"抵达北美大陆普利茅斯,他们在登岸之前就首先签订了《五月花号公约》,在公约中明确规定要建立一个依据少数服从多数的原则实行自治的团体,要求其中的每个人都享有自由、平等、民主与选举等权利。《五月花号公约》

---

① 全球视野网:《美国殖民史》,http://www.360 golbal.com/b2b51492/。
② [法] 托克维尔:《论美国的民主》上卷,董果良译,商务印书馆 2013 年版,第 40 页。

因此也被后人称之为"北美民主的基石"。后来美国又涌进了大量的天主教徒，该教是最主张身份平等的教派，他们认为所有教徒在神职人员之下都是平等的，再加上这些天主教徒大多是穷人，因此，他们就极为珍视自己的权利，要求全体公民参政，以使自己将来参政。故托克维尔称他们为"一个最共和最民主的阶级"。相比较而言，天主教重平等，而新教更重自由。

由此可见，美国的民主和宗教具有非常密切的联系。美国政治学家亨廷顿指出，近代民主首先而且主要表现在基督教国家，近现代的几次民主化浪潮都是新教和天主教在起关键性的作用。[①] 基于此，托克维尔称美国民情的极端严肃性首先来自宗教信仰。宗教不仅支配着民情，而且将它的影响扩及人们的资质。

（二）乡镇自治传统

美国民主的民情扎根于历史形成的新英格兰乡镇自治制度。美国乡镇自治的深厚传统来源于新英格兰的乡镇精神。所谓乡镇精神是指乡镇居民积极参与本地公共事务的自治精神与对乡土热爱、依恋的公民精神。托克维尔指出，"在美国，乡镇不仅有自己的制度，而且有支持和鼓励这种制度的乡镇精神"。[②] 在美国的乡镇，人们总是试图以巧妙的方法打碎权力，以使最大多数的人参与公共事务。广大人民群众都不需要乡镇政府操心就能做好本职工作，并自觉地关心乡镇政权。可以说，乡镇生活每时每刻都在使人感到和自己息息相关，每天每日都在通过行使一次权利或履行一项义务而实现。

---

① ［美］亨廷顿：《第三波——20世纪末的民主化浪潮》，刘军宁译，生活·读书·新知三联书店1988年版，第83—97页。

② ［法］托克维尔：《论美国的民主》上卷，董果良译，商务印书馆2013年版，第82页。

同时，新英格兰的乡镇是独立的，不受任何上级机关的监护，也不存在行政权力的半径所辐辏的圆心，所以它们是自行处理本乡镇的事务的。可以看出，乡镇是美国自由精神的源泉，是人民自由的力量所在。在美国，人们依恋自己的乡镇，因为乡镇是强大和独立的；人们关心自己的乡镇，因为他们参与乡镇的管理。因此，他们在自己力所能及的范围内，尝试着自己去管理社会，这就为充分实现个人权利和自由提供了广阔的空间。乡镇组织之于自由，犹如小学之于授课。正是在这种高度的乡镇自治传统熏陶下，自由精神和民主理念逐渐深入人心，个人自由和人人平等有机地结合起来，从而使得人民主权原则得以充分体现。

（三）特殊的地理环境

美国特殊的地理环境对美国民情的形成起了重要作用。美国广阔的领土，为人类的劳动提供了用之不竭的资源，这种独特的自然环境激发了美国人的创业热情。对此，托克维尔指出，"新大陆的令人向往之处，就在于人在那里可以自我奋斗。只要你去追求，就能获得幸福和自由"。①

在那里，最值得人们赞扬的，不是在故土安贫乐贱，而是到外地去致富享乐；不是老守田园，而是到他乡去大干一场。在这块曾经仅有原始印第安部落的新大陆上，美国人的先辈们没有本土的传统可以借用，必须凭借自己的实践和经验来生存和发展。他们为了反权威与传统而来到这块土地上，力求摆脱一统的思想、家庭的清规、习惯的束缚与阶级的观点，甚至在一定程度上摆脱民族的偏见；仅将传统看作一种习得的知识，将现存的事实看作创新和改进的学习材料；依靠自己的力量和实际行动去探索事物的原因；不拘手段去获得结果；不管形式去深入本

---

① ［法］托克维尔：《论美国的民主》上卷，董果良译，商务印书馆2013年版，第211页。

质；等等。可以看出，美国人的这种重自己独立判断、重经验的精神，正是民主的基本要义。诚如费孝通先生所讲的那样："美国的民主基本上就是这种拓殖时代养成的精神。"①

（四）教育、习惯和实践经验

教育、习惯和实践经验对美国民情的形成也具有重大的影响。托克维尔指出，"没有疑问，美国的国民教育对维护民主制度是有大帮助的"。② 而且，在启发人智的教育和匡正人心的教育之间没有分离。在美国，对人们所进行的一切教育，都是以政治为目的的，这就促使美国人有种天然对政治关心的习惯。他们差不多总是将公共生活的习惯带回到私人生活中去，习惯于自己治理自己，并在私人生活中积累经验。实际上，美国人真正的知识，主要来自经验，他们一般不从书本去汲取实际知识与实证思想，因为他们认为书本知识只能培养人们接受实际知识和实证思想的能力，但不能向人们直接提供所需要的东西，所以人们比较喜欢从社会实践中积累经验。美国实用主义哲学大师詹姆斯指出，"在美国，经验本身就是美国人存在的一部分，而不仅仅是一种观念"。可见，实践经验对美国民情产生了重要影响。可以说，"在美国的民主制度建立初期，美国民情的形成在精神层面上主要依靠宗教信仰，而在现实层面则主要依靠历史的实践与教育"。③ 正是在这两者相互作用、相互补充的基础上，才形成了美国特殊的民情，从而为美国民主制度的建立和发展奠定了坚实的基础。

---

① 费孝通：《美国与美国人》，生活·读书·新知三联书店 1985 年版，第 27 页。

② ［法］托克维尔：《论美国的民主》上卷，董果良译，商务印书馆 2013 年版，第 353 页。

③ 杨日鹏：《美国政治民主进程中的"民情"及其启示》，《中央社会主义学院学报》2004 年第 4 期。

延伸阅读

1. ［法］托克维尔：《论美国的民主》，董果良译，商务印书馆 2013 年版。
2. 费孝通：《美国与美国人》，生活·读书·新知三联书店 2021 年版。

教学建议

本案例设置的主要目的是引导学生通过了解美国特殊的历史和宗教信仰、乡镇自治传统、特殊的地理环境等条件创造了特殊的美利坚民族，从而理解美国公民文化，为讨论美国特色政治制度及其演化进程作好铺垫。

本案例讲述时可以与英国、法国等专题中关于地理风土人情的介绍相对比，引导学生审视北美新大陆的独特情况及其对美国民主政治的深远影响，理解当前美国民主制度及其实践的历史逻辑。

案例二　到费城去开会

案例呈现

制宪会议召开的费城，我们去过两次，非常喜欢那个城市。当然，今天费城的老城区也已经发展了。虽然独立宫附近的街道，还保持了二百多年前的大致格局，路面的设施，却完全现代化了。独立宫门口这一段路面还铺着小石块，其余街道都是平整的水泥路面了。遥想当年，这里还都是土路，过着马车，下雨天一片泥泞，远不是那么干净。为了制宪会议，独立宫前面的道路曾经给撒上一层小石子，这已经是非常考究的待遇了。

1787 年，费城是美国最大的城市。多大呢？人口 40000。纽约当时比费城还小，只有 33000 居民。波士顿更是只有 18000 人。这就算是美国的几个最大都市了！只要作个比较，就可以知道美国在当时世界上的

"地位"了。当时的巴黎有60万人口，伦敦有95万人口。根据今天专家的考证，当时北京的人口大致是100万，面积据说比刚刚扩建的伦敦城还要大，是18世纪世界上最大的城市。所以，很好理解，为什么当时的欧洲人眼中没有美国，因为直到今天还有这样的规律：没有多少人会在意一个穷乡僻壤发生了什么事情。

我提到过华盛顿将军本不想来开制宪会议，另一个原因是，在制宪会议同时，还有一个"辛辛那提"退伍军人协会，也正在费城聚会。协会由独立战争的退伍军官们组成，华盛顿将军作为当年义军总司令，理所当然就成了协会的名誉主席。虽说那是民间团体，可是不论古今，军人团体，又都是打下江山的功臣，在政局不稳的时候，人们总是会担心他们提着枪出来影响局势。尽管华盛顿知道没有这种可能性，可是，他毕竟是惟一一个跨越"两会"的人，他本能地就想避嫌，内心非常顾虑。

华盛顿最后决定出席制宪会议，就想让自己小心翼翼地避开辛辛那提协会。战斗岁月刚刚过去四年，他一定也很想和昔日军中袍泽聚会，可他还是给协会写信说，自己身体欠佳，不能出席。不过，当华盛顿将军到达费城的时候，辛辛那提协会的弟兄们，还是在诺克斯将军的带领下，骑马列队迎接了他们昔日的统帅。

华盛顿抵达费城的时候，当时36岁的詹姆斯·麦迪逊，已经在那里等候着他了。是的，你一定觉得他年轻。我上次提到的那位天才汉密尔顿，也是制宪会议纽约州的代表，他那年才30岁，55位代表的平均年龄只有43岁。最年轻的26岁。而年纪最大的，就是那个用风筝从天上扯下雷电、发明避雷针的富兰克林，他那年81岁了。在小旅馆等着华盛顿将军的麦迪逊，是召开这次会议的主要发起人，也是个非常仔细认真的人。他第一个到达费城，想趁机有更多时间读书和思考。

在弗吉尼亚州的政界，麦迪逊和托马斯·杰弗逊的关系非常密切。他俩有一个共同点，就是都爱好读书、都熟悉18世纪的欧洲启蒙运动，不同的是杰弗逊比麦迪逊年长，长期被美国派驻在法国。杰弗逊简直是热爱法国，他受法国思潮的影响就更深；而麦迪逊是在普林斯顿大学受的教育，更多地接受了那儿二手的苏格兰启蒙思想。1784年，杰弗逊以美国驻法大使身份去巴黎的时候，他们俩约定互通信息。麦迪逊给杰弗逊送去了北美大陆特有的动物、植物，以便向欧洲人证明新大陆是一块丰饶的土地；而杰弗逊给麦迪逊运来欧洲先进的器物，还有一大批法国和欧洲的政治法律书籍，其中有狄德罗新出的《方法论百科全书》。

麦迪逊通读了这些著作。他常常从早到晚读书，一天只睡三四个小时。也许是因为美国有"实用"的需要，他特别注意研究西方历史上的各种政府形式，特别是共和制政府，研究它们的结构和运作状况。1787年年初，他开始注重将历史上的政府和当时的美国政府加以比较。他把自己的思路写下来，写成一篇《美利坚合众国政治制度之缺失》，这篇文章就被当时的人称作"麦迪逊缺失"。

和许多18世纪思想家一样，麦迪逊的思考建立在对人性本质的理解上。他接受当时流行的一种观点：国家及其政府建立在"社会契约"的基础上。这个理论认为，权力起源于人人生而具有的自然权利。人有权自由地处置他们的权利，他们相约联盟，这就是国家。然后，他们在自己内部达成契约，把一部分权利转让给管理者，这就有了政府，另外一部分权利保留给自己，这就是政府所不能侵犯的个人权利。

社会契约论只是一种理论。人类历史上的国家和政府，都是历史地自然地形成的，而不是依据理论、依据纯粹的契约过程建立起来的，现实和历史中充满了血腥污秽，根本没那么理性。这是政治家们常常抛弃契约论的原因。他们想，算了吧，就算理想中的政府应该是这样形成，可是事实并不按照理想发生啊。

麦迪逊并不把人性理想化。他知道，人性是复杂的。人有自私、妒忌、自我膨胀的本能。他赞同苏格兰思想家大卫·休谟的看法，人在孤处时比在公共生活中更诚实，"良心，这惟一残留的纽带，在个人身上实为不足。在稠人广众之中，人们对良心实无期待"，大家一起做事，如浑水摸鱼，对个人行为的制约力反而消失了，结成群的人会互相为不良行为提供虚假理由。这就是一些平时看看还蛮善良的人，进入群体就表现得十分邪恶的原因。

所以，麦迪逊认为，组成一个好的政府的关键，是控制好权力。他说："如果人人都是天使，那么政府就根本没有必要。……在构筑人管理人的政府时，最困难的是：你先得让政府有能力控制百姓；接下来，你还得让它能控制住自己。"

也就是说，一个好的政府，它的权力既要强到能够管得了下面的人和事儿，却又不能过强，以致去侵犯公民们保留给自己的自然权利。道理是对，可是，又怎样在"制度上"使这个"好政府"的权力，就恰到"好"处呢？在麦迪逊看来，这就是费城制宪会议要解决的问题。①

思考讨论

西方自由民主制度是否"人类统治的最后形态"，标志着"历史的终结"？其历史进步性与局限性应该如何理解？

---

① 林达：《如彗星划过夜空》，生活·读书·新知三联书店2013年版，第19—21页。

案例解析

1776 年爆发的美国革命，是近千年以来西方历史上最重大的六次革命之一，然而，它对人类历史的影响却远远超出了所谓"西方世界"的范围。这次革命在《独立宣言》中公开宣示了现代人类的觉醒，启蒙时代的理性主义历史上第一次成为政治共同体秩序奠定的基础，产生了世界上第一个基于民族认同而产生的国家，为立基于政治认同之上的现代国家的建立树立了样板。

美国独立战争对美国社会产生了深远的影响——虽然获胜了，但是代价却是高昂的：战争期间产生的高达 4000 万美元的债务由产生于1781 年的邦联这样一个松散的政治联合体承担。另外，革命结束后各州在商务、航运和土地问题上也逐渐产生了摩擦，建立了贸易壁垒，与广大的西部地区接壤的各州均声称对其西部界线附近的土地拥有主权。经济上的无序激化了社会各阶层之间的矛盾，导致了政治上的不稳定。1786 年 8 月，马萨诸塞州爆发了"谢司起义"（Shays' Rebellion）。因不堪忍受地方政府的经济政策，马萨诸塞州西部的一群农民揭竿而起，包围了当地政府，反对强行将他们的土地用来抵押他们的债务。尽管这一叛乱最后被压制下去，但是对于邦联政府来说却不啻为一次严重的警告。

除了内部民众的反叛，作为一个整体的邦联在国际事务上也受到了各种欺凌：因为英国尚未完全撤离西北地区，西班牙也不承认美国对俄亥俄河以南任何领土的所有权，所以欧洲的政治家们要把美国的西部边界推回到阿帕拉契亚山脉。此外，西班牙于 1785 年要求美国邦联议会正式承认西班牙对密西西比河独占的控制权，美国西南部地区面临脱离合众国的危险。在那一历史时刻，美国社会各种潜在的利害关系和相互博弈的社会力量第一次清楚地显现出来：跟同时期的欧洲大陆国家不同，美国社会是一个由普通劳动人民的各种金钱利益占主导地位的你争我夺的商业社会。

邦联在内政外交上所遭遇的耻辱促进了 1787 年费城制宪会议的召开。根据邦联条款，任何对于条款的修改都需要 13 个州的一致同意，因此在制宪会议召开前，一些州曾采取行动，要求修改邦联条款，但均因得不到多数州的支持而失败。1785 年，弗吉尼亚州和马里兰州为了解决两州间的商业和航海纠纷而签订了条约，后者提议召开一个包括特拉华州和宾夕法尼亚州在内的大范围的协调会议，而前者建议邀请邦联内所有州召开一个有关州际商业贸易政策协调的会议。1786 年 9 月，协调会在马里兰州的安纳波利斯召开，虽然有 9 个州接受邀请，但是仅仅有 5 个州派代表出席了会议。不过，汉密尔顿和麦迪逊却抓住了这一机会，要求次年 5 月在费城召开一次新的会议，对邦联条款进行修正和补充。因此，以谢司反叛这一偶然的事件为诱因，现实的政治便利（political expedience）需要促成了制宪会议的召开。

需要指出的是，通过公开的会议来解决重大政治问题，根植于北美殖民地的自治传统。因此，费城制宪会议的合法性除了由于现实需要，也是由于这种不断重复的会议（convention）的历史而获得。在制定成文宪法之前，美国人民已经有了组成或推翻政府的多次实践，他们常用的办法就是召集一次超越法律以外的会议。从实践上来说，会议作为一种政治参与的超法（extra-legal）机制经由长期的演进已经获得历史合法性。经由长时间的不断操练，会议的功能已经从原先的作为挑战现行权威的反对性组织变成促进共识的机制。在维护地方利益方面，这种会议是一种有效的解决地方冤屈的手段，它能够动员人民站起来反抗旧有的帝国－殖民地治理体系，并且限制了革命中所必然隐含的种种暴力。因此，托克维尔曾经感慨说，美国革命一开始就是在秩序和法治的口号下推进的。正因为存在这样的以会议协商而非武力冲突解决纠纷的良好政治传统，制宪会议才有了基本的民情基础。至于参加费城制宪会议的政治人物，则大多数是律师、种植园主和商人。确实，正如比尔德在《美国宪法的经济解释》一书中指出的那样，这样一个商议奠定美国新秩序的团体，可能会为了攫取自身利益而威胁到大多数普通民众的利益。因此，在他看来，充满保守色彩的 1787 年美国宪法是一个阴谋团体的产物。对于制定宪法的工作来说，这些政治人物已经拥有丰富的经验和传统可资借鉴：上溯到《大宪章》甚至更久远的英国政治和宪法理论的遗产、殖民地五代居民有关代议制议会、市镇大会和县法院的经验、《独立宣言》颁布前有关权力问题的探索性辩论、各州宪法的起草经验以及各州政府和草创的邦联政府的管理经验。关于比尔德的担忧，当时拥护和反对制定新宪法的政治人物各有不同意见。

当时，许多政治人物与麦迪逊一样，对《邦联条例》和各州宪法有着同样的观点。然而，最终让他在这场立法改革运动中发挥关键性作用的并不仅仅是因为他思维的独创性，其中还包括他知识的全面性。联邦大会召开的一年之前，他的政治敏感性就已被证明是全面的，这不仅仅体现在他对与会代表将要面临的政治事件的深度了解，还体现在对即将遇到的障碍与机遇的充分估计。

在麦迪逊看来，理论上，政府结构的统一性和组成部分的系统性可能似乎有缺陷；然而在实践上，它可能为了整体福利以令人吃惊的精确和力量而在运转。在经验上无论发现什么运行良好，假设的改进都几乎不会危及它。时间以及长期稳定的运作，对所有社会制度的完善而言是不可或缺的。它们要有任何价值，都必须与人民的习惯、感情和追求相结合。总之，美国宪法是一次既创设国家主权又维护州主权的尝试。麦迪逊曾经用这样一句话概括联邦主义的主旨：我们因团结而存在，因分裂而毁灭。

总而言之，到1787年初，美国社会的状况让人无法对国家的前途保持乐观——百病丛生的经济、动荡不安的社会、无能的国会、空虚的财政以及失败的外交——所有这一切使他们不得不重新考虑美国政治体制的设计问题了。因此，从原本意义上看，美国革命最初是一种力图恢复原有秩序与权利的努力，是要回到过去，而不是革故鼎新。①

延伸阅读

1. 王希：《原则与妥协：美国宪法的精神与实践》，北京大学出版社2000年版。

2. ［美］汉娜·阿伦特：《论革命》，陈周旺译，译林出版社2007年版。

教学建议

本案例设置的主要目的在于帮助学生理解任何国家的现代化，都会涉及政治、经济的体制改革，都会涉及国内各个利益集团的博弈。人类历史上，变革中有两大阶层的博弈往往伴随着社会的动荡——精英阶层和普通民众阶层之间的博弈。因此，一个国家要想在现代化过程中顺利解决体制变革和社会稳定之间的矛盾，就必须尽力把精英阶层和普通民众阶层之间的博弈维持在和平范围之内。顺利解决这一问题的最典型案例就是美国1787年的制宪会议。两大利益集团利益妥协的方式是什么，对于任何一个想解决体制变革和社会稳定矛盾的国家而言，都有研究思考的借鉴意义。

本案例讲述过程中可以重点阐释从"麦迪逊式民主"到"华盛顿共识"

---

① 席伟健：《联邦主义与"麦迪逊时刻"：1787年费城制宪会议的历史实践》，《深圳社会科学》2019年第3期。

的西方现代民主制度有效推行有一个重要条件，就是民众具备共同的国族认同（identity of nation state）。如果一个国家的国族整合（nation-building）未完成，启动民主化只会加剧种族、教派间的对立和矛盾，让其陷入混乱纷争的深渊，遑论建设现代化民族国家。据此引导学生追溯美国现代民主政治的思想理念源头，思考后发展国家如何寻找到改变本国混乱落后的政治现状的出路，进而为稳健可靠的政治改革提供理论资源。

案例三　陪审制与美国政治文化

案例呈现

具有现代意义的陪审制度发源于英国。随着英国殖民地的扩张，陪审制度传入美国，1625 年，弗吉尼亚建立了大陪审团制度，其他州也相继效仿，与此同时，小陪审团制度也开始实行。在美国独立战争时期，陪审制度作为保障公民自由的工具有很高的声誉。此后，美国宪法和各州法律都规定了陪审制度。[①]

在讲述陪审制度时，必须把这个制度的两种作用区别开来：第一，它是作为司法制度而存在的；第二，它是作为政治制度而起作用的。如果要问陪审制度在哪一方面有功于司法行政，特别是在民事方面是否有功于健全的司法行政，我承认陪审制度的功用问题可能引起争论。

陪审制度初建于社会尚不发达的时期，那时提交法院审理的案件只是一些简单的诉讼。但是，要想使陪审制度适应高度发展的社会的需要，便不是一件容易的任务了，因为这时人们之间的关系已经非常复杂，多种多样，并具有需要用科学和理智加以判断的性质。关于陪审制

---

① 钱弘道：《英美法讲座》，清华大学出版社 2004 年版，第 97 页。

度作为司法手段的问题，当英国人采用陪审制度的时候，他们还是一个半野蛮的民族。后来，他们发展成为世界上最文明的民族之一，而他们对于这一制度的爱慕，仿佛也随着他们的文明而俱增。他们走出自己的国土，向世界的各地发展。结果，有些地方成了他们的殖民地，而另些地方则建立了独立的国家。一些国家仍然承认英王是它们的君主，而许多殖民地却建立了强大的共和政体，但到处的英裔国家都一律提倡陪审制度。它们不是到处建立陪审制度，就是马上恢复陪审制度。这个伟大民族所提倡的司法制度，后来便长期存在下来，并在文明的各个阶段，被各个地区和各种政府所采用，而且没有遭到司法界的反对。

但是，把陪审制度只看作一种司法制度，这是十分狭窄的看法，因为既然它对诉讼的结局具有重大的影响，那它由此也要对诉讼当事人的命运发生重大的影响。因此，陪审制度首先是一种政治制度。应当始终从这个观点去评价陪审制度。

所谓陪审制度，就是随时请来几位公民，组成一个陪审团，暂时给予他们以参加审判的权利。在惩治犯罪行为方面利用陪审制度，会使政府建立完美的共和制度。其理由如下：

陪审制度既可能是贵族性质的，又可能是民主性质的，这要随陪审员所在的阶级而定。但是，只要它不把这项工作的实际领导权交给统治者，而使其掌握在被统治者或一部分被统治者手里，它始终可以保持共和性质。强制向来只是转瞬即逝的成功因素，而被强制的人民将随即产生权利的观念。一个只能在战场上击败敌人的政府，也会很快被人推翻。因此，要加强政治工作，而政治方面的真实法律惩治，必须体现在刑法里面。没有惩治，法律迟早会失去其强制作用。因此，主持刑事审判的人，才真正是社会的主人。实行陪审制度，就可把人民本身，或至少把一部分公民提到法官的地位。这实质上就是陪审制度把领导社会的权力置于人民或这一部分公民之手。

在英国，陪审团系由该国的贵族中选出的。贵族既制定法律，又执行法律和惩治违法行为。一切都得经贵族同意，所以英国简直是一个贵族的共和国。而在美国，这一个制度则应用于全体人民。每一个美国公民都有选举权，都有资格参加竞选，都有资格当陪审员。在我看来，美国人所同意实行的陪审制度，像普选权一样，同是人民主权学说的直接结果，而且是这种学说的最终结果。陪审制度和普选权，是使多数能够进行统治的两个力量相等的手段。凡是曾想以自己作为统治力量的源泉来领导社会，并以此取代社会对他的领导的统治者，都破坏过或削弱过陪审制度。比如，都铎王朝曾把不想做有罪判决的陪审员投入监狱，拿破仑曾令自己的亲信挑选陪审员。尽管前人提供的大部分真理十分明显，但并没有打动所有的人，而且在我们法国，人们还往往对陪审制度持有混乱的观点。

要想知道什么人可以当选陪审员，那就只是把陪审制度当作一种司法制度，讨论参与审判工作的陪审员应当具备什么知识和能力就可以了。其实，在我看来，这是问题的不紧要部分，因为陪审制度首先是一种政治制度，应当把它看成是人民主权的一种形式。当人民的主权被推翻时，就要把陪审制度丢到九霄云外；而当人民主权存在时，就得使陪审制度与建立这个主权的各项法律协调一致。犹如议会是国家的负责立法的机构一样，陪审团是国家的负责执法的机构。为了使社会得到稳定的和统一的管理，就必须使陪审员的名单随着选民的名单的扩大而扩大，或者随其缩小而缩小。依我看，这一点最值得立法机构经常注意。

其余的一切，可以说都是次要的。①

思考讨论

1. 陪审制度的国民参与性反映了美国政治文化、法治制度怎样的特性？

2. 如何理解美国的陪审制度既是司法制度，又是政治制度？

案例解析

在美国，刑事案件的审理和部分民事案件（主要是民事侵权案件）都有可能使用陪审团。而在英国及英联邦国家，民事案件基本不再使用陪审团。众所周知，陪审团的基本作用是认定案件事实。在有陪审团的诉讼中，法官不认定事实，法官的基本作用是控制诉讼程序，根据陪审团认定的事实适用法律。

陪审制度在美国社会中经百余年而不衰，最主要的是它的价值意蕴和精神实质。陪审团制度存在的原因可以从以下几点思考：

第一，防止司法腐败，实现司法公正与民主。无论英美法系还是大陆法系，在陪审制度中都精心设计了法官和陪审员之间相制约的机制，但整个核心的目的都在于最大限度地防止法官专断，保证普通公民参加审判，并且在事实的判断方面有独立于专业法官的权利。这也标志着民众对国家司法权的分割。同时，在当地社区选择陪审员也使为本地民众所信奉的价值准则成为制约政府以及专业法官的砝码，保障了人民能够成为真正的审判者。因为司法的权威尤其特殊，必须保证其公正性，一旦出现腐败，后果影响极大。培根曾指出："一次不公的司法判断比多

---

① ［法］托克维尔：《论美国的民主》上卷，董果良译，商务印书馆 2013 年版，第311—316 页。

次不公的其他举动为祸尤烈。因为，这些不公的举动不过弄脏了水流，而不公的判断则把水源败坏了。"作为社会公众代表的陪审员参与诉讼，使得职业法官的一切行为都受到约束和监督，违法乱纪、枉法裁判等现象就可能大为减少。陪审制度将社会监督引入法庭审理中，陪审员直接参加审判，在诸多维护司法公正的途径中，突出体现对审判活动的制约与监督，从而可以使司法更贴近社会生活，反映民意。

第二，陪审制度，特别是民事陪审制度，能使法官的一部分思维习惯进入所有公民的头脑。而这种思维习惯，正是人民为使自己自由而要养成的法律习惯。它要求所有的阶级要尊重判决的事实，养成权利观念。假如它没有起到这两种作用，人们对自由的爱好就只能是一种破坏性的激情。这种制度教导人们要做事公道。每个人在陪审邻居的时候，总会想到也会轮到邻居陪审他。这种情况，对于民事陪审员来说，尤为千真万确。几乎没有人不害怕有朝一日自己成为刑事诉讼的对象，而且人人又都可能涉讼，外国人上法院打官司很正常的。所以，每个人都要对自己的行为负责。人的行为必须遵守法律的规范，否则，任何政治道德、民主、自由都无从谈起。

第三，陪审制度赋予每个公民以一种主政的地位，使人人感到自己对社会负有责任并参与了社会的管理。陪审制度要求每个公民对社会要尽自己的义务，同时才能获得自己的权利。而不能"事不关己，高高挂起"，人不能自私自利。陪审制度最大的好处在于判决的形成和人的法律知识的提高。陪审团像一所常设的免费普法学校，每个陪审员在这里运用自己的权利，经常同上层阶级最有教养和最有知识的人士接触，学习运用法律的技术，并依靠律师的帮助、法官的指点，而使自己学习、了解法律。实际上，美国人的政治常识和实践知识，主要是在长期运用民事陪审制度当中获得的。

简而言之，陪审制度是美国法治和美国诉讼制度的组成部分，反映了美国诉讼制度的特性。陪审制度的国民参与性是美国诉讼制度最具诱惑之处，充分体现了美国法治的民主化。陪审制也就成了其他具有美国特色的制度存在的基础和前提，如交叉询问制度、律师制度，甚至影响了美国的法学教育体制和方法。陪审制的魅力倾倒了许多大陆法国家，加之美国文化的强势，使一些大陆法国家试图移植引进，但最终都没有成功。在我国，同样有不少人钟情陪审制度，为它的绚丽光彩所折腰。但我们应当注意到，陪审制度是美国特殊历史的产物，有着特殊的社会文化和法文化的背景，尤其是陪审制度是一种成本很高的制度。像我们这样的国家是很难实现的，仅挑选陪审员就要耗去几天的时间。在独特的法意识的背景之下，陪审团的意志就是人民的意志，就是上帝，绝不能够质疑陪审团对事实认定的公正性，陪审团的裁决是不容置疑的。基于我国的法意识背景，在这一点上恐怕是很难为社会所接受的。实际上，因陪审员的知识背景、生活背景、认识方法、种族意识等等方面的差异，不同的陪审团就会产生不同的裁决结果。陪审制度更体现了一种规则的游戏性。陪审制存废改的问题也一直是美国人所议论的问题。我们切不可为陪审制羞花之貌而障眼。正如美国人所言，至少陪审制的问题与它的好处一样多。①

延伸阅读

［美］丹尼尔·布尔斯廷：《美国人》，时殷弘、谢延光等译，上海译文出版社 2009 年版。

---

① 张卫平：《民事程序法研究》第 4 辑，厦门大学出版社 2008 年版，第 117—126 页。

本案例设置的主要目的在于阐释美国陪审制与政治文化的内在关系，同时帮助学生理解陪审制度是美国法治和美国诉讼制度的组成部分，反映了美国诉讼制度的特性。

本案例教学过程中应关注政治因素和历史传统对美国陪审制的影响。可以联系阐释自古希腊时期古典文明的陪审制产生后，陪审制在历史上的兴衰变迁和在不同国家地区的本土化演进。立足现代社会的显著变化，侧重分析美国陪审制度的运作模式和存在的问题。

案例四　罗斯福新政

案例呈现

在美国乃至世界经济发展史上，1929 年至 1933 年的经济危机和罗斯福总统实施的新政给人们留下了极其深刻的印象，以致于研究现代资本主义经济，不可回避地要研究这段历史。

1929 年 10 月 24 日，在美国历史上被称为"黑色星期四"。在此之前的 1929 年夏天，美国还是一片歌舞升平。夏季的三个月中，美国通用汽车公司股票由 268 上升到 391，美国钢铁公司的股票从 165 上升到 258，人们见面时不谈别的，只谈股票，直至 9 月份，美国财政部长还信誓旦旦地向公众保证："这一繁荣的景象还将继续下去。"但是，1929 年 10 月 24 日这一天，美国金融界崩溃了，股票一夜之间由 5000 多亿美元的顶巅跌入深渊，使 5000 多亿美元的资产一夜间化为乌有，价格下跌之快，连股票行情自动显示器都跟不上趟。股票市场的大崩溃导致了持续四年的经济大萧条。从此，美国陷入了经济危机的泥淖，以往蒸蒸日上的美国社会逐步被存货山积、工人失业、商店关门的凄凉景象所代替。86000 家企业破产，5500 家银行倒闭，全国金融界陷入窒息状态，千百万美国人多年的辛苦积蓄付诸东流。GNP 由危机爆发时的 1044 亿美元急降至 1933 年的 742 亿美元，失业人数由不足 150 万猛升到 1700 万以上，占整个劳动大军的四分之一还多，整体经济水平倒退至 1913 年。农产品价值降到最低点，经营者将牛奶倒入大海，把粮食、棉花当众焚毁的现象屡见不鲜。

1932 年，罗斯福以"新政"为竞选口号，赢得广泛支持，击败胡佛，成为美国第 32 任总统。罗斯福针对当时的实际，顺应广大人民群众的意志，大刀阔斧地实施了一系列旨在克服危机的政策措施，历史上被称为"新政"。新政的主要内容可以用"三 R"来概括，即：复兴（Recovery）、救济（Relief）、改革（Reform）。罗斯福新政从 1933 年开始推行，主要措施包括：

（一）整顿银行与金融系统：下令银行休业整顿，逐步恢复银行的信用，并放弃金本位制，使美元贬值以刺激出口。

（二）复兴工业或称对工业的调整（中心措施）：通过《全国工业复兴法》与蓝鹰运动，防止盲目竞争引起的生产过剩。根据《全国工业复兴法》，各工业企业制定本行业的公平经营规章，确定各企业的生产规模、价格水平、市场分配、工资标准和工作日时数等，以防止出现盲目竞争引起的生产过剩，从而加强了政府对资本主义工业生产的控制与调节（缓和阶级矛盾）。

（三）调整农业政策：给减耕减产的农户发放经济补贴（农民缩减大片耕地，屠宰大批牲畜，由政府付款补贴），提高并稳定农产品价格。

（四）推行最重要的一条措施："以工代赈"。

（五）大力兴建公共工程，缓和社会危机和阶级矛盾，增加就业，刺激消费和生产。

（六）政府还建立社会保障体系，通过了《社会保障法》，使退休工人可以得到养老金和保险，失业者可以得到保险金，子女年幼的母亲、残疾人可以得到补助。

（七）建立急救救济署，为人民发放救济金。

新政几乎涉及美国社会经济生活的各个方面，其中多数措施是针对美国摆脱危机，最大限度减轻危机后果的具体考虑，还有一些则是从资本主义长远发展目标出发的远景规划。它的直接效果是使美国避免了经济大崩溃，有助于美国走出危机。从 1935 年开始，美国几乎所有的经济指标都稳步回升。到 1939 年，罗斯福总统实施的新政取得了巨大的成功。国民生产总值从 1933 年的 742 亿美元增至 1939 年的 2049 亿美元，失业人数从 1700 万下降至 800 万，恢复了国民对国家制度的信心，摆脱了法西斯主义对民主制度的威胁，使危机中的美国避免出现激烈的社会动荡。为后来美国参加反法西斯战争创造了有利的环境和条件，并在很大程度上决定了二战以后美国社会经济的发展方向。

诚然，罗斯福的新政措施，最终目的是为了加强国家干预经济，以克服经济危机。新政是他医治经济社会的疾病在常规疗法不能奏效的情况下，试用的一种试验性的疗法。事实上，新政的某些措施也有不足之处，这也每每成为他的政敌发难的理由。新政实施过程中利益受损的阶层也曾予以抵制和诽谤，其至作为新政初期重要内容的《工业复兴法》及另外两项法案，也在时隔两年后被最高法院裁定为违宪。

但是，只要我们真正以历史的态度审视罗斯福新政，就不难看出，新政号准了美国经济和社会生活的脉搏，"使人们能够重返工作，使我们的企业重新活跃起来"的口号，符合广大劳动人民的利益，充分唤起了他们的积极性。罗斯福把保持国民经济的正常运行和保证公民就业作为政府的责任，尤其是以工代赈的形式修建的一大批工程项目，如田纳西河流域工程，不仅大大缓解了失业困难，刺激了经济的早日复苏，而且许多基础设施建设使美国经济受益无穷。新政留下了大量防止再次发生大萧条的措施和政策，为美国投入二战及战后的快速崛起奠定了坚实的基础。[1]

思考讨论

1. 如何理解罗斯福新政成功的原因？

2. 相对于同时期经济大萧条背景下德国、日本走上军国主义道路，罗斯福新政对美国影响的差异性何在？

案例解析

在美国短短几百年的历史中，曾发生过多次经济危机，其中影响最深远的自然是 1929 年 10 月 24 日所爆发的那场世界性的经济危机。至今我们常在影视剧中看到的工厂倾倒牛奶的行为就发生在这个时期。

1929 年夏天，美国通用公司股票形势一片大好。成千上万的人在这场股票交易中获得了极高的利益。渐渐地，整个国家的人们都陷入到了这种看似经济持续上涨的泡沫中，直到 10 月 24 日，股票在一夜之间从顶峰跌落到谷底。自此，开始了长达 4 年的经济大萧条时期，此次经济危机迅速由股市转向了其他行业，整个美国国内大批银行面临倒闭，一众企业濒临破产，国家生产急剧下降，失业人数大大增加，生活水平

---

① ［美］威廉·J. 本内特：《美国通史》下，刘军等译，江西人民出版社 2009 年版，第 119—130 页。

也急剧降低。危机不仅影响着美国国内，整个世界都受到了影响。直到1933年，在胡佛政府反危机失败后，罗斯福就任美国总统开始实施新政，整个美国的经济状态才一步步回温。

这场经济危机爆发的根本原因就是资本主义内部的固有矛盾，直接原因是生产和销售之间的矛盾，整个社会贫富分化超过了原有的正常状态，股票投资超过了市场本来的承受程度，信贷消费过度。因此，新政改革的重点就是加强整个国家对工业的调整。当时摆在美国政府面前的道路是相对明确的：一条道路是走向共产主义，抛弃资本主义来解决整个国家制度内部的根本矛盾；另一条道路，就是接受法西斯主义，通过殖民扩张来缓解国家内部的矛盾。但是，当时美国大部分民众并没有接受共产主义和法西斯主义，贸然执行必然会加剧人民的反感，因此罗斯福决定在保存市场经济以及民主制度的前提下，加强对市场的控制，改变经济内部的生产关系，利用市场的自我调整恢复经济。在实用主义思潮和一战期间国家全面干预经济的历史经验影响下，人民得以理解罗斯福的做法。所以这些罗斯福新政一经推出，并没有遭到反抗。

从直接影响上来看，罗斯福新政消除了经济危机对社会带来的种种伤害，并且刺激了二战后美国经济的长期发展。罗斯福新政避免了美国走上法西斯道路，这为二战中美国参加反法西斯战争创造了有利的社会环境、政治条件并奠定了物质基础，也决定了之后美国经济的发展方向。自此以后，美国历届政府都在罗斯福新政所创造的经济条件基础上，采取不同的形式干预国家经济，调节社会生产，缓和社会矛盾。可以说罗斯福新政就是当今美国经济的基础。新政时期所开创的福利政策至今依然被很多国家所借鉴。

当然罗斯福新政也存在不足，通过"以工代赈"的方式进行社会救济，由政府修建公共设施，虽然在很大程度上解决了就业问题，但并没有从根本上解决这一问题，同时造成了财政赤字。这场改革大大增加了联邦政府的权力，美国总统的权力也在这一时期达到了历史上的顶峰，地方政府的权力大大降低，其责任感与使命感也因此下降。新政并没有增强普通民众的发言权，也没有很好地惩戒利益集团。但是这是资本主义制度本身的矛盾，如果不推翻这一制度，这些矛盾是无法解决的。

延伸阅读

［美］小福尔索姆：《罗斯福新政的谎言》，李存捧译，华夏出版社2010年版。

教学建议

本案例设置的主要目的在于通过回顾1929年至1933年的资本主义世界经济大萧条这一重要历史事件，讨论并理解罗斯福新政的历史影响，对资本主义经济发展规律和第二次世界大战时期的世界经济环境进行阐释。

本案例讲述过程中可以重点阐释罗斯福新政的背景及其成功的因素，在内容方面简要介绍新政主要通过救济、复兴和改革三方面（即"三R"新政）来加强对经济的干预，缓解经济大萧条给整个美国社会带来的危机与矛盾，引导学生辩证理解新政虽然减轻了经济危机对美国社会带来的影响，并为之后美国经济发展奠定了良好的基础，但始终没有办法解决资本主义社会内部存在的根本问题。

案例五　美国总统与最高法院的恩恩怨怨

案例呈现

作为三权分立系统下拥有独立司法权的最高法院，其权力的发展成型过程，要比总统的行政权和国会的立法权复杂不少。

1787 年制宪会议时，独立的司法权还是一个非常新颖的概念。美国独立前宗主英国的法律系统一直是王权（行政权）的延伸和组成部分。但经过商讨妥协之后，三权分立的制度在美国得以确立。然而，即便是最高法院被设定为和总统与国会平级的权力机构，宪法原文中对司法权和最高法院着墨极少。定义赋予司法权的宪法第三章长度要比定义立法权的第一章和定义行政权的第二章短了一大截。事实上，美国宪法原文仅规定了联邦政府需要设立一个最高法院和法官人选由总统提名参议院批准的程序，以及指出了一部分高院拥有直接审判权的案子类项。除此之外，联邦法院的具体架构和权力范围被交由国会裁定。

华盛顿的财政部长，也是宪法主要起草者的亚历山大·汉密尔顿在《联邦党人文集》中很好地描述了最高法院在美国建国初期的尴尬状况——"最高法院是三权中最不危险的机构"。与掌握钱袋子的国会和把控军队的总统相比，只能判案，没有办法执行判决的高院绝对是处于弱势地位的。这一权力架构，哪怕是高院权力膨胀的今天也没有彻底被改变。

最高法院的权威增强和权力扩大，必须要感谢亚当斯总统任命的第四任首席大法官约翰·马歇尔。正是在马歇尔的一手操作之下，最高法院在马伯里诉麦迪逊案中创造性地"发明"了司法审查权，确立了最高法院有推翻国会立法和总统行政命令的权力，并成功地将最高法院抬升为美国宪法的最终解释者。马歇尔法庭（1801—1835）随后做出了许多对美国宪政制度和联邦政府权力有深远影响的判决，彻底稳固了最高法院的政治地位和宪政体制内的政治影响力。华盛顿和亚当斯政府期间，最高法院所审的案子不多，因此也缺乏相应的影响力。到了马歇尔担任大法官期间，作为联邦党人最后支柱的他，巧妙地利用司法权来不停地和反联邦党人总统杰弗逊和麦迪逊斗争。[1]

思考讨论

如何认识美国国会、最高法院、总统之间三权分立的关系？彼此之间的约束力有多大？

案例解析

美国国会由人民直接选举产生，总统是由选举人团选举产生（间接产生），而最高法院的法官是由总统提名经国会参议院批准产生，总统的行政班子即内阁也是由参议院批准产生的。

总统不向国会负责，国会无权解散政府，总统也无权解散国会，总统向宪法负责，统揽美国的行政大权，集国家元首、政府首脑、军队统帅及执政党领袖于一身，可以随时罢免行政班子成员（罢免不需参议院通过），行政成员必须执行总统的决定。通过向国会提出咨文的形式指导立法，还可以否决国会通过的法案，停止国会的会期，但期满后国会自行复会。

国会是唯一的联邦级立法机关，由两院通过的法律必须由总统签字批准才能生效，但经总统否决的法案经两院再次通过时就自动生效了。除行使立法权外可以对总统、总统的行政班子及法官提出弹劾，弹劾必须由众议院提出，参议院调查并通过，弹劾总统时须由最高法院首席法官任弹劾法庭主席，国会可任命一位独立检察官调查，证据确凿后既由参议院2/3通过就正式罢免了，有叛国及重罪的由法院审理，参议院可

---

① 王浩岚：《最高法院，美国总统的"致命诱惑"》，https：//m. thepaper. cn/baijiahao_9761748，2020 年 10 月 29 日。

拒绝批准总统提名的人选以牵制总统，而众议院可拒绝总统提出的财政预算牵制。

最高法院是最高司法机关，法官由总统提名参议院通过产生的，首席法官是其首长，他拥有司法审查权，即裁判某个法律是否违宪，违宪的法律作废，在弹劾总统时最高法院的作用不可小视。

美国三权分立制度的积极作用主要体现为三权分立和权力制衡的原则对于调节资产阶级内部各集团的利益，维持资本主义民主制度产生了重要影响。当然，其局限性和消极作用也无法忽视。一是局限性，由于广大劳动人民在国家政权中不居于支配地位，也就不可能对权力的运用施加重要影响。所谓分权与制衡，事实上成为协调资产阶级内部权力分配的一种机制；二是效率低下，实行三权分立、权力制衡的一个必然结果，就是三大权力机关之间互相扯皮，十分影响行政效率；三是贯彻困难，三权分立原则在美国政治实践中也没有真正贯彻。美国的三权分立制度本质上是一种资产阶级民主制度。它有效地维护了美国资产阶级的统治。但是，广大劳动人民不可能在这种制度下享有真正的民主。

延伸阅读

［美］杰夫·谢索：《至高权力》，陈平译，文汇出版社 2019 年版。

教学建议

本案例设置的主要目的在于通过分析美国总统与最高法院的恩恩怨怨阐释美式三权分立制度，回顾历史上美国总统和最高法院之间的关系，讨论最高法院、总统和参众两院之间可能的未来，进一步理解美国三权分立的政治制度及其实践演变。

本案例教学过程中可以结合美国最高法院历史、罗斯福与最高法院的斗争、近年来美国总统大选等资料，分析美国总统与最高法院的博弈逻辑，引导学生思考美国三权分立制度的利弊与实质。

案例六　冷战给美国带来了什么

案例呈现

过去我们在谈及世界近现代史的时候，总避不开一个话题，那就是"美苏冷战"。这里所谓的"冷战"，实际上是指从 1947 年到 1991 年之间，美国、北大西洋公约组织为主的资本主义阵营，与苏联、华沙条约组织为主的社会主义阵营之间的三维博弈，即政治、经济和军事博弈。

第二次世界大战后，美国与苏联两个"超级大国"肯定会有碰撞，更何况美国基于独霸世界的野心，必然会竭力制衡对方，推行自己的霸权政策。1946 年 3 月，英国首相丘吉尔在美国富尔顿发表"铁幕演说"，拉开了冷战的序幕。次年 3 月，美国总统杜鲁门上台，标志着冷战的开始。在经济方面，美国先是通过"布雷顿森林体系"，让美元成为世界货币；又通过"马歇尔计划"，稳定了西欧的经济和政治，同时让西欧在经济上依赖美国，自此西欧也成为了美国用来对抗苏联的工具。在政治军事方面，美国尽可能地扩张自己的势力，同时打压中国等社会主义国家，还拉拢西方资本主义国家建立北约，以此遏制苏联。

冷战的产生从某种程度上来说是必然的。因为双方的矛盾是不可调节的，不管是利益上，还是意识形态上。首先，国家之间关系的好坏是建立在利益基础上的。二战期间，美苏也曾携手共战，那就是因为它们有共同的利益。二战后，利益不一致，自然要分庭抗礼。

从国家利益来看，有专家指出，苏联在战后的国家利益是维护苏联领土、经济以及军事的安全。苏联的维护国家利益之道是吞噬邻国以扩张领土，也就是侵略扩张政策。美国在战后所追求的利益是成为世界的领导者，让美国影响辐射到世界各个角落。美国的国家利益非常有侵略性，而苏联维护国家利益的方式也极具侵略性。霸权主义与侵略扩张政策势必会触及对方的利益，利益相悖，不争不行。

从意识形态方面来讲，社会主义和资本主义的根本目标与阶级利益是根本对立的。在苏维埃存在的时期，社会主义制度是有空前号召力的。奴隶制度也好，封建制度也好，资本主义制度也好，都是一小部分人剥削压迫另一大部分人，而社会主义讲究的是劳动人民当家作主。纵观苏联的历届高官，斯大林、莫洛托夫、勃列日涅夫、戈尔巴乔夫、叶利钦等大部分都是工人、农民等劳动人民的孩子。劳动人民才是世界的绝大多数，可想而知当时的苏联有多吸引人。苏联的情报系统举世闻名，被英国情报机关称为"世界上空前最大的搜集秘密情报的间谍机构"，情报网如此之大的重要原因之一就是全世界有许许多多支持共产主义的人自愿投身于此，肝脑涂地，不求回报。这是信仰的力量，这股力量的凝聚力和号召力让苏联欣喜，令美国心惊。美国怎么会容忍他国的社会制度比本国的更优越、更有号召力，美苏冷战不光是利益之争，也是社会制度之争、信仰之争，他们博弈的是"谁才是世界的主宰者"。小国忙着丰衣足食，超级大国角逐人类荣光之位。

总之，美国想要重新设计世界，而这无疑就得尽可能地争取其他大国的支持。苏联作为当时世界上的超级大国之一，必然少不了它，但在美国看来，苏联就是一个异类的存在，想要将它圈进来，实在是太困难了。久而久之，美国也不愿意拉拢它。比如杜鲁门就曾说过："我已经厌倦了拉拢苏联人。"由此我们不难看出，苏联根本不可能完全加入到美国设计的国际体系中去。既然这样，美国就必须要做出选择，即：要么继续保持两国关系，但自己的霸权地位就会受到影响，建立的体系也要大打折扣；要么干脆和苏联决裂，以保证自己的地位和体系的完整性。而就在美国人为不知道选择哪一个而头大的时候，一个决定性人物出现了，他就是被称为"冷战之父"的乔治·凯南。

1946 年 2 月，时任美国驻苏联使馆的外交官乔治·凯南给国内发了一封长达 8000 余字的电报，他在电报中说：美苏两国的意识形态完全不一样，它是要不断扩张的。美国不能和苏联打仗，而是要实行一种遏制战略，从而将苏联的影响限制在它自己的势力范围里面，同时将美国主导的国际体系建立得非常稳固、强大。如此一来的话，苏联迟早就会垮掉。原本美国政府还在思考应该怎样选择对苏关系的时候，这封电报的来临，彻底从上到下统一了思想——与苏联决裂。次年，美苏冷战正式开始。一定意义上，美苏冷战产生的原因，是因为双方都有打冷战的需求。①

思考讨论

1. 美苏冷战为何会爆发？

2. 美苏冷战给世界带来了什么？美国是否成了冷战最大赢家？

案例解析

冷战让社会一些领域迅速发展进步了，因为美苏双方都在拼了命证明谁更好、更优秀。两个大国都如此，自然也带动了其他国家。在这样的大背景之下，一些资本主义国家为了防止劳动者都投奔社会主义，减轻了对工人的残酷剥削。

在科技方面，美苏两国是突飞猛进，肯想肯干肯花钱，主要原因也

---

① 沈志华等：《冷战启示录》，世界知识出版社 2019 年版，第 10—14 页。

很单纯，就是不想输给对方，强国的胜负欲都格外疯狂一些。最好的例子就是美苏的太空竞赛，苏联在航天事业上先走一步，例如第一个发射月球探测器，加加林成为人类史上第一个太空人。美国快速跟上，不计成本地开展了"阿波罗计划"，让人类登上月球，人类的太空时代就在美苏冷战中开启了。虽然当初美国的"阿波罗计划"主要是为了和苏联较劲，但是其作为人类工程技术的里程碑，衍生出的一千多种技术都在日常生活中得以应用。冷战期间，美苏以军事力量优势为条件，追求自身的绝对安全。双方在你追我赶的过程中，推动了核军备竞赛的不断升级。由于核武器的巨大破坏力，美苏都不敢贸然发动核战争，美苏双方都在不危及自身安全的情况下，制定原则，进行有限的让步，进行核军备谈判，以保持力量的平衡。在这个意义上，美苏冷战可以说是推动了世界的整体发展。

冷战期间，有关美国"衰落"的论调不绝于耳，而最终解体的是作为超级大国的苏联，尽管苏联带给世界的各种重大影响仍然延续至今。30年前，世界上大多数人都认为，美国赢得了冷战。美国人陷入集体亢奋，洗刷了越南战争造成的一代人的心理阴影，带来了美国精英念兹在兹的"单极时刻"。然而，从今天的美国回看过往，"人们开始意识到，美国同样难以摆脱失败的命运，冷战没有赢家。冷战结束后，美国停止了对自身制度弊端的反思，陷入了集体的思想自闭和盲目的狂妄自大"。① 美苏冷战的历史及其深远影响不停警示着国际社会——战争和对抗只能使人类遭受巨大灾难。

---

① 步武文、朝阳少侠：《历史没有终结，美国没有胜利——写在冷战结束30年时》，https：//www.thepaper.cn/newsDetail_forward_16005708，2021年12月25日。

延伸阅读

1. 沈志华等：《冷战启示录》，世界知识出版社 2019 年版。

2. ［英］弗朗西丝·斯托纳·桑德斯：《文化冷战与中央情报局》，曹大鹏译，国际文化出版公司 2020 年版。

教学建议

本案例设置的主要目的在于引导学生思考冷战究竟给美国带来了什么，把美国发展历史、当前境况、未来趋势三者联系起来。

本案例阐释美苏冷战发生的原因、标志事件与深远影响，注重讨论美苏冷战给世界带来了什么，以及冷战在美国历史上发挥的作用，结合国际政治秩序演变，适当关注冷战思维对美国当下外交政策的影响。

案例七　美国总统大选的乱象

案例呈现

美国 2020 年大选的政治僵局令人印象深刻，但却不算意外。毕竟选举前夜，共和民主两党就都已经做好指控大选不公的准备。民主党瞄准特朗普任命的邮政局长德乔伊拆除邮箱的举措，认为这是要增加民主党支持者邮寄选票的难度；现任总统则指控邮寄选票将带来大规模的舞弊。一场大选，能够让执政党和在野党同时充满怀疑，证明支撑选举的政治制度出现了结构性问题。美国 2020 年的大选乱象，折射了美国民主制度之殇。

特朗普一再宣称自己得票数高于拜登，再次让美国的选举人团制度成为舆论关注的焦点。人们对这一幕并不陌生，2016 年大选中特朗普就是在落后希拉里 290 万张选票的情况下当选总统的，而这也不是选举人团制度第一次践踏基本的民主原则。2000 年小布什落后戈尔 50 万票当选，引发了世纪司法大战。再往前追溯，伍德罗·威尔逊在 1912 年大选中落后对手 100 万票当选，讽刺的是这位总统的博士论文还是研究民主的《议会制政府：对美国政治的研究》。再早的亚伯拉罕·林肯于 1860 年大选中也是在落后对手 1/3 选票的情况下当选，这也成为美国南北战争爆发的重要诱因之一。

为什么会出现得票数多却败选的现象呢？原因有两个。第一，美国是一个联邦制国家，总统理论上既是公民代表，也是各州代表，但现实中公民力弱，各州权重，因此从联邦建立那天起，不同州公民的选票价值就不一样。为了维系联邦，《1787 年宪法》用牺牲民权的方式向州权妥协，大州虽大但选举人团票有限，小州虽小但选举人团票数相对较多，且抱团取暖，可以让当选总统必须考虑他们的利益。这种传统沿袭下来，选举人制度把选举人票的分配自动与各州在参众两院的议席分配重叠，比如怀俄明州选民选票比加利福尼亚州权重高 4 倍，这样的现象成为美国民主制度的常态。

第二，美国是一个精英民主的国家，自制宪会议时就鼓吹"反对多数人暴政"。汉密尔顿、杰斐逊和麦迪逊等人不相信公众真的能有效行使民主权利，所以要各州选择一些"最优秀的人"组成选举人团来选出"最优秀的总统"。但实际情况从未与他们的设计相称过，选举人团制自诞生之日起就弊病丛生，各州和政党操纵选举人团成为常态。到了 1801 年第四届总统选举时，同为立国元勋的杰斐逊和伯尔在各州的支持率相持不下，众议院连投 27 次无果，最后同为开国元勋的汉密尔顿因个人恩怨和党派算计，通过内部交易把伯尔选了下去。此举与选举人团制度倡导的民主、公开原则相悖，也开创了政客操纵选举的恶劣先河。大选余波，以伯尔在决斗中杀死汉密尔顿的政治悲剧告终。开国元勋在世时该制度尚且如此，后来的局面可以想见。

选举人团制度过度偏向州权，强调精英意志，这种趋势本可以被健全的政党制度纠正，但是美国两党制度的发展加剧了体制的反民主色彩。美国政党制度采取"多数当选制"，即在一个选区内哪个党得票多，就会代表该选区获得在众议院的席位。对手党哪怕只少一票，也会完全失去对该选区的代表权。这种"赢家通吃"的逻辑完全背离了立国时"反对多数人暴政"的原则。[①]

思考讨论

21 世纪以来，四年一度的美国大选的不确定因素日益增加，2020年美国大选被视为美国历史上最尖锐和最分裂的选举之一。谈谈如何解读美国大选乱象背后的政府治理、社会演变等原因。

案例解析

在 2016 年的美国大选中，就显现出一大批政治的圈外人或边缘人异军突起的情况。在美国政治中被传统势力忽视的草根阶层带着一种愤懑的民粹主义情绪强力地介入美国政治，使得选举中各种极端言论大行其道，极大地冲击了美国政治文化中所谓"政治正确"的底线，将对美国未来国内外政策的走向产生持久影响。面对草根的"造反"，传统政治精英基本上消极抵制，这使得政治对立不断加剧，美国社会可能因这场选举而进一步撕裂。在长达一年半多的竞选过程中，也很少看到理性的问题探讨和像样的政策辩论。相互抹黑成为这场选举过程中从头到

---

① 张微微：《选举乱象折射美式民主制度之殇》，《光明日报》2020 年 11 月 30 日。

尾的主旋律。①

在过去 200 多年里，认证选举结果在美国复杂的选举程序里一直都是一个没什么人关心的程序性和礼仪性的步骤，然而，这种"不受关注"在 2020 年大选后被改变。由于疫情带来的大量提前投票和邮寄选票，令大选结果未能如传统一样在选举日当天获得确认，两党围绕如何确认"哪些选票合法"这个问题大打嘴仗和司法仗。尽管多个州最终都确认选举没有发生舞弊，但时任总统、共和党候选人特朗普始终未承认自己败选。这种情况最终成为 2021 年 1 月 6 日"国会山骚乱"的导火索，而那天正好是美国国会确认总统选举结果的日子。在当天确认程序中，有 100 多名共和党议员拒绝承认选举结果，创下历史纪录，他们的理由都是选举造假或不合法。共和党及其支持者对选举结果的这种质疑，也就此成为笼罩在美国选举制度合法性上的巨大阴影。

如果说选民的权利在选举后仍能被夺走，那么在选举前通过种种"合法手段"限制甚至剥夺选民的选举权，就显得很"普通"了。美式民主虽然号称"一人一票"，但无论从程序还是实质上来说，从来没有真正实践过这个说法。比如，过去几年，包括亚利桑那州和佐治亚州在内的许多州，就不断通过立法对选民注册和投票进行所谓"规范"，比如要求选民必须提供哪几种身份证明等，这种种"规范"实质上限制或剥夺了部分群体，特别是少数族裔群体的投票权。

再比如，美国总统选举表面看起来是"直接选举"，但实际上各州选民投票的结果只能决定本州选举人团将票投给哪位候选人。这种选举制度不但放大了人口较少州的选民票的权重，"赢者通吃"的规则更在两党制下令选举日渐变为少数几个州的争夺，而在所谓的"蓝州"和

---

① 吴心伯等：《大选闹剧折射美国政治乱象》，《人民日报》2016 年 11 月 8 日。

"红州"中，不但少数派选民的声音被淹没，一些所谓"基本盘"的州更是被漠视，选民手中空有选票却不能左右结果。这种局面也让很多选民对选举和投票心灰意冷，从而放弃投票，这何尝不是对选举权的另一种"剥夺"呢？

越来越多的乱象表明，美国的民主制度逐渐异化和蜕变，已经越来越背离民主制度的内核和制度设计的初衷。金钱政治、身份政治、政党对立、政治极化、社会撕裂、种族矛盾、贫富分化等问题愈演愈烈，民主制度的功能出现衰退。

延伸阅读

［美］拉扎斯菲尔德等：《人民的选择：选民如何在总统选战中做决定》，唐茜译，中国人民大学出版社 2012 年版。

教学建议

本案例设置的主要目的在于帮助学生理解美国总统选举制度及其复杂性，引导学生认识美式民主的实质。

本案例讲述过程中可以结合历史上美国大选闹剧折射出的政治和社会乱象，阐释美国总统大选制度的主要政治架构与美式民主实质，分析其中体现出的美国政治制度演进历史及其利弊。

案例八　美国衰落了吗

案例呈现

2020 年初，日本媒体似乎掀起了一股"美国衰败论"，先是 NHK 于 5 月 31 日刊发了一篇题为《美国总统"准备派遣军队"，黑人男子死亡导致激进抗议示威》的文章。文章的末尾提到，美国近期的种种行为，如国内疫情的应对，及对黑人示威的反应，都是在逆历史潮流而动。文章认为美国的这种做法只会把自己折腾得越来越瘦，也越来越弱。文章说："美国的这套极端玩法，无异于一个超级大国的慢性自杀。"日本的另一家媒体《朝日新闻》，则于6月2日就美国要退出世界卫生组织发表社论。社论分析道："特朗普政府对抗中国的姿态并不是美国自冷战以来长期奉行的外交战略，宣扬中国威胁论是为了掩盖自身抗疫不力，以转移民众视线。但这一企图不仅收效甚微，还因为太过拙劣而欲盖弥彰。"社论进一步强调："在新冠肺炎这一全球危机面前，特朗普政府抛出的一系列举措愚蠢无比，特朗普带领的美国正在逐渐丧失威信和号召力，而在不远的未来，作为美国走向衰败的重要节点，现在所发生的一切将被写入历史。"

而在中国内地，挪威政治学家约翰·加尔通（Johan Galtung）的《美帝国的崩溃》一书的电子版，在社交媒体上广为传播。需予以说明的是，有关美国衰落的论调，实在算不得什么新话题。斯坦福大学胡佛研究所的约瑟夫·约弗（Josef Joffe）教授曾对此做专门研究，发现"美国衰落论"具有明显的周期性：重复发生且具有显著的阶段性，从时间上大概每10年一个周期。有意思的是，约弗的研究还发现，"美国衰败论"一般可分为两类：第一类是"必然衰败论"，也可称之为客观论，代表人物为耶鲁大学的历史学者保罗·肯尼迪（Paul Kennedy）。肯尼迪1988年便以一本《大国的兴衰》享誉全球，他在书中对当时的日本给予了无比乐观的预测：日本将于2000年依靠其金融实力，取代美国而成为世界真正的中心。而到2009年他又旧调重提，全球金融危机最大的损失者当属美国，全球权力格局已无可挽回地发生根本性裂变，开始从西方向亚洲转移。第二类可称之为主观衰败论。代表人物当属新加坡前驻联合国大使马凯硕（Kishore Mahbubani）。他曾写过一本题为《新亚洲半球：不可阻挡的全球权力东移》的书，在书中他说，美国不仅事实上已失去全球带头大哥的地位，且其思想上还拒不承认事实。引用其原话就是："可悲的是，西方知识界依然沉迷于西方超级霸权的心态里面难以自拔。然而，西方之外的世界却高歌猛进。西方霸权的逐渐衰落大势所趋，无法逆转。"

其实于他们之前，就已有赫尔曼·卡恩（Herman Kahn）、傅高义（Ezra Feivel Vogel）等在内的美国学者纷纷预言，美国必然衰落。只是当时他们所指可取代美国者，皆为日本。除此之外，还有一个共性是，他们都以经济实力作为衡量一国实力的标准。然而，就是在这种衰落论调甚嚣尘上，美国理论界弥漫着一股强烈的悲观情绪之时，约瑟夫·奈（Joseph Nye）的《注定领导世界：美国权力性质的变迁》一书出版了。在这本书里，奈对当时盛行的"美国衰落论"予以了严厉的驳斥，他认为国家实力不单纯取决于甚至也不主要取决于军事实力和经济实力；他据此表示，美国并非因军事实力和经济实力而最强，而是因被称为"软实力"（Soft Power）的"第三个侧面"才称雄世界。奈所指的软实力是相对于国内生产总值、城市基础设施等硬实力而言的，是指一个国家的文化、价值观念、社会制度等影响自身发展潜力和感召力的因素。他指出，不仅仅只是物质层面的内容，决定了美国的强大。非物质层面的内容，也同样是美国强大的关键要素。历史也确实证明了这一点：就如苏联和日本所表明的，强大但过于单一的军事实力和经济实力，都无法支撑一个国家成为真正意义上的领导性大国。事实上，奈的观点得到了许多学者的支持。迈克尔·曼（Michael Mann）就认为实力可分为四种：意识形态上的实力、经济上的实力、军事上的实力和政治上的实力。

　　作为现实主义者的摩根索（Hans J. Morgenthau）也很重视无形的实力在国家实力中的作用。他在《国家间政治》第三版序言中就这样写道："为防止对权力中心要素的误解，这些要素一直被过低地估计到完全被忽视的地步，现在必须使它和物质的力量同等重要……我们只对这一事实感兴趣，即某一国家比另一国家更经常地显示出某种文化的和性格的因素，并得到较高的评价。"摩根索还告诫人们，物质力量的顶峰，不等于国家实力的顶峰，在历史上没有哪一个国家仅凭物质力量，就可以长期把它的意志强加在其他国家身上。摩根索尤其对把国家实力简单地理解为物质力量这一观念极度不感冒："有一种倾向，试图将政治实力贬低为物质力量的实际运用，而忽略了魅力的作用。"可惜，大多数的人往往忽视这一点，他们过分注重那些容易进行定量分析的物质实力，而忽视了实力的其他方面，比如社会凝聚力、政治领导力、意识形态吸引力、文化的吸引力等等。当然，这里并不是说精神力量就是决定国家实力的唯一要素，也不是说非物质力量比物质力量更加强大，而是强调国家实力不是片面的、单一维度的，它应该是综合的、全面的。这和莱因霍尔德·尼伯尔"国家实力是一种复合体，它是由精神力量和物质力量共同构成的"观点是一致的。

　　此外，也有不少声音认为"美国衰落论"于目前而言，显然有些言之过早。美国近期固然受疫情和骚乱冲击，其实力暂时难免受影响。但就此认定它已衰落，并不靠谱。事实上，截至目前，这种衰落论调一直不靠谱，且已经被历史一再证实。譬如 1970 年代，美国深陷滞胀深渊，傅高义便大喊"日本第一"，其潜台词无非是美国已然衰落。但事实呢？在里根的领导下，美国不但战胜了困扰了它足足十年的滞胀，还打败了苏联，且因沃尔克疗法，激活了毁灭性创造机制，从而让美国凭借互联网革命，再次领导世界。又譬如 2008 年金融风暴时，无数人都在谈美国衰落了。但事实是今时今日，美国在硬实力方面仍然是不容置疑的霸主：它的军力仍然是世界第一，且其经济力也仍然是世界第一。

更重要的是，幻想着能够成为美国人的各国底层和精英不在少数。知识和拥有知识的人不仅产生财富，还是解决当今生活中面临的诸多社会与环境问题的有效因素。人聚集了，很多问题也就可能得到解决。譬如美国的崛起，与其成功领导第二次产业革命不无关系。而这次产业革命之所以在美国爆发，又与其强有力的软实力有着密不可分的关系。整体而言，世界人口源源不断地涌入美国的这种流向，并没有根本性改变。智库皮尤研究中心 2019 年 6 月公布的一份报告称，美国的移民人数超过世界上其他任何国家。自 1965 年美国移民法律取代国家配额制度以来，美国移民人数增加了 4 倍多。如今，移民人口占美国人口总数的 13.6%，几乎是 1970 年的 3.7 倍。此外，报告还称美国移民人口族裔也非常多样化，美国移民中几乎包含世界上每个国家的公民。[①]

思考讨论

1. 美国衰落了吗？如果实质上仍然没有，那么支撑美国依旧强大的力量主要体现在哪些方面？

2. 美国当前面临的这一轮"衰退论"和以往有什么不同？

案例解析

研究美国是趋向强大还是衰败，就要研究其历史、当下和未来，这

---

① 韩和元：《美国真的在走向衰败？》，http://opinion.jrj.com.cn/2020/06/12095429905979.shtml，2020 年 6 月 12 日。

有利于正确判断局势。资本主义好像没有活力了，似乎仅美国保持着活力，美国的活力能保持多久，值得研究。从 2008 年次贷危机到 2020 年的疫情蔓延，美国金融市场再次剧烈动荡，救助规模超过 2008 年，看起来美国似乎在走弱。但是，1990 年西方 7 个国家当中，另外 6 个国家的 GDP 加起来的规模超过美国 49%，到了 2007 年 6 个国家超过美国只有 27%，到了 2018 年的时候美国反过来超过了另外 6 个国家 11.69%。从美国发动伊拉克战争、利比亚战争，再到对俄罗斯、伊朗制裁的有效性，特朗普搞美国优先的贸易谈判获得成功，似乎表明美国还是有实力实现自己的愿望。但是要说美国走向更强大，似乎也有疑问，全球经济增长的趋势在往下走，美国也不会再现工业革命时期的高增长。20 世纪以来，美国在国际社会的形象可以说是行善的，在不断建群，但是20 世纪末期美国的行为改变了，1921 年美国提出了裁军，现在却是退出《中导条约》以及增加军费，好像显示有一种国际力量在增加，让美国感到没有那么安心、没有那么自在，掌控不那么自如了。美国是走向更强大还是衰退，短期很难做出趋势性的判断，需要一个更广阔、更深远的时空来研究美国的趋势。

衰落这个概念，有相对衰落和绝对衰落之分。相对衰落，更多是科学研究，陈述事实，强调霸主自身相对实力的变化。绝对衰落，有几个指标，比如说霸主被后发国家全面或在关键领域超越，霸主自身出现危机导致国家失败，像苏联的解体。美国是否全面或在关键领域被其他国家超越是理解霸权衰落的核心点。

美国霸权衰落是一个长期反复的过程，这个过程要区分实力和影响力，有三个观察角度。

一是宏观层面。美国全球的领导力和影响力在下降，提供国际公共产品的意愿不断下降，与盟国的凝聚力下降。但从中长期看，美国维护强化军事霸权的大趋势不会改变，军事装备和军事技术的优势也不会轻易动摇。

二是中观层面。新兴国家的总体实力明显提升导致了美国在世界政治中的影响力下降。守成国与崛起国之间发生的人力资源、国防军事、地区影响力、国家动员能力、政府执政水平以及话语权、软实力、战略资源储备等方面的较量也会影响到美国实力地位的变化。从现实来看，美国如果被其他国家超越，可能有两个关键性的因素，一个是总体实力，另外一个就是国际声誉。总体实力，各国受全球疫情的影响，经济上陷入一个低迷的状态，但是美国的高科技、高精尖的产业依然领先，这个趋势暂时也无人能够改变。美国的国际声誉，尤其是软实力方面表现得比较糟糕，受到了很多国家的质疑。

三是微观层面。霸权国家的衰落，从历史上看，更多源于内部的危机，或者说内外部因素共同的促使才能够导致衰落。在核时代，人们很难看到通过直接的军事斗争导致霸权国的变化。更多的情况下，霸权是自伤或者自败，不太容易被简单的军事方式打败。美国自身内部的政治治理模式、经济发展模式、国防实力、对外武装以及对其他国家的干涉、国内人口比例构成、贫富差距、GDP 全球占比、支出结构、产业结构、金融体系、种族社会等等这些方面都在出现一些变化或者有些方面变得越来越差。但其先天优势依然存在，美国农业发达，科技创新能力世界第一，高端制造业也非常强。中低端制造业是短板，特朗普提出的"美国优先"也包括让制造业回潮以解决其短板的目的，但操作起来有其难度。美国整体结构比较强盛，加上美国的文化、教育和自主研发等方面，很长时间难以被替代。美国如果维持美元在国际货币体系中的绝对领导地位与金融霸权，仍旧可以不同程度控制他国，转嫁危机。

据此有研究者指出，判断一个大国是走向强大还是日渐衰弱，可参考五个指标。第一是国内治理能力。这包括政府效率、基础设施状况、贫富分化情况等，这些方面说明政府运转如何，国内基本条件如何，社会是否稳定。第二是国家软实力。国内治理是不是他国效仿的榜样？政治制度有没有吸引力？该国的价值观大家是否接受？这属于意识形态方面的力量。第三是硬实力。一个是经济实力，可用国家的 GDP 在全球 GDP 中的占比进行衡量。另外一个是军事实力，包括军费开支规模、战略武器能力、航空母舰和军事基地数量、有无同盟体系、兵员数量多少、作战水平如何等。第四是国际领导力，即有没有提供公共产品的能力和意愿，在国际事务中的动员能力怎么样，能不能设定国际日程、能不能主导国际谈判、能不能推动达成协议，以及协议达成之后能不能推动协议的落实，在国际事务中的号召力如何等。第五是外部环境，即是否存在一个和它比肩的、有可能构成重大挑战的国家。

从五个指标看美国现状：美国当前国内治理能力比较差，问题比较多，特别两党党派政治导致政治僵局、国内社会撕裂严重、贫富分化持续扩大等问题。在软实力方面，美国政府对移民的态度日益糟糕，美式意识形态和价值观自信不如 20 世纪坚定。硬实力方面，美国现在 GDP 占全球 GDP 百分二十五左右，这与过去二十年中历年的表现差不多，美国四十年前也有几年大致是这个水平。美国在过去十多年当中维持了非常高的军费支出规模，达到了 7000 亿美元，美国在战略军事领域的优势仍很强大，常规军事能力同样也不弱，它的军事同盟体系没有根本性变化，仍在全球有很多军事基地。美国的硬实力没有太多实质性变化。国际领导力方面出现了巨大变化，美国政府已经没有意愿提供公共产品，并且退出了很多现存的国际制度安排，不愿意主导国际事务。美国正从以前的"兼济天下"到转向"独善其身"，这使得它的国际号召力下降。①

整体而言，多数研究者认为美国国内治理，包括美国国内政治、人口结构、经济等方面的治理都出现了问题，但美国制度也有历史积淀的能量，例如就业制度的灵活性、美国货币金融管理的高水平、科技实力和文化教育的底蕴等，这些领域的领先优势依然明显。美国当前在国际社会中需要欧洲等发达经济体以及中国等新兴经济体的合作才能做成很多务实的要事，但同时仍然有很强的能力、很厉害的杠杆去制衡其他大国。此外，美国的衰落可能是一个非线性的过程，突变因素尤其值得关注，比如战争因素、高科技革命、非传统安全威胁等，都可能导致美国实力的巨大变化。

延伸阅读

1. ［英］马丁·雅克：《中国如何应对美国衰落将影响世界未来》，《东方学刊》2019 年第 3 期。

2. 林日、陈欣、柳玉鹏：《"美国衰落论"让拜登政府急了》，《环球时报》2021 年 8 月 11 日。

教学建议

本案例设置的主要目的在于帮助学生全方位、多侧面地认识进入 21 世纪以来，以中国为代表的新兴国家和发展中国家崛起的过程中，美国发生的衰退倾向。

本案例讲述过程中可以梳理美国当前面临的综合影响力衰退的现象，并挖

---

① 国际金融论坛：《美国是走向更强大还是衰退？——大国趋势研讨会综述》，https：//bai-jiahao. baidu. com/s？id=1667107295665292360，2020 年 5 月 19 日。

掘其深层原因。重点围绕美国未来走向衰退还是保持强大、衰退的内涵主要是什么、相对衰退还是绝对衰退等话题展开讲述与讨论。通过分析美国面临的"衰落论",更加充分了解美国为什么强大。在此基础上,引导学生进一步思考当前世界政治新格局,思考大国国际地位变化的综合因素与实质,从全球博弈高度认识国家发展战略。

第六章 统一、毁灭与再造：
德国盛衰变奏曲

案例一 皇权与诸侯：七选侯当家

案例呈现

"邦君"一词表述了 13 世纪中叶以来德意志封建国家发展的一个新阶段。霍亨斯陶芬王朝垮台后，德意志皇权就完全衰落了。诸侯们不再感到中央皇权有什么作用，他们此后的政策就是阻止皇权加强。德意志王国开始陷入极不幸的小邦分裂状态，最后导致神圣罗马帝国的没落。1356 年颁布的"金玺诏书"从法律上承认了这种状况。

1254—1273 年在德意志历史上称为"空位时期"。席勒把它叫做"没有皇帝的恐怖时期"。原先大封建主殊死争夺帝位，一下子居然没有了皇帝。造成这种状况的首先是各邦邦君之间的互相争斗。诸侯们尽可能多地把属于帝国之地据为己有，竭力夺取许多伯爵辖地及其司法权。他们在自己扩大的领地内拥有许多特权：铸币权、市场权、关税权、矿山权、犹太人保护权等，从中获取货币收入。这些要素构成了诸侯的邦国统治权，在此基础上形成广泛的行政机构。邦国划分为一些政区，邦君的城堡（特别是城市）成为邦国的中心。官吏是邦国地区行政管理的承担者，邦君随时可予撤换。

不仅帝国诸侯，而且伯爵和贵族，修道院长和主教，乃至骑士和城市，都争取夺得邦君的地位。在相互争夺中，逐渐形成了疆域完整的诸侯邦国，以及处理邦国内部事务（比如征税）的由各贵族等级代表组成的邦国等级代表会议（邦议会）。诸侯利用一切可能，限制等级代表的自主地位，迫使城市在财政和经济上为其效劳。15 世纪发生多起进攻城市的破坏性战争。最早取得成功的是统治勃兰登堡边区马克的霍亨索伦家族，它征服了柏林－科尔恩双城并镇压了 1448 年柏林人的起义。1462 年，美因茨第一次丧失其帝国直辖城市的资格。1458 年，巴伐利亚的维特尔斯巴赫家族占领了多瑙沃尔特并进逼累根斯堡。总之，在德意志，一种诸侯邦国统治权开始形成。要不是诸侯们觉得这种无政府状态使贸易受到侵害，使经济联系受到阻碍，使自己的利益受到威胁，没有皇帝时期也许还会继续下去，诸侯们不得不考虑推选一个新王。

"空位时期"各分立政权的政治势力急速增长起来，他们能以选举国王－皇帝的办法来代替王位世袭。1257 年德意志王国选举国王时有七大诸侯参加，他们是科伦大主教、美因茨大主教、特利尔大主教三大教会选侯，和萨克森公爵、巴拉丁（普法尔茨）伯爵、勃兰登堡马克伯爵和波希米亚（捷克）国王四大世俗诸侯。这是德意志历史上第一次出现七大诸侯选举国王事件，他们起初被称为选侯。选侯们在每次选举德意志国王时，总是选举势力较小、不致危害自己权力和独立的家族代表。在以后一段时期中，德意志国王－皇帝犹如走马灯一样换来换去，没有一个王朝能强大到成为民族国家的代表进而统一国家。例如 1273 年上台的卢道尔夫一世（哈布斯堡家族），1202 年上台的阿道夫（拿骚伯爵），1308 年上台的亨利七世（卢森堡家族），以及 1314 年上台的路德维希四世（维特尔斯巴赫家族），都属于中等诸侯，前面两人还仅仅是德意志国王，未加冕为皇帝。他们只能唯选侯之马首是瞻。他们在位期间主要致力于夺地、联姻以及类似手段扩大自己家业，提高与选侯相处的地位。王位与皇位就成为在位王朝扩张领土的"泉源"。14世纪下半叶，常常会同时出现两个德意志皇帝，互相争斗，都想战胜对方使自己的皇位合法化。历代教皇也参与这些纠纷，利用纠纷谋求自己的政治利益。为排除教皇的干预，1338年七大选侯在伦塞开了德意志选侯会议。"伦塞选侯会"决议说，凡由选侯选出的德意志国王无须取得教皇同意就可成为皇帝并执政。此后不久，"神圣罗马帝国"就成为"德意志民族的神圣罗马帝国"。选侯们只是感觉到教皇干预的威胁而要起来保护自己的利益，根本谈不上要求一个民族的国家，但客观上总是向民族化国家迈进一步。

这段时期所有的德意志皇帝中，出身卢森堡家族同时又是波希米亚国王的查理四世值得一提。他于1346—1378年在位，算得上是德意志最强大的诸侯之一。查理四世主要致力于扩大自己皇室的权力。为此，他试图同各邦诸侯和平相处，办法是把七大选侯都请来和他共同执政，共同负责。1356年查理四世加冕称帝后不久，便颁布了一项帝国立法，文本因用金印戳盖，后来被称为金玺诏书，它用立法确认选侯的身份和特权。金玺诏书称七大选侯为帝国的"柱石"和"七只烛台"，它们"共同发出的光辉照耀这个神圣的帝国"。金玺诏书不仅承认德意志选侯有选举国王－皇帝的权利，而且承认他们有绝对的君主权力。这从把司法权与行政权以及关税权与铸币权都完全移交给他们这点上可见一斑。这道诏书同时还禁止了城市的相互联系，并命令市民和农民都隶属于他们的君主。

金玺诏书是德意志王国整整一百年来政治法权发展的总结，是诸侯对以皇帝为代表的中央皇权的胜利。金玺诏书一直到 1648 年都具有法律效力，德意志王国一直就是一个选侯选国王－皇帝的国家，这就绝对不允许一个王朝的权力扩展为民族利益的代表。只要诸侯们开始感到某皇帝的权力变得强大，就会促动王朝更替。查理四世虽然用这道诏书换得由他儿子继承德意志皇位的允诺，却确认了德意志政治上四分五裂的局面，损害了民族国家的形成。德意志诸侯后来在这道诏令的基础上不断扩充本邦的统治权，执行本邦的政策。德意志民族的神圣罗马帝国仅仅是独立的德意志各邦的一个结合体。德意志皇帝的权力和威望越来越下降。当 1438 年哈布斯堡王朝继承卢森堡王朝时，这种情况也没有改变。15 世纪中期起，帝国联系的瓦解过程开始了。德意志骑士团国家陷入波兰国王的统治下。石勒苏益格－荷尔斯坦因归了丹麦国王。瑞士成了一个在帝国之外的独立国家。

尽管在 14 世纪和 15 世纪德意志有巨大的经济高涨，但由于帝国分裂为许多独立邦国而终不能形成一个共同的经济中心。因此在以后时期，同已经发展为中央集权的民族国家例如英国、法国相比较，德意志在经济发展中就开始落后，而民族国家的形成却被大大延误了。①

思考讨论

15 世纪德意志没有形成稳固的中央集权式民族国家的主要原因有哪些？

案例解析

自霍亨斯陶芬王朝于 1268 年垮台后，德意志皇权就完全衰落了。德意志诸侯们不再觉得中央王权有什么好处，德意志从此开始陷入极不

---

① 丁建弘：《德国通史》，上海社会科学院出版社 2019 年版，第 42—45 页。

幸的小邦林立分裂状态，神圣罗马帝国就此没落。1254—1273 年，德意志进入"空位时期"，没有皇帝的德意志开始陷入大封建主们的疯狂争权夺势之中。各分立政权的政治势力急速增长起来，他们甚至能以选举国王、皇帝的办法来代替王位世袭。1257 年，科伦大主教、美因茨大主教和特利尔大主教三大教会选侯加上萨克森公爵、巴拉丁（普法尔茨）公爵、勃兰登堡马克伯爵和波希米亚国王四大世俗诸侯参加德意志国王选举。这七大诸侯在随后的"金玺诏书"中被正式册封为选帝侯，这七选帝侯开始成为帝国的"柱石"和"七只烛台"，皇帝也不得不承认他们有"绝对的君主权力"。帝国进入了七选帝侯时代。

"金玺诏书"的颁布确认了德意志政治上的四分五裂，损害了德意志民族国家的形成，德皇的权力和威望越来越下降了。尽管 14—15 世纪的德意志在经济上有过巨大的高涨时代，但由于帝国过于分裂而难以形成一个共同的经济中心。因此，德意志民族国家的形成被大大延误了。

延伸阅读

1. 丁建弘：《德国通史》，上海社会科学院出版社 2019 年版。
2. 朱忠武、刘祺福：《德国历史》，中国大百科全书出版社 2013 年版。

教学建议

本案例设置的主要目的是引导学生了解德国关于"七选侯当家"的历史，在此基础上进一步明确德国历史发展的轨迹，对德国在统一之前所经历的分裂和权力争斗有所知悉，从而为整体把握德国的崛起之路奠定基础。

本案例讲述时可以与中国古代分裂与统一的例子做个比较，以引导学生思考中西传统文化的差异。

案例二　普鲁士精神溯源

案例呈现

德国是一个充满军国主义和扩张主义的中欧大国。德国的主要民族是日耳曼民族，有悠久的历史。1138 年，霍亨斯陶芬王朝开始统治德国，王朝的第二个皇帝巴巴洛萨腓特烈一世（1152—1190）好大喜功，抱有统治"世界"的野心。因此，他把德意志帝国称为"神圣罗马帝国"。神圣罗马帝国向外侵略，侵占了意大利和西斯拉夫人的大片土地。在十字军东征后，条顿骑士团又向东欧扩张，侵占了波兰等东欧国家的大片领土，使神圣罗马帝国的领土不断扩大。然而神圣罗马帝国内部矛盾重重，到中世纪晚期，神圣罗马帝国开始衰落，分裂为许多邦国和骑士领地，各邦国与神圣罗马帝国皇帝展开了争夺权力的斗争。

普鲁士邦国是靠军事扩张建立起来的，普鲁士精神是在普鲁士侵略扩张中建立的，因此普鲁士精神是一种充满侵略性的军国主义精神。普鲁士精神带有狂热的奉献精神，其内容庞杂，包括热爱德国历史，热爱德国的土地、家园和德国的一切，以及歌颂军国主义等。普鲁士精神是德国的农业社会和封建社会的产物，与英、法等国的人文自由主义传统格格不入。但是普鲁士精神在德国有广泛的社会基础，得到德国民众，特别是中、下层民众的赞同。

普鲁士精神带有强烈的种族主义传统，具有普鲁士精神的思想家鼓吹日耳曼种族优越论，宣扬日耳曼人优于其他东欧的民族，日耳曼民族有权统治其他民族，特别是有权统治低等的斯拉夫人和东欧人。普鲁士精神充满反对犹太人的思想。在欧洲，由于宗教原因，存在反对犹太人的传统。19 世纪末 20 世纪初，欧洲反犹主义达到高潮。犹太人被看成异教徒、恶棍和阴谋家等，德国犹太人的日子越来越不好过。

这时德国处于社会转型时期，存在许多社会经济问题，特别是存在失业和贫富悬殊问题。反犹主义者把工业化和城市化带来的社会经济问题都归罪于犹太人。而当大批贫穷的俄国犹太人涌入德国和奥地利后，日耳曼人的反犹情绪就更加激烈。他们认为这些种族低劣的外国人闯入德国，不仅会夺走德国人的饭碗，而且他们的后代将降低德国人的素质。因此应该驱逐犹太人、消灭犹太人。这样，反犹的主要考虑，就从中世纪的宗教原因，变成近现代的社会经济原因，最后变为民族和种族的仇恨。德国的普鲁士精神和反犹传统，为希特勒和法西斯主义的兴起准备了意识形态基础。

欧洲民族主义的泛滥，助长了德国普鲁士精神的发展。德意志民族在抵抗拿破仑的侵略中，民族主义觉醒，要求国家统一的呼声高涨。但是在拿破仑帝国覆灭后，法国为了自己的利益，千方百计阻碍德国的统一。在普法战争后，德国实现了统一。但是普法战争并没有从根本上解决德法之间的矛盾，双方的领土之争和其他矛盾仍然继续着。而且在普法战争后，为了巩固国家的统一，俾斯麦执行反对西方传统自由主义的政策，这种政策既封建又保守。俾斯麦的政策更加强了德国的民族主义，特别是加强了传统的普鲁士精神，使之向极端民族主义方向发展。

第一次世界大战爆发前，德国和法国的外交政策，是围绕着孤立对方、防范对方和打击对方来制定的。在第一次世界大战前形成的两大军事同盟，也是在法、德的特别努力下形成的。因此德法矛盾，是导致第一次世界大战的一个重要原因。然而第一次世界大战结束后，西方国家并没有找到解决战前欧洲矛盾的好办法，更没有从根本上解决德法之间的矛盾。战后法国削弱德国的政策，加剧了法德矛盾。德法领土之争，虽说是帝国主义国家的霸权之争，但它也是一种民族国家之间的领土、资源和发展问题之争，是非常现实的问题。可怕的是，这种斗争具有民族主义的号召力，非常容易演变为战争。德法之间潜在的战争危险，是欧洲战争的根源之一。围绕这对主要矛盾，在第二次世界大战前，欧洲事实上形成了两个战争集团：以德国和德国控制的国家为一方；以英、法等国为一方。德国咄咄逼人，而英法等国实行绥靖政策。也正是在这一时期，欧洲法西斯主义发展到了顶点。

第一次世界大战结束后，欧洲思想混乱、经济凋敝、政局不稳，人民普遍担心俄国布尔什维克革命的传播。而法西斯主义反对资产阶级自由主义的原则，是一种新的理想主义思想。法西斯主义要求结束阶级斗争，抛弃自由主义和马克思主义。法西斯主义者认为，民主是没有效率的，需要专制。法西斯主义求助于古代的民俗和对部落的忠诚，求助于神话和迷信。这样，法西斯主义者得到了既不满意资本主义、又害怕社会主义的下层阶级的支持，吸引了大批群众。在欧洲，法西斯成为一种普遍的现象。而德国在第一次世界大战结束后陷入了危机之中，金融体系全面崩溃，种族、政治、宗教等方面的纠纷困扰着人民，人民感到苦闷和绝望。许多人求助于德国古老的神话、迷信普鲁士精神。在这种情况下，法西斯主义就有了滋生的土壤。于是，希特勒普鲁士精神与沙文主义、排他主义、军国主义、扩张主义、社会达尔文主义和种族优劣主义等联系在一起，发展为法西斯主义。

希特勒在创造德国法西斯主义时，特别注意从民族主义入手，蛊惑人心，从普鲁士精神的角度宣传法西斯主义。例如希特勒在《我的奋斗》中，从社会达尔文主义、领土扩张主义和军国主义的角度写道：

"一个国家的外交政策，它的任务是使他们的民族的繁殖和他们的土地的大小，能够有一种自然和适当的比例，而保证种族的生存。"他在1928年口述的《第二本书》中讲到："德意志民族自从历史地进入世界历史以来，就一直处于空间危机之中。"希特勒还说，德国祖先获得的土地，是靠奋斗得来的，现在要扩张土地，也只有依靠武力，向东方，即东欧和苏联夺取"生存空间"。为此，需要废除凡尔赛条约对德国军备限制的条款，占领在第一次世界大战中德国失去的土地，夺回原属"德意志民族"的欧洲其他领土，并强占欧洲大陆和其他大陆的另外一些领土，"缔造一个大帝国，所有的德意志人都要包括进去，它要北起挪威，南至意大利北部"。希特勒在《我的奋斗》一书中提出的第一目标就是：不仅要吞并奥地利，而且要吞并约有300万日耳曼人居住的西捷克地区（即苏台德区），收回在波兰的德意志人居住区。这些目标为充满普鲁士精神的民众所接受，而且得到欧洲绥靖主义者的容忍。

希特勒法西斯主义，具有很强的侵略扩张性。希特勒上台后，曾说他的政权继承了德国腓特烈大帝建立的第一帝国和俾斯麦建立的第二帝国，所以他自称"第三帝国"。纳粹发售的印有腓特烈大帝、俾斯麦、兴登堡和希特勒肖像的明信片上所写的文字，就可以充分说明法西斯继承了普鲁士精神。在这种明信片上，印有德国是由"国王所征服的、由亲王建成的、元帅保卫的、士兵拯救和统一的"等字样。其中国王指腓特烈大帝，亲王指俾斯麦，元帅指兴登堡，士兵指希特勒。由于人民对资本主义的不满，德国纳粹的宣传，很快就赢得了大量民众，使希特勒在选举中获胜，并掌握了政权。

开始时，由于法西斯主义提倡暴力，大资产阶级和统治阶级并不喜欢法西斯主义。但是当希特勒和其他法西斯主义者向他们保证，如果希特勒上台，将不会进行广泛的社会改革，不会触动大资产阶级的利益，不会损害私有财产，而且将反对共产主义，大资产阶级和统治阶级便立即表示支持法西斯主义，并很快把政权交给了希特勒。希特勒上台后，在大资产阶级的支持下，按照他在《我的奋斗》中拟订的计划，以普鲁士精神为力量，开始了收复德国"失地"的行动。他先合并了奥地利，吞并了捷克斯洛伐克的苏台德区，然后开始发动侵略波兰的战争，点燃了第二次世界大战的导火线。

纵观德国法西斯的产生和发展史，人们不难发现，普鲁士精神是德国法西斯主义的核心和支柱。德国民族主义充满了普鲁士精神，希特勒利用了普鲁士精神。希特勒在普鲁士精神的基础上，混合了社会达尔文主义、领土扩张主义和反犹主义等，发展了德国牌记的法西斯主义。因此德国法西斯主义得到不满现状的德国人，特别是得到具有普鲁士精神传统的、充满大国沙文主义思想的德国人的支持，也使欧洲绥靖主义者容忍德国法西斯在第二次世界大战爆发前在欧洲的侵略扩张。这样，希特勒法西斯政权崛起后，德国被压抑已久的、潜在的军国主义和民族沙文主义的能量就很容易地被释放出来，成为第二次世界大战爆发的直接原因。[1]

思考讨论

1. 普鲁士精神与德意志实现统一之间的关系如何？

2. 普鲁士精神与后来的德国法西斯主义有什么内在联系？

---

① 李世安：《普鲁士精神、法西斯主义与第二次世界大战的爆发》，《烟台大学学报（哲学社会科学版）》2005 年第 3 期。

普鲁士在 19 世纪逐步崛起，开始与当时的德意志重要邦国奥地利争雄，特别是 19 世纪下半叶，普鲁士在通过不断扩张领土发展成德意志区域内举足轻重的大国时，形成了普鲁士特有的"普鲁士精神"。一般来说，普鲁士精神就是指专制主义和军国主义。

普鲁士国家是靠不断扩张领土发展起来的，但是却又明白经济的重要性，因此普鲁士往往保护工商业发展，特别是军工产业；普鲁士的统治基础是容克阶级，容克阶级积极致力于普鲁士的繁荣强大，充斥在国家的官僚机构和军队当中，让普鲁士的国家变成了一台强大的军事机器；普鲁士在威廉上台后，国家军事化越来越明显，建立了一个由军队管理官僚行政系统的国家。这也决定了普鲁士将要通过一系列对外战争来统一德国。

普鲁士精神对德国的近现代产生了巨大影响。首先，普鲁士发展成了高度集权的专制国家，军营式的纪律与等级制度支配整个社会生活；容克阶级与军国主义紧密相连，加上对外战争的胜利，给容克阶级带来了巨大的利益，让容克阶级统治了整个德意志，反过来造成了德国进一步发动对外战争，特别是威廉二世上台，把德国的对外政策由"大陆政策"发展成"世界政策"，无疑揭示了德国扩张的野心。①

延伸阅读

李世安：《普鲁士精神、法西斯主义与第二次世界大战的爆发》，《烟台大

---

① https://m.toutiao.com/i6917797214601380363/? traffic _ source = CS1118&in _ ogs = 2&utm _ source = VV&source = search_tab&utm_medium = wap_search&prevent_activate = 1&original_source = 2&in _ tfs = VV&channel = &enter_keyword = E6% 99% AE% E9% B2% 81% E5% A3% AB% E7% B2% BE% E7% A5% 9E 中外历史研究—普鲁士精神。

学学报（哲学社会科学版）》2005 年第 3 期。

教学建议

本案例设置的主要目的是引导学生了解普鲁士精神的内涵及其源头，在此基础上进一步思考为何普鲁士能够战胜奥地利统一德国，从而从整体上把握德国历史的发展。

本案例讲述过程中可以将普鲁士精神与德国后来的法西斯主义对照起来，进一步引导学生思考普鲁士精神与法西斯主义内在的渊源。

案例三　普鲁士的教育改革

案例呈现

起源于法国的启蒙运动开启了西欧的现代科学，启蒙运动时期的思想家们以批判的眼光看待所有的传统，强调知识的重要性，知识应该为人类服务，知识能产生新的技术，产生新的机构，为了传播知识出版了各种类型的百科全书。启蒙运动讨论的一个核心议题是每个人都可通过教育获得知识。在启蒙运动中，法国产生了孟德斯鸠、伏尔泰以及卢梭等哲人，提出了有关现代政治的理论，为西欧现代国家的产生奠定了理论基础；在英国，涌现出了牛顿、瓦特、洛克、达尔文、培根等自然科学家，开启了自然科学的新时代。启蒙运动时期的德意志因为邦国和独立的自由城市林立，依然是一个松散的大帝国，迟迟没有跨进现代社会的大门。1806 年秋季，新崛起的普鲁士王国加入反法同盟，在与拿破仑军队的战争中大败，失去了大片领地，国力衰竭。为此，以首相施泰因、哈登堡为首的王室官员和社会上层为增强国力推行一系列改革，教育改革是其中一项重要内容，主持教育改革的是外交家和语言学家威廉·冯·洪堡。

威廉·冯·洪堡自幼接受良好的教育，哲学大师康德曾是洪堡弟弟的家庭教师，两兄弟深受康德哲学思想的影响。洪堡曾就学于以提倡自由探索科学的精神著称的哥廷根大学。哥廷根大学吸引了大批求学者，他们当中有曾经在欧洲叱咤风云的拿破仑、梅特涅、俾斯麦等，也有世人瞩目的自然科学家。此外，洪堡还与德国狂飙突进运动的领袖人物之一席勒有着深厚的友谊，这一运动主张个性解放，要求摆脱传统束缚，提倡自由和创造。毋庸置疑，所有这些都在洪堡身上打下了深刻的印记。

洪堡抨击普鲁士王国当时的贵族教育、骑士教育以及普通民众实用教育的等级式教育体制，认为这种等级式的教育是阻碍社会发展的绊脚石，他致力于在普鲁士创建一种新型的教育体系，让所有阶层的人都能接受普及教育以促进社会的发展。他推崇瑞士教育家裴斯泰洛齐提出的要素教育的理念和方法，以此为基础开创了三级教育体系的教育模式，即初等教育、中等教育和高等教育。其中，高等教育的目的不仅是传授知识，而且还要创造知识。洪堡的教育思想，尤其是大学教育的思想落实在其创建的柏林大学。

1809 年，积极推进普鲁士改革的哲学家约翰·戈特利布·费希特和新教神学家弗里德里希·施莱尔马赫等人谏言普鲁士国王弗里德里希·威廉三世在柏林建立一所大学以推进教育改革，他们推荐洪堡筹建。1810 年柏林大学落成，1828 年改名为弗里德里希·威廉大学。第二次世界大战结束之后，柏林市因被苏联红军和美英法联军分别占领而一分为二，1948 年弗里德里希·威廉大学人文学科的部分师生由于政治原因离开原校址前往西柏林，组建了今天的柏林自由大学；坐落在东柏林的原柏林大学于 1949 年更名为洪堡大学，以纪念普鲁士王国的教育改革家洪堡兄弟。

洪堡在筹建柏林大学时贯彻了哥廷根大学提倡的自由探索科学的精神，提出大学不仅仅要传授已有的知识，而且要创造知识，要把传授知识与创造知识统一起来。洪堡认为，中世纪欧洲传统大学里学生被动学习的教学方法，既不能提升学生的个性，也无法激发学生的内在价值。高等教育应该指导学生论证知识是怎样得出的，鼓励他们解释科学的基本规律，激发学生探索科学的精神。他强调，一个有能力的大学教师必须具有科研能力，是一个做出成绩的学者，他不仅要给学生讲授科学的原理，而且要引导其参与研究，在进行研究的过程中传授科学研究的方法，培养其思考能力。在这一办学方针的指导下，柏林大学首批聘任的教授都是在当时享誉世界的赫赫有名的学者，第一任校长费希特在哲学系执教，此后也担任过校长的黑格尔以及谢林等哲学大师先后接此教鞭。在建校之初，哲学系还设立了地理专业和农学专业，聘任近代地理学的创始人卡尔·里特尔，被称为博学家的洪堡的胞弟、现代地理学中多个学科的创始人亚历山大·冯·洪堡，农业科学的创始人阿尔布莱希·丹尼尔·特尔等为教授。

洪堡认为，现代大学应该是知识的总和，除了传统的人文科学专业以外，还逐渐开设了自然科学专业。柏林大学是欧洲第一所综合性的大学，聘任了那个时代负有盛名的自然科学家任教，诸如创立德国化学学会的著名化学家奥古斯特·威廉·霍夫曼，在物理学、生物学和心理学领域都卓有成效、第一次以数学方式提出能量守恒和转换定律的伟大科学家赫尔曼·冯·亥姆霍茨，在数学研究领域有重大突破的恩斯特·爱德华·库默尔，创建了病理组织学的约翰内斯·彼得·米勒，细胞病理学的创始人鲁道夫·菲尔绍，等等。这些学者不仅在柏林大学讲授课程，同时还主持实验室进行科学研究。正因为如此，柏林大学成为19世纪欧洲自然科学研究的重镇。

洪堡主持教育改革的时间虽然不长，但他的三级教育体制以及大学教育的理念在普鲁士王国以及统一后的德国扎下了根，19世纪上半叶仅在普鲁士王国境内就相继以柏林大学为模式建立了5所大学。三级教育体制在全德意志地区的大力推广培养了大批教师，中等教育学校在各地快速增加，在很大程度上提高了国民素质，为德国的现代化创造了必要的条件。①

思考讨论

1. 普鲁士的教育改革对于近代德国在欧洲的崛起有何意义？

2. 普鲁士的教育改革对于中国当代教育事业的发展有哪些借鉴意义？

案例解析

威廉·冯·洪堡主持的普鲁士教育改革内容归纳起来主要包括：

废除等级学校，加强普通教育。洪堡竭力反对等级学校，主张废除一切只有封建贵族子弟才能入学的骑士学院和武士学院。他希望人人都能够接受教育，人人都受同样的普通教育。从这一思想出发，他试图建立一种由初等教育经中等教育直至大学教育的统一学校制度。在改革过程中，洪堡认识到，职业教育在社会上发展空间巨大，于是，洪堡最终确立以职业教育和普通教育为主体的教育体系。他主张把职业教育与普通教育分开来，并将改革的重心放在普通教育上。

对初等和中等学校的结构体制进行改革。初等教育方面，自1797

---

① 王亚平：《普鲁士的教育改革与柏林大学》，《光明日报》2016年8月6日。

年起，普鲁士就规定了普遍的义务教育，其中城市的小学比较正规，学制四年，教师由受过正规教育者担任，农村的小学一般只有1—2年级。初等教育的经费由城市或乡镇的全体居民承担。中等教育包括实科中学（含职业学校）和高级文科中学两种。前者是儿童在读完四年制小学后进入的一种五年职业性学校，课程中不设希腊语教学，但强化了数学、自然科学和其他外国语的训练。后者又可称为"完全中学"，是儿童在读完小学后进入的一种九年制学校，毕业后可直接升入大学。这种学校受到洪堡极大的关注，他要求废除陈旧的、缺乏生气的、着重模仿与死记硬背的教学方法，促进学生的独立钻研精神，激发学生的学习兴趣。从实际效果看，这种学校对德意志的发展意义重大，在19世纪甚至20世纪，大部分议员、官吏和学者都出自此类学校。

创建柏林大学，改革高等教育。柏林大学的创立是这一时期高等教育改革最显著的成果。1809年5月，洪堡上书普鲁士国王，要求创办柏林大学，很快获得批准。在普鲁士濒临崩溃之际，仍然拨出每年15万塔勒的经费用于兴办柏林大学，并将海因里希王子官殿作为其办学地址，表现出相当的远见卓识。洪堡为柏林大学网罗了许多人才，如神学家施莱尔马赫、史学家尼布尔、医学家赖尔、农学家塔尔等都在柏林大学担任教职。在办学原则中，洪堡确立了"教学与研究的统一""学术自由""学术独立"等原则，不仅推动了柏林大学的迅速崛起，成为世界竞相模仿的榜样，而且对德国生产力的发展，经济振兴，国家进步与统一作出了巨大的贡献。

提高各类学校中的师资水平，采用新教学法。政府规定，只有接受过培训并且合格的教师才能在学校任教。为解决师资短缺问题，政府还特别设置了教师研究会，作为负责培训新教师的机构。洪堡在教育改革中积极推广瑞士教育家裴斯泰洛齐的教学方法，把学生的能力培养与道德陶冶放在学校工作的首位，积极主张废除机械式、填鸭式的教学方法，激发学生的学习兴趣，促进学生发挥学习的主动性与积极性。

总之，洪堡领导的教育改革为德国现代大学的建立打下了坚实的基础，促进了德国高等教育的崛起与勃兴。[①]

不过虽然洪堡在普鲁士的教育改革事业上取得了非凡的成就，积累了相当多的值得我们后人借鉴的成功经验，但是，洪堡的教育改革中存在的军国主义色彩值得我们深思，走向大国道路的德国在 20 世纪发动了两次世界大战，给本国和世界人民带来了深重的灾难。故而当我们回顾近代德意志这场影响深远的洪堡教育改革时，应当用更加辩证的眼光来看待历史。

延伸阅读

戴继强、方在庆：《德国科技与教育发展》，人民教育出版社 2004 年版。

教学建议

本案例设置的主要目的是引导学生了解普鲁士教育改革的相关政策与措施，在此基础上进一步思考普鲁士教育改革所取得的成功对于普鲁士其他方面的推动作用。

本案例讲述过程中可以启发学生思考普鲁士教育改革措施之中的可取之处以及对当时的普鲁士所产生的影响，进一步引导学生把握教育改革在普鲁士崛起过程中所发挥的作用。

---

① 杨天平：《创新与崛起：六国高等教育发展研究》，上海交通大学出版社 2018 年版，第 147—148 页。

案例四　德国的统一

案例呈现

在欧洲主要国家都已经形成了民族国家的时候，德国还是四分五裂的状态。中世纪以来，德国名义上维持着"神圣罗马帝国"，不过实际上，这只是大大小小的邦国组成的一个松散联盟。19世纪，德意志开始了工业化进程，但分裂的状态严重阻碍了经济发展。能否形成统一的民族国家，并尽快完成国家工业化，成为德意志民族的历史性挑战。

一、德国早期的统一运动

19世纪初，德国境内有普鲁士和奥地利两个强国，两国在法国大革命期间不断干涉法国内政。1806年，拿破仑攻陷了柏林，瓦解了"神圣罗马帝国"，建立了23个邦的"莱茵邦联"，拿破仑兼任莱茵联邦的最高元首。在拿破仑的影响下，德意志内部各邦开始实行近代化改革，发展民族资本主义。虽然拿破仑对于德意志来说，是一个入侵者，但他却把法国的启蒙运动的思想传播到了德意志，加速了德意志的近代化进程。在反抗拿破仑的斗争中，德意志的民族意识空前觉醒。1815年，拿破仑失败，俄罗斯、奥地利、普鲁士等国建立了"维也纳体系"，力图恢复欧洲的专制统治。在维也纳体系下，莱茵邦联被解散，取而代之的是德意志邦联，该邦联是几十个邦组成的松散联盟，实际上德意志依然是分裂的状态。奥地利则在德意志充当专制的堡垒，用武力打压进步力量。但是奥地利等国的高压政策并不能阻止德意志统一运动的兴起。1817年，15所德意志大学的学生在瓦特堡集会，他们提出了明确的纲领"一个国家、一个皇帝"，这是德意志统一运动开始的标志。1830 年，法国爆发的七月革命波及德意志，德国统一运动进入高潮。随后奥地利对此次运动进行了残酷镇压，德意志统一运动陷入低潮。

此后，随着德国工业化的推动，资产阶级开始领导统一运动。其中普鲁士的莱茵兰是德意志工业最发达的地区，这里的资产阶级自由派成为统一运动的代表人。他们提出"一个国家谁富有，就由谁来统治"。1842 年开始，他们先后创办了《莱茵报》《科伦报》《亚琛报》，积极宣传统一运动。1848 年，欧洲爆发了空前的资产阶级革命，而德国处于革命的中心。这一年，德意志各邦都爆发了革命，君主被迫屈服，建立了议会。1848 年 5 月，各邦资产阶级代表在法兰克福召开全德议会，到 1849 年通过了帝国宪法，被称为"德国历史上最先进的宪法"。但是该议会却只是一个空架子，没有任何实权，很快议会遭到了各国专制势力的镇压。议会企图拉拢普鲁士国王来领导统一，他们将德意志的新王冠送给普鲁士国王，但却遭到拒绝，被普鲁士国王贬斥为"带着革命臭味的王冠"。就这样，1848 年的统一运动失败了。

二、德国的工业化经济统一

德国早期的统一运动之所以失败，其根源在于工业革命尚未完成，资产阶级的羽翼未丰，还不能和专制势力抗衡。因此，要实现德国的统一，那就必须推动工业化的进行。早在 1780 年代，德意志的部分邦国开始了工业化进程，到 19 世纪 20 年代，进程加快。1819 年，哈尔克特在鲁尔建立了德国第一家机械工厂，后成为蒸汽锅炉制造中心；1820 年，浩波尔德制造了梳毛机，后来又制造了纺纱机，成为德国"近代制造之父"。随着德国工厂的不断建立，金融业也迅速发展，1827 年，普鲁士已经建立了 31 家银行；一批股份制公司也迅速建立。1830 年德国的铁路建设进入高峰。到 1839 年，德国的铁路里程超越了法国。1850 年已经建成 6000 多公里铁路。铁路的建设带动了市场的活跃，促进了机器制造业的发展，德国的部分地方建立了机械工厂。

德意志统一的根源在于资本主义发展的需求，因而，德意志的统一道路就应该从经济领域开始。在德意志各邦的资本主义迅速发展的时候，各邦的君主开始认识到，关卡林立的邦联阻碍了商品的流通，也就阻碍了财富的流动。因此，人们开始试图建立一个统一的经济市场。这个统一市场建立的倡导者是著名的经济学家李斯特。1819 年，在李斯特的领导下，德意志各邦工商界代表在法兰克福成立了"德意志工商业协会"，该协会致力于建立全德关税同盟，成为资产阶级经济统一运动的中心。随后，协会人员开始游说各邦君主，但是均遭到冷落。直到 1828 年，巴伐利亚和福滕贝格才结为商业同盟，这是德意志关税同盟的基础。就在李斯特的计划举步维艰之时，普鲁士接受了李斯特的计划，开始领导德国的经济统一。普鲁士通过对各邦实施优惠政策以吸引各邦加入德意志关税同盟，随后德意志各邦陆陆续续加入该计划。终于到 1834 年，德意志关税同盟正式成立。普鲁士通过建立关税同盟，不仅开始成为德意志统一运动的领导者，而且增强了自身的影响力。德意志关税同盟成立后，德意志的经济得到了迅猛的发展。到 1850 年代，德意志的工业实力已经接近法国，成为世界上第四号工业强国。

三、德国统一的最终完成

随着德国经济实力的增强，德国统一的呼声再次高涨。历史还是选择了由普鲁士来完成国家统一。德国工业化的进行深刻改变了德国的社会状况，这一改变在普鲁士显得更加突出。普鲁士成为德意志工业化最先进的地区，普鲁士拥有鲁尔、萨尔斯和上西里西亚等工业区，其工业产值占据了德意志的半壁江山。普鲁士的面积大，位置重要，成为德意志的交通中心，普鲁士的铁路里程占全德的一半。除了工业以外，普鲁士的农业也转变为了资本主义的大农业生产。容克贵族为了适应社会的变化，纷纷改变传统的经营方式，建立庄园农场，使用机械化生产，并将粮食出口到世界。在这个过程中，普鲁士的容克贵族逐渐资产阶级化，他们甚至大规模投资工商业。另外一方面，德意志 1848 年革命失败后，其资产阶级开始放弃革命的道路，转而和普鲁士的容克贵族阶级结盟，以合法的议会斗争来推动德国统一。因此在 1850 到 1860 年代，普鲁士的容克贵族和资产阶级开始迅速融合，两大阶级的矛盾开始调和。此现象改变了普鲁士的社会性质，普鲁士逐步从专制主义的堡垒变为德国统一运动的领导者。

德国的统一趋势已经不可避免。在历史潮流之下，传统的奥地利也试图利用统一运动来称霸德意志。奥地利提出了由哈布斯堡王朝统一德意志的"大德意志计划"，表面上该计划符合德国发展趋势，但实际上，这是奥地利试图建立大奥地利的野心的表现。而普鲁士则提出建立除了奥地利之外的"德意志联邦"，由于普鲁士代表着新兴的势力，因而也更符合历史的趋势。1861 年，普鲁士威廉一世上台，他决定调和容克贵族阶级和自由主义资产阶级的矛盾。1862 年，他任命俾斯麦为普鲁士首相，而俾斯麦本人则是资产阶级化的贵族。俾斯麦上台后，制定了统一政策：第一，统一必须采取"铁血手段"；第二，只能由普鲁士领导统一；第三，坚持"小德意志"方案。在推行计划之前，俾斯麦先缓和社会矛盾，他拉拢工人阶级，控制社会主义运动；对资产阶级软硬并施，使其屈服。在国内的问题解决后，普鲁士的统一战争开始了。

1863 年，普鲁士联合奥地利击败了丹麦，统一了北部地区，获得了第一次王朝战争的胜利；1866 年，俾斯麦发动普奥战争，奥地利被排挤出德意志，普鲁士成立了北德意志联邦；1870 年，普法战争爆发，普鲁士军队攻陷巴黎皇宫，俘虏了拿破仑三世，推翻了法兰西第二帝国，受到法国控制的南德意志各邦加入了联邦。1871 年，威廉一世在巴黎皇宫宣布德意志帝国成立，这标志着德国统一的完成。

1871 年 4 月，《德意志帝国宪法》出台。宪法的颁布巩固了国家统一，将革命成果用法律的形式巩固下来；宪法确立了君主立宪政体，有利于德国政治的近代化；同时，宪法给予了资产阶层一定的权力，调和容克贵族和资产阶级的矛盾。德国统一后，经济迅速发展，并领导了第二次工业革命，使德国跻身世界强国之列。但是统一之后的德国依然存在很大的问题，如军国主义的根深蒂固，给世界和平带来了巨大的危害；奥地利被排挤出德意志，使得统一不彻底；等等。①

思考讨论

1. 德意志是如何一步一步完成统一的？

2. 德国的统一之路为何如此艰难曲折？

案例解析

从历史的角度看，德国的最终统一是体现了一定进步意义的重要历史事件，符合历史发展的潮流。它结束了中世纪以来德意志的长期分裂割据的局面，使德意志民族不再受欧洲强邻的逼迫和欺压。国家的统一也有利于德国资本主义经济的发展。这一点在德国统一后的强劲经济增

---

① 北斗维斟：《德国的统一：一个中欧强国的崛起，深刻改变了欧洲的政治格局》，https://www.360doc.cn/article/37333099_1041428578.html，2022 年 7 月 26 日。

长中充分显示出来。就此而论，俾斯麦领导的德国统一运动是一次"自上而下"的"革命"或所谓的"白色革命"。

不可否认，由于客观历史条件的限制，德国的统一带有明显的保守色彩。在政治上，普鲁士支配下的德意志国家成了普鲁士的放大版，专制主义君主政体被保留下来；普鲁士贵族地主的统治随着统一的进程扩张到整个德国，他们因此实力大增，在很大程度上阻碍了德国资产阶级民主改革的进程；三次王朝战争的胜利以及统一过程中激起的民族主义情绪使新建立的德意志帝国充斥着军国主义和民族沙文主义的喧嚣，不利于德意志民族的健康发展。

从国际视角看，德国的统一对传统的欧洲国际关系格局产生了深远影响。新统一的德国由于其人口、经济方面的巨大潜能以及强大的军事力量，成了欧洲大陆的潜在霸主。尽管奥地利被排挤出了德意志，但是，传统的帝国思想使新建立的德意志帝国与奥匈二元君主国之间有着一种无法割断的情结，这种情结在很大程度上成为日后两国结成同盟的历史、思想和文化基础。[①]

延伸阅读

1. 祝明明：《历史视域下德国人的民族文化认同研究》，硕士学位论文，黑龙江大学，2021 年 5 月。

2. 王洪冉、刘杰：《论俾斯麦与德国统一》，《社会科学论坛（学术研究卷）》2017 年 11 月第 2 期。

教学建议

本案例设置的主要目的是引导学生在了解德国统一历史的基础上，进一步

---

① 邢来顺主编：《德国通史》第 4 卷，江苏人民出版社 2019 年版，第 175—177 页。

思考德国民族意识的演化与发展，在掌握相关史实的基础上分析德国统一之路为何如此反复。

本案例讲述过程中可以启发学生比较德国的民主意识与我国古代的大一统思想，从而思考历史渊源的不同对国家的统一所造成的不同影响。

案例五　俾斯麦：马背上的魔术师

案例呈现

俗话说时势造英雄，19 世纪的欧洲就如同一个大熔炉，铸炼出了许多风云人物，拿破仑和俾斯麦无疑是其中的杰出代表，他们还正好犹如接力一般地出现——俾斯麦出生于拿破仑重返法国建立"百日王朝"期间，当拿破仑死在遥远的大西洋小岛上之时，日后改变欧洲版图的强人俾斯麦正在茁壮成长。奥托·冯·俾斯麦生于 1815 年，出身于一个普鲁士贵族家庭。他的童年是在父亲的庄园里度过的。入大学以后，他强暴、凶悍的性格暴露无遗，在大学里，他曾与同学做过 27 次决斗。毕业后，他回到家乡，管理属于自己的两块领地。

1848 年，德国爆发革命，俾斯麦在自己的领地上招募起军队，准备凭武力镇压革命。1851—1858 年，他担任普鲁士邦驻德意志联邦代表会的代表，1859 年任驻俄大使，1861 年改任驻法大使，1862 年他出任普鲁士宰相兼外交大臣。由以上履历可以看出，俾斯麦是一个对武力情有独钟的顽固分子，而且很了解俄、法统治者的内心想法，这就使他当上宰相后在使用武力对付敌人方面驾轻就熟。俾斯麦当上宰相的第一周，就在邦议会上发表了他的首次演说，他非常激动地说道："当代的重大政治问题不是用说空话和多数派决议所能决定的，而必须用铁和血来解决。德国所指望的不是普鲁士的自由主义，而是他的武力！"这就是"铁血宰相"的由来。

德国的统一是历史发展的必然趋势。但是，怎样统一？由谁来实现统一？这个问题显然非常难办。光靠这种松松垮垮、无任何约束力的"邦联"是不行的。这样，到了19世纪五六十年代，德意志的统一问题就提到了各小国的议事日程。各个封建小国都打着自己的如意算盘。形势显然对当时较强的两个大国有利，那就是奥地利和普鲁士。奥地利想以自己为中心来统一德国，并希望把普鲁士与别的小国一样包括在内。而普鲁士则不同，他们计划要统一的国家中，排除了奥地利。就这样，双方展开了斗争。1850年代初，双方势均力敌。1850年春，奥地利主动发起攻势。5月，奥地利在法兰克福召集全德代表会议，会议决定恢复全德议会，并由奥、普轮流担任主席。但是，普鲁士予以断然拒绝。结果，双方谈判告终。1850年代末，普鲁士开始反攻。它首先与许多德意志小国发展了经济联系。并利用1859年法、意、奥三国打仗的机会，企图迫使全德议会交出领导权。1860年春，普鲁士开始军事改革，大大加强了军事力量。1862年9月，俾斯麦担任首相之职时，正是普鲁士军事力量上升时期，这正好为他的"铁血政策"打下了坚实的基础。

俾斯麦深知，议会里的资产阶级议员只会吵吵嚷嚷，他们懦弱无能，根本没有实力对抗政府，所以，为了更有效地实行"铁血政策"，他干脆一脚踢开议会，在议会指控政府"违背宪法"的情况下，他不但不害怕，反而公开扬言："冲突在所难免，在冲突中最有力量的方面，一定获胜！"一副挑战者的姿态。同时，他还知道，一旦自己的"铁血政策"得到最后胜利，取得了全德的统一，那么，这些叽叽喳喳的资产阶级议员就会立刻拜倒在他的面前。

俾斯麦"铁血政策"的第一步，就是向丹麦进攻。1863年末，丹麦合并了属德意志邦联的石勒苏益格小公国。次年初，俾斯麦联合奥地利对丹麦作战。俾斯麦之所以要联奥抗丹，原因是既解除了后顾之忧，又能共同对外。奥地利马上同意了普鲁士的要求，普奥联合向丹麦发出最后通牒，随即开始战争。丹麦以4万士兵对6万敌人，结果战败。普鲁士得到了石勒苏益格。奥地利也得到了另一小公国荷尔斯泰因。

"铁血政策"的第二步，就是挑起对奥地利的战争。打败丹麦后，俾斯麦调转枪口，对准了奥地利。但打败奥地利并不像打败丹麦那样容易。于是俾斯麦先联合意大利，意大利因威尼斯地区一直受奥地利欺凌，所以马上答应了普鲁士的请求，双方结成反奥联盟。然后，俾斯麦3次亲往法国，假意向拿破仑三世许诺，打败奥地利后，让法国得到一份领土报酬。这样，稳住了法国。做好了这些后，俾斯麦对奥地利一再挑衅，要求奥地利将不久前从丹麦手中得到的小公国荷尔斯泰因让给普鲁士，同时提出改革德意志联邦法案，以期排除奥地利在整个德意志的影响。奥地利当然不答应，并联合不少德意志小国对普鲁士进行"制裁"。于是普奥战争爆发。1866年6月，奥军28万人对付普军25万人。7月3日，双方集结于萨多瓦村附近展开决战。俾斯麦下决心一举击溃奥军，并自带毒药，准备一旦失败就服毒自杀！结果，普军大获全胜。10天后，俾斯麦逼近奥地利都城维也纳。在有人提议一举占领奥地利全境时，狡猾的俾斯麦没有听从，他估计到法国会出面干预，另外，他可能还会利用奥地利。果然，拿破仑三世出面进行了调停，双方达成协议。奥地利宣布退出德意志，并将四个邦国和一个自由市让归普鲁士。这样，普鲁士就统一了德国整个北部和中部地区，建立起了一个北德意志联邦。

这时只有德意志南部紧邻法国的四个小邦国仍旧保持着独立。俾斯麦想兼并这四个小国，但他知道，法国也有同样想法，法国如此强大，不打败它，德国的统一将不可能实现。同时，俾斯麦对法国境内富裕地区阿尔萨斯和洛林也很感兴趣，早已垂涎三尺。所以，俾斯麦"铁血政策"的第三步，就是进行普法战争，打败法国。于是，他经过充分准备，于1870年发动普法战争，次年大获全胜。普鲁士军队开进巴黎附近的凡尔赛，并在凡尔赛宫，宣布以普鲁士为首的德意志帝国成立。普鲁士国王威廉一世为德意志帝国皇帝，俾斯麦为首相。德意志的统一完全实现。

"铁血宰相"的"铁血政策"，顺应历史潮流，使德国最终走上统一之路。在英、法等欧洲国家都已通过资本主义变革走向富强以后，德国经济的发展已刻不容缓。统一后，德国经济有如脱缰之马奔腾向前；德意志民族不再受欧洲强邻的欺压和宰割，进入世界先进民族之林。[①]

俾斯麦就像一个玩弄秘密外交的魔术师一样，花样层出不穷地玩弄所谓"五球不落"的外交游戏。1893年的法俄同盟成立的一大重要原因就是俾斯麦的辞职，这也可以从侧面看出俾斯麦在当时欧洲乃至整个世界的"能量"。

思考讨论

1. 我们当如何评价俾斯麦？

2. 俾斯麦在德意志统一与发展过程中发挥了哪些重要作用？

---

① 周明博：《全球通史：从史前时代到二十一世纪》，当代世界出版社2019年版，第283—286页。

案例解析

俾斯麦对于德国的发展无疑起到了极大的推动作用。德国在俾斯麦的领导下通过三次王朝战争实现了国家的统一。具体而言,俾斯麦对德国建立的贡献分两方面:一方面是通过对法战争增强德国民族自信,增强民族凝聚力,自此众多小邦国聚集在普鲁士旗下,开启德国建立之路;另一方面通过占有煤铁产区,为德国工业革命提供动力和资源,为德国经济一体化和工业化准备动力资源。可以说在政治、经济两方面推动了德国建立进程。俾斯麦所建构的政治指的是一种以"铁"和"血"(也就是现代科技和军事)作实力支撑、在列强之间维持巧妙平衡的"强权政治"。无疑,俾斯麦是个了不起的政治家,是近代德国真正的奠基人,以致历史学家干脆把第二帝国称为"俾斯麦的帝国"。不过我们必须明白,不论俾斯麦的政策成功还是失败,俾斯麦始终是一个历史结果的助产士,而不是它的生产者。

延伸阅读

1. [美]弗里茨·斯特恩:《金与铁:俾斯麦、布莱希罗德与德意志帝国的建立》,王晨译,广西师范大学出版社 2018 年版。

2. [德]俾斯麦:《思考与回忆:俾斯麦回忆录》(全三卷),杨德友、同鸿印等译,生活·读书·新知三联书店 2006 年版。

教学建议

俾斯麦是学习德国历史绕不开的一个人物。本案例设置的主要目的是引导学生了解俾斯麦,通过对该历史人物的考察进一步思考他被称为"铁血宰相"的原因。

本案例讲述过程中可以给学生呈现一些中国的著名历史人物如李鸿章的相关事迹,并进一步引导学生思考这两个历史人物的共同之处与差异。

案例六　法西斯主义在德国的兴起

案例呈现

法西斯一词来源于拉丁文，意为束缚，是古罗马官吏出巡时所执的标志棒。其形状是一束棍棒，中间插一柄斧头，象征着团结、暴力和权威。法西斯主义兴起于意大利，在德国又称民族社会主义，即"纳粹主义"，在日本则表现为天皇制的军国主义。

一、法西斯主义兴起的背景

一战后，一些国家陷入了极度的混乱和危机当中。这既为群众带来苦难，也为野心家带来了机遇。德国作为一战的元凶受到了严厉的制裁，其领土失去了八分之一，殖民地被全部剥夺，加上当时欧洲的经济危机和向战胜国赔款等，加深了本国人民的苦难，激起了强烈的民族仇恨，他们要求打倒协约国，取消《凡尔赛条约》。意大利原本贫弱，大战中损失巨大，经济困难，政局混乱失控，内阁更迭频繁。与德、意两国相比，日本的情况有所不同，其是一战中崛起的暴发户，利用德国的战败，抢占了德国在青岛的基地与太平洋的属地，几乎独占了亚洲市场，经济急剧膨胀，试图利用战争取得与欧美列强并驾齐驱的世界地位。1930 年代的经济危机更增强了其对外扩张的欲望。

在这种背景下，法西斯主义就存在着兴起的广泛的社会基础。德国的野心家利用这种情况大玩宣传伎俩，引导群众痛恨《凡尔赛条约》，对中小企业作出了保护并保证使其不受大企业的威胁，订货给手工业和中小企业主的承诺。对工人则鼓吹确保人人有工作和面包，从而把大批下层群众网罗到法西斯主义的政党中。作为一种社会思潮，法西斯主义就是 20 世纪初西方这种深刻的社会矛盾在广泛阶层思想意识上的反映。

二、法西斯主义兴起的民族因素

德国、意大利、日本三国都无资产阶级民主传统，在其传统中有的只是根深蒂固的极端民族主义、专制主义和军国主义。"关于极端民族主义并无确切的定义，它是对民族主义偏激情绪和极端表现的一种约定俗成的概括"，这是一种情感深厚和顽固的习惯势力，其正是法西斯主义兴起的民族原因。"德国民族主义中的德国精神可以说主要表现为普鲁士主义精神，这种精神得到了像黑格尔那样的大哲学家理论上的肯定和推崇，激起了更强烈的民族主义情感，也被统治者利用作为统一德意志民族的积极力量。"德国有着军国主义和专制主义的传统。普鲁士是一个军事国家，反民主的极端分子认为，政治民主是退化的表现，是权力意志的堕落。他们把民主程序说成无效能、腐败，其在反利己主义旗号下反对自由、平等和幸福的权利，要求树立服务、献身、纪律和责任感。意大利也类似。墨索里尼极力否定自由主义，他否定民主制度，把国家绝对化，认为个人和群体只不过是相对的。他认为，19 世纪的自由主义传统是对民族力量的威胁，旧领导人不称职，为了夺取最高权力，应该采取出其不意的手段。

日本具有崇尚武力、杀伐征战、穷兵黩武的传统，一直坚持武力是立国的基础。日本法西斯主义在思想领域最突出的表现为军国主义、武士道精神。军队虽然不是有武士独占，但提倡武士道精神，以忠节、武勇为信条，把奴性和兽性推向极端。如日本的军歌里就有"跨过大海，尸浮海面，跨过高山，横尸遍野。为天皇捐躯，视死如归"体现武士道精神的歌词。

三、法西斯主义的荒谬论调

（一）种族优劣论

法西斯主义鼓吹种族主义，中心论点是种族优劣论。他们把人类分为三种类型：一是文化创造者，指最优秀、最纯洁的白人，包括雅利安人。二是文化的维持者，指黄种人、亚洲人，只会模仿。三是文化的破坏者，指黑人、犹太人。他们认为种族的关键在血液，不在语言和习俗，是后天无法改变的。希特勒还把他疯狂的侵略行径说成是与"国际犹太集团"的斗争。日本军国主义者的种族主义观念主要表现在对白种人的一概排斥态度与大和民族优越论。他们宣称，太平洋战争是黄种人和白种人的战争，但他们一般不讲黄种人的优秀，而只讲大和民族优秀。这是极右势力的一种扭曲的民族情结，不是正常的民族自尊心，他们骨子里排斥民族平等。

（二）国家主义

法西斯主义鼓吹国家神秘、神圣。国家代表全民族在内的精神，是道德和理性的实现，一切政治、法律、经济组织不过是它的体现。国家的形式可以变更，国家本身永远长存。法西斯主义就是国家的精神支柱，代表国家的意志和思想感情，具有无上的权威性，意大利法西斯主义的一个主要口号就是一切为了国家，一切服从国家，一切属于国家。法西斯主义以政治为中心，以国家荣誉为目标，为了扩大国家的意志，必须践踏所有个人的财物，克服一切物质和精神障碍的力量。法西斯主义崇尚国家权力和权威，主张一切权力集中于国家，国家拥有绝对的自主权。

（三）领袖原则和专制主义

法西斯主义主张专治独裁，反对民主政治，认为一切人类文化只是领袖们创造力的产物。领袖人物最强壮、最勇敢，是真正的天才，能统帅群众，在摇摆不定的群众中形成最坚定的原则，在国家和民族遭受挫折时，领导人民摆脱困境、创造奇迹。群众缺乏组织性，是乌合之众，只有通过领袖组织才能显示其巨大的物质力量；群众缺乏判断力，只有用感情才能打动，引起他们的狂热；群众缺乏独立的行动能力，只会无条件服从。[①]

思考讨论

1. 法西斯主义的诞生与肆虐给世界各国带来了哪些危害？

2. 你觉得在人类社会的未来，法西斯主义还会死灰复燃吗？

案例解析

法西斯主义的核心就是极端民族主义与大国沙文主义及军国主义的结合体，崇尚无条件服从于一个国家、一个民族，以团结铸造力量作为信条。法西斯国家出现是民主失败的结果。总体而言，德国法西斯主义的出现是德国历史发展的必然结果，是当时特定的国际和国内条件下的产物，同时也和希特勒有着非常密切的关系。1933 年，希特勒成为德国总理并加紧建立法西斯独裁统治。在 1933 年 2 月，纳粹党制造了国会纵火案。希特勒以敏锐的政治嗅觉和难以置信的煽动能力，把全世界十多亿人口卷入战争的绞肉机。从案例中可以看出法西斯主义在德国的兴起有着深刻的历史和社会根源，同时它也受到当时政治特性、经济形势的作用以及国内军队的支持。法西斯主义在德国兴起，人类一段苦难

---

① 莫文廷：《法西斯主义思潮的历史和现实思考》，《传承》2011 年第 30 期。

的历史开始上演。直到今天，我们放眼世界，法西斯主义并未完全消亡，它依然在某些国家潜滋暗长着，需要引起我们的警惕。

延伸阅读

1. ［英］马克·尼古拉斯：《法西斯主义》，袁柏顺译，吉林人民出版社2007年版。

2. 郑寅达：《法西斯：尚未逝去的梦魇》，上海辞书出版社2006年版。

教学建议

德国是法西斯主义兴起与盛行的主要国家，同时也是二战的始作俑者。本案例设置的主要目的是让学生对法西斯主义在德国的兴起有所认识，并在此基础上思考法西斯主义在德国诞生的具体历史根源。

本案例讲述过程中可以给学生提供一些二战的主要策源地日本的相关材料，启发学生思考法西斯主义在日本与德国兴起的不同渊源。同时，鼓励学生进一步思考当今社会法西斯主义是否已经完全绝迹。

案例七　德国制造

案例呈现

"德国制造"是继英国和美国制造之后出现的一种产业发展模式，在日本和韩国制造崛起的年代里，它曾经陷入发展的低谷；在美国制造走向虚拟和外包化的繁荣中，它也对自己的实体制造产生过动摇；在面对中国制造的追赶时，它也一时找不到自己的位置，但在2008年金融和经济危机后的逆势发展中，曾被视为夕阳产业的"德国制造"，反而显示出独特的优势和魅力。原因就在于德国人没有在发展新型制造业和服务产业时放弃传统制造业，而是将它们有机结合；也没有一味地追求虚拟经济的玄妙，而是踏踏实实地发展高质量、高科技含量和高附加值的实体经济。著名管理学思想家赫尔曼·西蒙曾收集全球超 3000 家隐形冠军公司的数据，其中德国坐拥 1307 家隐形冠军，排行世界第一，在机床、汽车等精密工业制造领域，有一大批优秀企业享誉世界。

为何德国制造如此强大？它是从工业革命以来一直就处于领先地位吗？其实不然，德国制造也经历过山寨低价的阶段。

一、19 世纪之前德国诸侯林立、战争不断，不统一的局面导致科技发展落后

19 世纪中叶之前德国政治四分五裂，各个地区还属于分裂阶段，国家非常不稳定，政治经济军事都很落后，而普鲁士当时军事实力和经济实力强大，此时普鲁士"铁血宰相"奥托·冯·俾斯麦实行强权政治，走自上而下统一德国的道路，经三次大的王朝战争，即丹麦战争、普奥战争、普法战争。战后德国自上而下实现了统一，成立了德意志帝国。德国的统一，无疑是一种历史的进步。它结束了德意志长期分裂的状态，从而把德国的历史推向了一个新的阶段，给资本主义的迅速发展创造了条件。

二、德国仿造英法两国产品，生产山寨货遭到西方国家嘲笑

今天看来，德国制造是工艺精良，品质一流的标志，但是在 19 世纪下半叶，却是廉价与劣质甚至是粗制滥造的代名词。当时英国人甚至给德国制造贴上"厚颜无耻"的标签，当时的大英帝国是全世界最先进的工业化国家，其产品不论技术还是工艺都是世界顶尖。"买英国货"（Buy British）是当时富裕阶层的时髦名词和骄傲。1871 年，德国统一后百废待兴，难以进入世界市场，德国人只好仿造英法美等国产

品，靠廉价产品冲击市场。

德国为了快速提高制造业水平，采取了一系列措施，从偷窃设计、复制产品到伪造制造厂商标志，初期其产品质量低劣，被扣上山寨抄袭的帽子。英国人对市场上充斥廉价德国货大为恼怒。1887 年 8 月 23 日，英国议会甚至由于德国修改商标法（Merchandise Marks Act），在法案中规定所有外国进口产品，都必须打上原产地国标志。英国这项法案用意明显，就是为了打击"德国制造"。以此区分低质德国货和上等英国货。彼时，"德国制造"犹如烙在德国人脸上屈辱的"红字"，从此迫使其奋发图强，打响了一场为质量而斗争的百年战役。但是后来意想不到，竟给德国制造免费做了广告，1896 年，英国记者威廉姆斯（E. E. Williams）在《德国制造》一书中指出，法案给德国制造做了免费广告。

之后的德国，不再抄袭模仿，而是不断加大研发投入创造属于真正原创的"德国制造"。威廉姆斯在书中曾提到过一家在埃尔博菲尔德的化工企业。规模不大的工厂，竟雇佣超 60 名化学工程师，只做研究开发。除了在科研方面花大功夫，德国还建立了一套完整的工业标准体系，被称为"DIN Norm"（Deutsches Institut für Normung，德国工业标准）。从 1918 年的第一号"锥形销"标准开始，到如今已有 33149 个标准项目。这些标准涉及从工业生产到民用产品的各个领域。到如今 80% 以上的"DIN Norm"已被欧洲各国所采用。

从此以后，德国制造粗制滥造的阴霾一去不复返，德国制造成为高效率、完美工艺的代名词。其产品耐用、可靠、安全和精确，而且还是创新的代言。

三、德国大力改善教育，采取学校和企业联合培养的"双轨制职业教育"体制，培养了大量高技能人才

（一）德国双元制教育诞生历史背景

德国"双元制"发端于中世纪，同业工会已对培训作了明确规定，到了19世纪70年代，德国基本完成了工业革命，商品生产从工场手工业过渡到机器大工业。工业的迅速发展，机器的广泛使用进一步加快了职业教育。

（二）双元制教育基本模式

"双元制"是从德国国家层面以法律形式明确规定并监督执行的义务教育制度。从办学层次上相当于我国的中等职业教育，受教育者是初中毕业生，学制通常为2到3.5年，教学分别在企业和职业学校交替进行，约70%时间（每周3—4天）在企业，约30%时间（每周1—2天）在职业学校。德国双元制模式的课程设计以职业需求为核心，以企业为主导，以职业学校为辅助，由企业进行实际操作技术培训，由职业学校进行相应理论知识的培训。目前，双元制已拓展到高等职业教育、应用科技大学及博士人才培养中。双元制教育为德国制造培养了大量合格的优秀产业工人，使德国制造业在工艺水准一直保持世界前列。

总的来说，德国制造也是历经千辛万苦才走到世界制造业顶端的。从战争不断到国家统一，统一的局面奠定了科技和经济发展的根基。德国从仿造英法两国产品，生产山寨货到知耻后勇。德国大力改善教育，采取学校和企业联合培养的"双轨制职业教育"体制，培养大批高技能人才，并且一步步制定行业和产品标准，如今已走到世界最前列。在世界近现代经济发展史上，德国并不是最早进行工业化的国家，也不是最先发展制造业的国家，但却把制造业做到极致、做得厚实、做出风

格、做成了大业。

思考讨论

德国制造对于现如今正向高端制造业链条发起冲击的中国制造有何借鉴意义？

案例解析

德国作为世界工业大国，拥有众多享誉世界的知名品牌，如大众、西门子、保时捷、奥迪、奔驰等。宏观来看，德国的工业也经历了阵痛与转变。德国工业之所以蓬勃发展，是多方因素综合作用的结果，如德国重视教育、科技创新，这是一个国家科技崛起的基础。德国政府对制造业也是持保护与支持的态度，德国刘金融、房地产等行业实行了一定的限制措施，以此保护制造业的发展。另外，德国人比较严谨、认真，能够专注于科技研究，具有所谓的"工匠精神"，这样的性格来发展制造业是再合适不过的。同时德国政府加强产品质量的监管与提升，严厉打击粗制滥造的产品，长此以往，德国制造就声名远扬了。

延伸阅读

[印] 阿盖什·约瑟夫：《德国制造：国家品牌战略启示录》，赛迪研究院专家组译，中国人民大学出版社 2016 年版。

教学建议

本案例设置的主要目的是让学生在掌握德国相关历史的基础上，去考察"德国制造"之所以如此难以超越的历史渊源，从中得出一些对于我国制造业发展的启示。

本案例讲述过程中可以给学生展示一些我国制造业现状的相关材料，启发学生思考德国制造业的崛起可以给我们国家由"中国制造"到"中国创造"转变的借鉴之处。

案例八 德国对战争的反省

案例呈现

德国作为二战的挑起国，自己也在战争中受到严重惩罚。战后，德国建立了反省战争的系统机制，使国家逐渐走向正常化。虽然德国的反思并不是一蹴而就的，但具体做法却值得借鉴。准确地说，"非纳粹化运动"并不是德国自我产生的，而是在美英苏法四大盟国占领德国后推行的运动之一，但却开启了德国的正常化道路。具体的措施有：

一、对纳粹主要战犯和组织进行审判

其中最著名的是纽伦堡审判，法庭以破坏和平罪、战争罪、违反人道罪对戈林、里宾特洛甫等 24 名主要罪犯进行了审判和处以严刑。纽伦堡审判后，各占领区还进行了较低级的审判。一份民意调查显示"八分之一的人在纽伦堡审判前对纳粹主义的邪恶并不知情"。而在判决结论宣布之后，有数据显示"一半的人认为他们更多地意识到集中营的不人道"。由此来看，纽伦堡审判确实教育和震撼了德国人民。

二、废除一切法西斯的法律和决议

查禁和摧毁了所有纳粹党团组织，严禁法西斯组织重新活动，清洗了盘踞在政治、经济和社会各领域的重要岗位上的纳粹分子。具有民主思想的德国精英人士填补各级领导职位。

三、战争结束后，盟国首先对教育领域进行了"非纳粹化"

暂时关闭所有教育机构和学校，对原有教师进行清洗。盟国帮助培训了大批具有民主思想的教师，编写了新教材。各州宪法中规定，教育权利人人平等，学校教育的目的是培养民主精神。

有关非纳粹化的评价，学术界向来是褒贬不一。有学者认为，它"未能实现任何其先前设定的目标"。但不可否认，非纳粹化运动代替了德国从未发生过的革命，确实在战后德国人思想上刻上了深深的烙印，开启了德国人对二战的表象性反思。二战后，知识分子承担起恢复德国人感知能力的责任，在文学、哲学等领域非常突出。被誉为"新德国精神导师"的哲学家雅斯贝斯，对战后罪责反思以及民主化建设产生了深远影响，他呼吁民众主动地正视个人罪责而不是无视，主动地为纳粹罪行承担责任而不是被动或沉默，启迪了德国人对纳粹的反思与检省。

对法西斯的反省也是德国文学主流话语，揭露法西斯罪行是作家创作的主要题材。德国作家对二战历史的发问和反思一直没有停止。曾获1972年诺贝尔文学奖的小说家海因利希·伯尔一直被看作是第二次世界大战后西德文学的代表。他创作的脍炙人口的作品《流浪人，你若来到斯巴……》《亚当，你在何处?》《九点半钟打台球》都与法西斯有关。他的作品烛照当今，提醒身处战后"经济奇迹"的德国人不要忘记历史，要勇于反思。曾获1999年诺贝尔文学奖的作家君特·格拉斯代表作《铁皮鼓》也与二战有关。他从德国人的小市民从众心理角度解释了法西斯主义为什么能在德国猖狂肆虐，借此抵制民众对纳粹历史的回避和遗忘。

二战后德国反思文学形成了三个特点：第一，通过战争场面的客观描述揭露战争残酷和惨烈；第二，通过描述受害者的悲惨境遇，揭露法西斯罪行，反省德国法西斯主义带给世界人民的苦难；第三，通过追溯和回忆，反思纳粹德国的历史以及德国人应当承担的责任。

不仅在文学领域，哲学领域的反思也没有停止过。在1990年代统一后的德国，由美国哈佛大学的副教授哥德哈根发表的《希特勒的志愿刽子手：普通德国人与大屠杀》一书引发了广泛的争论，后被称为"哥德哈根辩论"。这个讨论将德国人反思的关注点由参与战争和纳粹统治的群体转向了普通人，这是阿伦特"平庸的恶"的延续。德国人在这些研究和讨论过程中认识到要警惕人性中存在的恶，人性中的恶在恶的制度环境下会无限放大，因此建立何种制度环境与公民责任密切相关。

德国影视作品中也不缺乏德国人的反思。进入1990年代以后，联邦德国对纳粹历史的反思形式也逐渐多样化了，影视媒体的作用越来越大。早在1970年代末，美国电视系列剧《大屠杀》就为西德社会反思纳粹历史起到了很大的推动作用。1990年代，美国影片《辛德勒的名单》也在德国引起很大反响，德国中小学都组织学生集体观看并举行讨论。在这方面，德国影视界也作出了十分引人瞩目的努力，在国际上享有盛誉的德国影片都是以纳粹历史及其影响为主题的。以著名作家格拉斯的长篇小说《铁皮鼓》为脚本的德国同名故事片在好莱坞获得了奥斯卡最佳非英语故事片奖。2002年，一部叙述一个在纳粹时期流亡非洲的犹太家庭的故事片《情陷非洲》又一次获得了这一殊荣。在1990年代中期，讽刺1983年的"希特勒日记丑闻"的德国故事片《施东克》曾获得该奖项的提名奖。再现希特勒末日的故事片《灭亡》，在德国引起轰动。另外，德国国家电视二台自1990年代中期开始，推出了一系列有关纳粹历史的纪实性电视片，在国内外产生了很大的反响。与正面的历史教育不同，影视作品能够使战后出生的年轻人更为直接地接触纳粹历史。以犹太人命运为主题的影片更能使他们对受害者产生同情心，以希特勒为主角的影片则能使他们通过"一场与魔鬼的约会"

对其幽灵产生更大的免疫力，后一种影片的成功不仅表现了德国电影界的艺术水平，也反映出了他们在政治上的成熟。

德国政府在推进反思这方面做了不少工作，起到了很好的带头作用。1949 年 5 月 8 日，联邦德国议会委员会以绝对多数赞成票通过了《基本法》。《基本法》的第一部分里，列举了公民所享有的民权和政治权利，而且权利一旦受到侵犯公民有权起诉，这是对纳粹国家侵犯个人权利的直接回应。立法者们还鼓励争论和强调法制，前者在于保障国民的自主参与，后者则致力于国民有序参与政治而不失混乱。政治重建和民主设计是西德"清算纳粹过去、反思纳粹历史"的重要表现。

德国最高领导人为推进德国反思更是不遗余力。德国二战后的领导人虽然不断更换，但每届领导都承认战争责任，并且一些领导人还用自己的方式对战争所造成的伤害进行忏悔。自 1970 年时任西德总理的勃兰特在华沙犹太人起义纪念碑前下跪，到 1995 年统一后德国总理科尔再次跪在二战死难者纪念碑前，再到 2013 年大屠杀纪念日德国总理默克尔表示"德国对纳粹罪行负有永恒责任"，这些都表明了，德国领导人对于纳粹统治及屠杀行为的反思态度。而德国人在每年 5 月 8 日的二战纪念日都会举行集会游行等活动，同时，他们也会到纪念馆或博物馆进行参观。德国领导人积极的反思态度赢得了其他国家的认可，这种认可又反过来体现在对德国民众反思的信任上，从而为反思创造了良好的国际环境和空间。

战争虽然结束，但德国对战犯的追溯和对受害者的赔偿却没有结束。2013 年 9 月 4 日，据英国广播公司报道，德国负责调查二战时纳粹战争罪行的司法部表示，一共调查了 49 名奥斯威辛集中营前守卫，其中 30 人应该被起诉。在二战结束将近 70 年的时间里，这种追捕一直没有间断，尽管有人质疑这种追捕是否还有意义，因为这些被起诉的人很多都已经走到生命尽头，但相关追捕负责人也回应，年龄并不能成为他们逃脱罪责的挡箭牌。与此同时，德国对于在二战中受害国家和受害者进行了巨额赔偿。据报道，"到 2002 年，德国赔偿金额达到 1040 亿美元，它每年还继续向 10 万受害者赔偿 6.24 亿美元的养老金"。

在德国公民教育中的反思，最重要的群体之一就是学生。对于学生这个群体，反思的实施主要是通过设置课程来实现的。涉及反思的课程主要是政治课和历史课，历史课帮助学生正确认识纳粹的统治，树立正确的二战史观，而政治课建立在历史课基础上，以历史的眼光引导学生关注与参与现实和未来政治。

为了保证全国政治教育中反思的整体效果，由各州文化教育部长组成了联邦文化部长联席议会，讨论政治课和历史课的教育内容和教学要求。在这些要求中，知识要求里包含需要让学生认识政治制度体系中的历史真相，并作出相应的评价，教学内容的选择需要将历史、现实和未来紧密联系，引导学生形成历史感。在能力要求中强调学生要掌握关于人权、人的尊严和基本权利的知识并理解这些内容。

在德国学校历史课中，纳粹历史，特别是大屠杀历史是其重点内容。在德国教育法中明确规定，德国历史教科书必须包含足够分量的纳粹历史。在审定历史教科书的时候，发现教科书中没有足够分量的纳粹历史内容的介绍，那么教科书在审定中是不会获得通过的。教科书制定中除了强调纳粹时期历史所占比重要符合一定要求外，还强调要从多角度来看待这一历史时期所涉及的问题。在历史课的知识考察中，对纳粹独裁统治时期的历史也没有忽略和忽视的倾向，而是明确把 20 世纪德国的民主与独裁历史作为重要考察内容。在历史课能力要求中指出要有

"在特定的时代条件下，对历史事实和问题给予评价的能力；对历史事件、过程和结构的现实意义加以辨析和描述的能力"。其中还有一点特别重要，就是要有"对史学家的评述加以评判的能力"。也就是说在反思过程中，可以提供各种档案材料和史评，但是引导学生不停留于或不受制于已有的材料和评论，鼓励学生能够不断将反思加以再反思，使反思更加深化和彻底。

正如德国前总理默克尔所说："每个德国人都必须反思自己在过去的作为和不作为。这是一个痛苦的过程，但德国正视历史的做法是对的，可以让后代不重蹈覆辙。"德国的经验值得借鉴。①

思考讨论

德国对二战的反省给其他的帝国主义国家带来哪些启示？

案例解析

德国在历史问题上的态度是惨痛的历史教训、战胜国的严格管制以及民族前途的利益需要所决定的。综观德国对二战历史的态度，不难看出以下特点：第一，各党派观点一致，历届政府态度如一，主流社会的认识不断深化。第二，不把侵略的罪责推给希特勒个人或少数纳粹头目了事，而是强调德国人民有责任把纳粹德国的罪行认同为德国民族历史的组成部分，据此进行反省而不得加以篡改。第三，认罪不是停留在口头上，而能见诸行动，特别是警惕新纳粹主义抬头。第四，能正确对待被侵略国对希特勒德国二战侵略暴行的批判，不把它看作"反德"行为而表露"反感"。施罗德总理在总结德国对历史问题的经验时指出：

---

① 凤凰网历史百家争鸣：《德国战后是如何反思二战的？》，history. ifeng. com/c/7tyGSo5h0st，2020 年 2 月 11 日。

"以审慎和自省的方式正确对待本国的历史，不仅不会失去朋友，反而将赢得朋友。"

延伸阅读

1. ［德］汉斯－阿道夫·雅各布森、瓦尔特·瓦尔利蒙特：《第二次世界大战决定性会战：德国人的见解》，钮先钟译，新华出版社 2020 年版。

2. 纪录片《光明与阴霾——德日二战反思录》。

教学建议

本案例设置的主要目的是让学生在掌握德国是二战主要策源地之一的理论基础上，认识德国对于这段给世界人民带来无法磨灭的惨痛回忆的历史的反思。

本案例讲述过程中可以启发学生思考比较同为二战主要策划者的日本对于曾经所犯罪行的态度，通过了解那段历史更加明白当今和平的来之不易。

第七章　日本百年成败进退之“迷思”

案例一　明治维新：迈向现代的第一步

案例呈现

19世纪中期，资本主义的进一步扩张已成为世界不可阻挡的潮流，落后国家和地区要么改革旧制紧跟世界潮流，要么成为西方资本主义的附庸，沦为殖民地。作为偏居东亚一隅，还未被资本主义深刻影响的日本，在被美国炮舰冲开国门的那一刻，同样也面临着痛苦而艰难的抉择。

公元645年，经过“大化革新”后的日本正式确立了以天皇为中心的中央集权制。“天皇”是日本君主的称号，号称“万世一系”，相传是太阳神——“天照大神”的后代。12世纪晚期，日本武士阶层的首领——将军，控制了日本政权，架空了天皇，建立起幕府统治形式。随后将近700年的时间里，日本先后经历了镰仓幕府、室町幕府、德川幕府三个幕府统治时期。1603年，德川幕府（又称江户幕府）建立，统治日本长达200多年。在德川幕府统治的时间里，武士构成了统治阶级的基础，在他们上面是天皇、将军和各藩的首领“大名”，武士下面则是占据绝大多数人口的农民、手工业者及商人下层群体。

德川幕府统治末期，日本社会已经发生巨大的变化。商品经济急速扩张，不断冲击着自然经济，权势阶层逐渐走向没落，遭受歧视的商人，开始逐渐掌握社会的大量财富。特别是作为德川幕府统治基础的中下级武士在商品经济的冲击下，生活状况日趋恶化，一部分武士开始从事商业和手工业以维持生计，还有一部分接受了良好教育的武士则开始接触西方先进科学技术，学习西方资产阶级文化，由此产生了让日本走上资本主义道路的愿望。与此同时，德川幕府为维护自身封建统治，对内严格限制商业活动，打压工商业者，采取严苛的税收政策，对外则推行锁国政策，严重阻碍资本主义因素在日本社会的发展。种种迹象都表明，日本社会的巨大变革已经在路上了。

如果说新型经济的发展、阶级力量的变化让日本传统生产关系的崩溃只是时间问题，那么西方资本主义的入侵，则无疑加快了这场社会变革的进程。1853 年，美国海军将领佩里驾着坚船利炮强行进入日本港口，要求日本打开国门。德川幕府迫于军事压力，于次年与美国签订了不平等条约——《日美亲善条约》，史称"黑船事件"。随后荷、俄、英、法等国接踵而至，先后强迫日本签订了类似的不平等条约。就这样，原本奉行闭关锁国政策的德川幕府，在见识到西方列强的"铁拳"以后，很快就打开了国门。打开国门后的日本，迅速成为西方商品的倾销市场和廉价原料供应地，民族危机和社会矛盾迅速激化，代表封建保守势力的德川幕府很快陷入了内外交困的封建统治危机之中。最终，中下级武士阶层中要求进行改革的革新势力联合出身豪农、豪商的志士们结成了倒幕联盟，推翻了长达200多年的德川幕府封建专制统治。

新兴的革新势力在推翻幕府统治后建立起了以明治天皇为首的新政权。明治政府对强大力量的渴望，让日本在政治、经济、军事和文化等领域掀起了一股西化浪潮，他们全面革除封建旧弊，实行新政，使日本迅速发展成为资本主义国家，史称"明治维新"。

1868 年 3 月，明治政府颁布《五条誓文》，即：一、广兴会议，万事决于公论；二、上下一心，盛行经纶；三、官武一体，以至庶民，各遂其志，毋使人心倦怠；四、破除旧来之陋习，一本天地之公道；五、求知识于世界，大振皇国之基础。《五条誓文》表明日本明治政府改革旧制度、向西方学习的决心，成为明治维新的政治纲领。明治维新具体措施包含以下几个方面：

政治上，废藩置县，加强中央集权。刚刚建立的新政府，当务之急是要巩固其政权，终结幕府时代末期以来的封建割据局面，1869 年，在萨摩藩和长州藩的带头下，明治政府颁布《奉还版籍令》，将各藩的土地和户籍收归中央政府手中，加强了中央政府对各藩的控制。1871 年新政府又颁布了《废藩置县》，废除藩国改为府县制单位，将日本划分成了 3 府（大阪府、京都府、东京府）72 县，府、县知事由中央委派，各藩大名则离开藩国，迁居东京，从国家领取俸禄，由此取消了大名的封建领主权，地方直接归中央管辖。通过这种方式，日本初步成为统一国家。

与此同时，为培养维护天皇体制的特权阶层以及为资产阶级改革提供充分的劳动力，1872 年，明治政府制定户籍法，废除了传统的身份制度，制定四民制度即皇族、华族、士族和平民，提倡四民平等。当然，在事实上，皇族和华族享有诸多政治、经济特权，属于统治阶层，之下则是被统治阶层，其中华族主要是由过去的公卿藩主和明治维新的功臣构成。由此可见，日本社会的传统势力和保守势力依旧强大。华族之下就是士族和平民了，士族包括藩主以下的武士，平民包括贱民和过去的工农商阶层。相对固化的阶级划分，影射的是整个社会强烈的等级秩序观念。

军事上，实行征兵制，建立新式军队。1873年，明治政府颁布了《征兵令》，实行普遍义务兵役制，规定年满20岁的男性，均有服兵役的义务，在"国民皆兵"的口号下，强征大批青年，建立"皇军"，即天皇的军队，并对其灌输"武士道"精神和忠君爱国思想。还分别效仿德、英两国建立起新式陆军、海军。同时发展先进国营军事工业，为向先进国家进军做好准备。军事上的一系列改革促使日本军事实力大增，为日本摆脱幕府统治末期以来的民族危机创造了条件，同时也因为过度灌输武士道精神以及强调对天皇的绝对忠诚，为日本走上军国主义道路埋下了隐患。

经济上，推行地税改革，以"殖产兴业"为口号，大力发展近代经济。废除土地买卖限制、农作物栽培限制，实行新的地税政策。统一货币，日元成为新货币，设立日本银行，建立以政府的权威和信誉为背书的新的货币信用制度。此外，明治政府设立了工部省，开展"殖产兴业"，运用国家的力量，大力扶植资本主义的发展。之后又设立了内务省，作为培育官营工业的机构，同时为其投入大量资金。在进口了西方国家先进设备，雇佣外国技术人员以后，诸多具有示范效应的国营模范工厂得以建立，这些模范工厂涉及各行各业，包括军工、铁路、矿山、造船、纺织等等。最终，早期工业革命的热潮使得日本用了不到半个世纪的时间便由落后的封建农业国转变为资本主义工业国。

社会生活上，倡导"文明开化"，向西方学习，改造日本教育、文化和生活方式。"文明开化"旨在政治制度、思想文化以及生活方式等方面向西方学习，这也是明治时代日本自由民权运动的思想文化基础。

在明治时代，日本将国民教育作为现代化事业的重要内容，开始在全国普及义务教育，众多大中小学开始在日本建立起来。之后又选派留学生到英、美、德等当时一流的先进国家留学，一些西式学校开始在日本出现，西方的学者也被邀请到了日本担任高等教育的教师。

明治维新成为日本历史的转折点。通过明治维新，日本迅速走上了发展资本主义的道路，实现了富国强兵，并最终跻身资本主义强国之列。但是明治维新仍旧保留了大量旧制度的封建残余，且改革后的军事体制军国主义色彩浓厚，日本强大起来后，很快就走上了对外侵略扩张的道路。[1]

思考讨论

1. 为什么倒幕运动的主力是中下级武士，而不是日本的资产阶级？

2. 关于日本明治维新成功的原因，除了书中分析的一些因素外，你还能想到哪些？

案例解析

日本的明治维新改革是成功的，不仅避免了日本沦为半殖民地半封建社会国家，还使日本成为亚洲唯一的资本主义强国。关于它的成功，可以说是各方面综合因素使然：

第一，幕藩体制有利于革新力量推翻幕府统治。处于德川幕府时代的日本实行的是"幕藩体制"，也被称为"二元政治体制"，即同时拥有两个最高统治者：一个是权威型政治人物——天皇，一个是权力型政治人物——幕府将军。幕府的统治者　将军，通过掌握实权控制了名义上国家的最高统治者——天皇，从而挟天子以令诸侯。从这里我们可

---

[1]　张跃斌：《世界历史潮流中的明治维新》，《人民论坛·学术前沿》2009 年第 21 期。

以看出，尽管将军掌握日本的最高统治大权，但其权力的合法基础依然要靠天皇授予。这种带有"双向性选择"的关系既使各藩大名臣服于将军，也会使将军在统治不力时失去权力。因为天皇的存在不仅限制了将军权力的无限扩大，而且朝廷赐予的官位意味着各藩大名同时也是天皇的家臣，从而成为批判幕府的动因。此外，大名是日本各地方藩国的领主，臣服于幕府将军统治，德川时代大约有260家大名，他们保留了极大的地方自主权，这严重削弱了幕府的中央集权。脆弱的中央集权在锁国政策下尚可与各地方大名维持着微妙的平衡，而一旦遭受到外力的冲击便很快被瓦解。

第二，倒幕力量强大。首先，日本拥有一个庞大而逐渐没落的武士阶级。日本的中下级武士虽属于封建社会统治阶级，但由于幕府和各藩政府实行严格的身份等级制度，意味着中下级武士通往上层的大门被牢牢锁死，政治抱负难以实现。再加上幕府统治末年，幕府和各藩的财政状况日益恶化，许多中下级武士面临着俸禄不保的境地，生活状况大不如前，不少下级武士成为"浪人"。在强烈的不满情绪下，中下级武士最终成为反传统的领导力量。其次，日本的资产阶级力量随着商品经济的发展而逐渐增强。幕府末年，藩国和幕府为了渡过财政困难，给予了商人很大的权益，垄断经营带来的利润极大地充实了这个以往生活在封建社会最底层的阶级。再加上一部分没落武士为谋生路，直接放弃了武士的身份转而从事资产阶级性质的经济活动，逐渐在经济利益上与资产阶级保持一致，自觉地与资产阶级结成了"特殊联盟"，充当了日本资产阶级的代理人。最后，幕府末年，农民阶级因长期受赋税剥削，他们也同样仇视德川幕府的统治。总之，德川幕府统治末期，商品经济的快速发展促进了生产关系和社会阶层的变化，不满于幕府统治现状的武士、手工业者、商人、农民等各阶级联结在了一起，凝聚成了强大的倒幕力量。

第三，明治维新的领导层是革新派，且一直坚持改革。在上级精英武士领导，中下级武士、手工业者、商人、农民等各阶级倒幕力量的推动下，维新派彻底推翻了德川幕府的封建统治，掌握了国家政权，建立了新的明治政府，为推行一系列改革扫清了障碍。维新派在掌握国家政权后，力主改革。明治初期，由于"四民平等""征兵制"等制度的推行，引起了失去特权的士族阶层的强烈不满，于是他们起兵叛乱。明治政府以强硬手段果断镇压了这些不平士族发起的叛乱。此外，明治政府内部试图通过发动朝鲜战争，来转移国内不平士族不满情绪的"征韩论"主张，也被回国后的岩仓具视等人否决，他们强行压下了当时"征韩派"的意见，极力主张维新改革。就是在这些先进势力的坚持努力下，一系列适合当时日本国情的改革政策才能顺利推行。

第四，明治政府采取了正确的策略和步骤。这体现在他们不同时树敌过多，分阶段清除那些反革新势力上。明治政府在"废藩置县"后，为使统治基础得到巩固和扩展，在对待旧特权阶层的方式上，改革主体不仅在政府中给旧公卿和旧大名留了许多位置，还留用了大量旧藩臣，使他们在经济和名誉上都享有特权，这就是"华族制度"。1884 年（明治十七年）政府共向 509 人授予华族爵位，其中旧公卿、旧大名各占56% 和 36%，合计占 92%，而获得国家功勋者 39 人，仅占 8%。[1] 从新政府对权力结构的调整可以看出，改革主体并没有采取激进的方式，没有将保守、落后势力推向敌对面，极大地减少了改革阻力，降低了社会内耗。同时为了避免出现幕府时代阶级固化的局面，在用人标准上逐渐

---

[1] 李海英、赵磊：《近代中日变革原因的权力分析视角》，《江苏社会科学》2004 年第 3 期。

以能力主义取代世袭主义。通过"华族制度",维新政府成功地将政府的各种敌对势力转换为现代化的助力。

延伸阅读

1. 马国川:《国家的启蒙:日本帝国崛起之源》,中信出版社 2018 年版。

2. [美] 安德鲁·戈登:《现代日本史:从德川时代到 21 世纪》,李朝津译,中信出版社 2017 年版。

教学建议

本案例设置的主要目的在于通过介绍日本明治维新的来龙去脉以及具体的改革措施,引导学生理解日本为什么能成为近代亚洲唯一跻身资本主义列强的国家。

本案例可适当引入中国晚清政府有关戊戌变法的改革内容,引导学生作对比分析,让学生总结归纳戊戌变法与明治维新存在的差异,思考明治政府的维新改革为什么会成功。

案例二 民族文化意识对日本兴衰的影响

案例呈现

1853 年 7 月,四艘巨大的黑色铁甲舰,冒着滚滚的黑烟,驶入日本的江户湾。第二年,日本和美国签订了《日美亲善条约》,宣布开国。日本的近代化进程由此开始。

在国门打开之前,日本人是非常骄傲的。因为"日本乃神国也",日本人也因此认为自己是天下最优秀的人种。但是,开国之后,这种虚妄被瞬间打破。西方文明撞击之后,大部分日本知识分子马上意识到了西方的先进。日本著名启蒙学者福泽谕吉在 1875 年所撰写的《文明论概略》中认为："西洋各国人民智力充沛，有独立自主精神，在人与人的关系上是平等的，处理事物是有条不紊的，大自一国的经济，小至个人的生活，就目前的情况来谈，我们日本人无论如何是望尘莫及的。大体上说，到了今天人们才恍然大悟，完全承认西洋各国的文明和日本的落后。"①

日本社会迅速兴起了一股崇洋热。幕府时期日本禁食牛肉，而此时牛肉却成了"文明的药剂"。大家都以不吃牛肉为不开化的表现，牛肉火锅店顾客盈门，人们在里面大啖牛肉，喝着葡萄酒，用蹩脚的英语谈着时事，认为这是最时尚的表现。

日本人甚至发明了"日本人种和日本文化劣等论"，认为自己从人种到语言都一无是处。福泽的弟子高桥义雄认为，要改变日本人的落后状态，最有效的手段是实施"人种改良"。由于西洋人在身高、体重、头脑等各方面都强于日本人，日本人应该与西洋人"杂婚"，这样于公于私都有好处。明治初期的外交官兼学者森有礼的观点更为偏激，他曾于1872年发表了《英语国语化论》，主张停止汉字教育，废除日本语，用英语取代国语。日本人对本国国民性的反思也由此开始。日本人天生的慕强文化在明治维新改革中表现得淋漓尽致。

日本近代化转型的初步成果，在甲午战争中强烈地显现出来。明治时期的知识分子对日本人一盘散沙状态的感叹发出没有多久，日本人强烈的国家观念就培养起来了。甲午战争时，24岁的加藤芳五郎入伍，亲身感受到普通日本人身上的民族主义狂热，他在《从军日记》中感叹道："正在田里干活的农民，看到我们乘坐的汽车将要靠近，有蹲在地里两手合拢叩拜的人，有向我们汽车频频敬礼的，我们特别铭记于

---

① 福泽谕吉：《文明论概略》，北京编译社译，商务印书馆1992年版，第169页。

心，同仇敌忾之心油然而生。观其精神，可以断定他们或是其子女，或是其亲戚都已经奔赴战场，每个人都不能不感叹……"①

甲午战争起，"战死"开始成为日本人竭力追求的"名誉"，被升华为所谓日本人的"光荣的樱花般的优良品质"。② 有一些日本士兵因病归乡，被视为"说谎的家伙、畜生"，③ 被人们群殴。显然，日本民众已经把自己的命运与国家的命运紧紧地联系在一起。

思考讨论

1. 日本人的民族国家观念是如何培养起来的？
2. 日本的民族文化意识在国家兴衰发展过程是如何起作用的？

案例解析

国家和民族意识的觉醒，是世界近现代史上一个非常重要的特征。但比较而言，东西方的国家和民族意识的觉醒方式，是截然不同的。西方国家是由内向外，通过资本主义的迅猛发展和在全世界范围内建立殖民地的方式，来推动和实现自己国家和民族意识觉醒的；而东方，包括中国、日本等在内的亚洲国家，真正意义上的国家和民族意识的觉醒，其实是在被殖民被侵略的过程之中被动催生的。日本民族在明治维新时期的民族意识觉醒，就是典型的例子。明治维新时期，日本内外交困的社会背景，是日本民族意识觉醒的催化剂。

四面环海的地理位置，小国寡民的现实，落后的闭关锁国的政策，

① 牧原宪夫：《从客人到国民之间》，吉川弘文馆 1998 年版，第 173—174 页。转引自田雪梅：《近代日本国民的铸造：从明治到大正》，博士学位论文，复旦大学，2011 年 3 月，第 209 页。

② 田雪梅：《近代日本国民的铸造：从明治到大正》，博士学位论文，复旦大学，2011 年 3 月，第 211 页。

③ 田雪梅：《近代日本国民的铸造：从明治到大正》，博士学位论文，复旦大学，2011 年 3 月，第 211 页。

种种因素交加在一起，在西方殖民者眼中，日本简直就是一块放在嘴边的肥肉。1854 年，在美国军舰的胁迫下，日本开关，被迫与西方签订了一系列不平等条约，国家民族的危机，从一开始就陷入了生死存亡的关头。而当时的日本国内，却还在德川幕府统治时代的末期，臣民通常只知道本藩的利益，而不知道有国家民族的概念。

当西方列强的"黑船"迫使日本民族意识到外部压力，从天皇到普通百姓，才开始意识到民族的危机。在西方人的逼迫下，日本人才意识到了相对于乘黑船而来的列强，国内的纷争顶多算是"兄弟阋于墙"，所以才开始寻求团结国内一切可以团结的力量，以求得民族生存之机的明治维新运动。自此，内忧外患的压力下，常年内斗，藩镇割据的日本国内，从上到下才开启了近代民族国家概念的萌芽。

民族意识的觉醒不是一朝一夕的事情，而是在民间有识之士的宣扬和日本政府的推动作用下形成的。近代国家概念的普及和整体性的民族觉醒，在实现日本民族意识觉醒的过程之中，需要天皇、藩镇长老，以及普通人共同的努力，才能够成功。

从民间来看，首先是大量思想家和社会活动家的呼吁，吹响了日本民族觉醒大业的号角。所谓矫枉一定过正，在这一时期出现的"国民主义""国粹主义"，正是思想界呼吁民族觉醒的典型例子。

从国家层面上看，明治维新以后，日本政府对于国民的教育上，呈现出两方面的特点。其一自然就是在技术上学习追赶西方的步伐，这毋庸多说。其二则是在学习西方先进科技的同时，又保有并坚持本土文化，强调人民对于国家和民族的忠诚，同时强调日本传统文化的国粹，是日本民族区别于世界其他民族的根本所在。在此基础之上，公办学校中强化爱国教育，强化学生对于民族和国家的认知，为其后日本国民素质的提升，民族国家觉醒的进程，打下了坚实的基础。

民间有识之士的呼吁，政府大力的支持和推动，给经历过巨大打击的日本民族以方向，以力量，使其民族的觉醒在短时间内得以迅速完成，并学习西方，建立了近代统一的君主立宪制国家，走到了世界民族之林的前列。

明治维新时日本民族意识的快速觉醒，使日本迅速立于世界强国之林，但也留下了诸多隐患，最突出的就是封建残余思想的流毒。

从日本国内的历史来看，明治维新时期日本国家民族意识的觉醒，自然对身处于内忧外患的日本民族产生了积极的影响，使其逐渐摆脱封建时代藩镇割据的乱象，能够集中人力物力，赶超当时在世界上较为先进的西方国家，迅速从一个与中国一样的半殖民地半封建国家，过渡为资本主义强国。

与同时期的亚洲其他各国相比较，日本因为迅速的国家和民族意识的觉醒，得以抓住了西方列强在陷入第一次世界大战的泥淖中无法自拔时的发展机遇，迅速地摆脱了半殖民地半封建的历史，成为地区和世界强国。

但另一方面，从弊端的角度上看，日本的民族觉醒由于太过迅速，国内社会原本存在的社会矛盾，被迅速席卷而来的外部压力所掩盖，用现在的话说，就是封建残余的势力没有得到彻底的肃清，就已经成立新的资本主义国家。

一个国家民族意识的觉醒就如同政治体制的改革一样，宜缓不宜急，这样才能充分地将问题暴露出来，找到解决的办法。但显然日本明治维新时期的民族意识觉醒，并不满足"慢"的要求。在日本民族气质里本身带有的偏执和外部强大的压力下，日本民族意识的觉醒近乎是在瞬间完成的，其后隐藏的藩镇不合的矛盾，底层武士阶层迅速占据社会统治地位的现实，旧的封建时代残留下来的扩张土地和领土的思潮，都潜藏在外部压力之下。

在日本尚还弱小，需要全民一起面对危机的时候，这些矛盾自然不是主要矛盾，但当日本借着一战对西方的牵制，迅速崛起，成为亚洲强国的时候，这种内部矛盾就开始逐渐爆发。

更重要的是，当时的日本并未完成彻底地觉醒，依然还是四面受敌的境地，就好比原本的婴儿突然长成了少年，周围还围绕着一群五大三粗的成年人。这时候日本国内为了转移内部矛盾，也为了能够与西方大国抗衡，就逐渐走上了对外扩张的军国主义道路，并最终演变成第二次世界大战的轴心国成员，对亚洲和世界的和平，都起到了恶劣的影响。

从日本自身的情况来看，常年的战争使得刚刚走上资本主义道路的日本，失去了喘息的机会，原本因为民族意识觉醒和明治维新强大起来的国力，也因为被拖入战争的泥淖里而消失殆尽。

延伸阅读

1. 向卿：《日本近代民族主义》，社会科学文献出版社 2007 年版。

2. ［美］鲁思·本尼迪克特：《菊与刀》，吕万和、熊达云、王智新译，商务印书馆 2012 年版。

教学建议

本案例设置的主要目的在于通过分析日本的民族文化意识，探讨一国的民族文化意识与本国的兴衰之间的密切联系，使学生能够更好地解读日本近代的发展史。

本案例讲述过程中可适当地向学生介绍日本近代思想家福泽谕吉、森有礼等人关于"铸造近代日本国民"的思想主张，让学生们了解近代日本国民性格形成的原因，以及民族意识在国家发展过程中扮演的重要作用。

案例三　岩仓使节团（1871 年）

案例呈现

明治初期，刚刚推翻了德川幕府统治的日本，面临着新生国家建设的问题。当时的日本仍然维持着封建时代落后的税收方式（即以粮食作为税收），经济、产业与江户时代相比也基本没有变化。为了改变落后农业国家的面貌，从而尽快融入国际社会，1871 年 11 月 12 日，一群肩负着日本命运、满载着日本期待的年轻人踏上了游历欧美的宏伟旅途，他们就是日本历史上著名的岩仓使节团。使节团有 46 人，团长是公卿出身的岩仓具视，在他周围还围绕着伊藤博文、木户孝允、大久保利通、山口尚芳等年轻官员，这些都是一群在明治新政府中身居要职，平均年龄只有 32 岁的政治精英团体。他们计划在 10 个月内游历欧美 12 个国家，向这些国家呈递天皇国书，进行改签不平等条约的交涉活动，同时广泛接触各国首脑政府官员和各阶层群众，实地考察欧美的政治、经济、司法、教育等。

岩仓使节团首先横渡太平洋，到达了美国的旧金山。在这里，第一次直面西洋文明的他们，被居所里每个角落充斥着的工业文明利器所彻底折服，华丽的灯饰、便捷的电梯以及水道等近代设施无一不让他们感到目眩神迷。作为远道而来的稀客，他们接连几天受邀参加了晚宴，一举一动都受到了美国媒体的争相报道，这样热烈的欢迎一直持续到他们动身前往华盛顿。到达华盛顿后，使节团觐见了美国总统格兰特，并递交了天皇的国书。按理来说，他们的美国之旅目的已经达成，但被美国热情欢迎所蒙蔽的众人向美国提出了一个大胆的提议，即提出修改江户幕府时代与美国签订的不平等条约，然而事实并没有他们想的那么简单。提出修改条约后，美国不但以日本没有委任状为由拒绝修约，反而在贸易方面罗列了促进美国利益的项目。残酷的现实给众人泼了一盆冷水，他们逐渐认识到所谓的外交交涉，说到底不过是互相争夺各自国家利益的场所罢了。外交上的失败让他们转向了对西方社会运转系统的探索学习之中，木户就在此期间学习翻译了《美利坚合众国宪法》。

随后，岩仓使节团离开美国，横渡大西洋来到了英国伦敦，经过百年工业革命的英国已经实现了大规模的工业化生产，一举成为世界工厂。他们在这个当时世界上最发达的资本主义国家里，感受到的不仅仅是震撼，还有许多困惑。他们带着强烈的问题意识，发出了同为小岛国的英国为何能取得如此繁荣之问。使节团在考察中看到了机器轰鸣、冒着滚滚浓烟的各式各样的工厂，在这些工厂里，他们目睹了英国殖民地廉价的原材料源源不断地输入工厂，再经过机器加工之后，变成了大批的商品，又源源不断地销往世界各地。他们从这些工业化生产和全球贸易中看到了英国崛起的奥秘。同时，他们的见识远不止于器物方面，在参观英国议会后，他们发现，与东亚国家的政治不同，欧洲国家普遍都是人民公选议员，议员执行立法之权，并且非常重视维护物权以及民权，因此他们认为日本应当顺应世界潮流，建立新的政治体制。除了积极的一面，资本主义社会黑暗的一面也被他们捕捉到了。由于对银行所知甚少而陷入了金融诈骗的一行人，蒙受了重大的财产损失，从中他们体会到了金融经济利益和风险并存的可怕。不仅如此，他们还目睹了英国繁荣表象下平民们艰难困苦的生活，对此，木户孝允感触颇深，产生了对文明开化的危机感。对于当时的日本来说，遥不可及、光芒万丈的英国也有由工业发展带来的副作用，近代化伴随着的光明与黑暗，以及进步所伴随着的各种风险等等都让使节团一行人深深地思考着适合日本的文明开化到底是什么。

离开英国到达法国，当时巴黎公社反政府运动刚过去一年，革命的气息还没有散去，见到这样场景的他们认为，这里的人民似乎自由、平等过头了，站在统治者的立场，是不希望有这样的事情发生的，这使得他们又重新考虑日本今后的政治体制应该是什么样的形态。

在游历了美国、英国、法国等大国以后，他们到达了下一个目的地比利时，在这里，他们更多思考的是小国在大国之间的生存之道。比利时是比日本还小的国家，却能在大国的夹缝中生存下去。通过考察，他们发现了比利时独特的优势。当时比利时的工业化进程还在进行中，但是和其他工业国比起来却有着先天的优势——精美的蕾丝织物和玻璃制品广受欧洲各国的欢迎，传统手工业产品中所展现的高超技术为比利时带来巨大的利益。正是依靠这样一群做着本职工作的工匠、商人，比利时从支配他们的大国那里，获得了自主行使政治和司法的权利，取得了国家的自由和独立。

1873 年 3 月，使节团一行人正式到达了德意志帝国。当时的德国在铁血宰相俾斯麦的纵横捭阖之下，已经击败丹麦、奥地利、法国，完成了统一，一跃成为欧洲新星，工业化速度更是位居欧洲前列。更让使节团感到惊喜的是，德国的历史跟日本如出一辙：统一之前，就跟日本的藩国一样，德意志也存在大大小小上百个邦国，且同样都是落后的农业国。适合日本的政治体制究竟是什么？似乎在这里得到了解答。更让他们感动的是，俾斯麦亲自在德国首都柏林接见了他们，在那里，俾斯麦把自己认识到的国际政治本质及小国的生存之道向他们进行了讲述：

"方今世界各国，虽皆声称以亲睦礼仪相交往，然此全系表面文章，实乃强弱相凌、大小相侮……彼之所谓公法虽号称保全列国权利之典章，然而一旦大国争夺利益之时，若于己有利，则依据公法，毫不变动；若于己不利，则翻然诉诸武力，固无常规也。小国孜孜省顾条文与公理，不敢越雷池一步，以期尽力保全自主之权，然遭其簸弄凌侮之政略，则每每几乎不能自主。是以普鲁士慷慨激奋，一度振兴国力，欲成为以国与国对等之权实施外交之国，乃振奋爱国心，积数十载，遂至近年始达成所望。"① 这一番话语让刚跻身国际社会并认为遵守国际法才是最重要的一行人对俾斯麦的现实主义外交风格刮目相看。之后俾斯麦提出，如果日本想要学习国情相似的德意志的话，德方可提供人才。面对德方的盛情邀请，木户孝允却婉拒了，他认为日本人民与德国人民的遭遇相似，只是因为长期的锁国政策导致日本无法看清世界形势，这才拉大了日本与西方世界的距离，他更希望日本能够依靠自身的努力来实现国交平等。从中可以看出，对于日本应该选择怎样的道路，他们深知欲速则不达，必须依据本国国情才能做出正确的选择，这是木户以及使节团一行人共同的气魄。

结束德国之行后，使节团从柏林出发赴俄国考察。俄国之行最大的收获在于改变了使团成员们对俄国的以往认知。在日本人的眼里，俄国是"虎狼之国"，有吞并世界之志，远比英、法、德、奥等欧洲国家要强大许多。但经此一行，他们认为在欧洲五大国之中，最不开化的就是俄国，开化程度与日本相近。而且他们发现俄国的国情与日本相似，都是保有很强封建性的帝制国家，强调日本实现文明开化要以俄国状况为基准。

---

① 《世界历史》编辑部编：《明治维新的再探讨》，中国社会科学出版社 1981 年版，第 173 页。

岩仓使节团考察俄国以后，先后访问了丹麦、瑞典、意大利、奥地利等一系列欧洲小国。在这些小国家里，他们探寻的是小国在弱肉强食的国际社会中的生存之道。他们发现，这些小国之所以能防御大国，不单是依靠军事力量，还依靠人民富有的自主、自由精神和旺盛的经营能力。在维亚纳的万国博览会上，一些小国的展品毫不逊色于大国。同时他们还意识到文化在国家发展中占据着重要的地位，无论是英、法、德这样的大国，还是丹麦、瑞典、意大利这样的小国，文化之繁盛都是日本所不能及的。

1873 年 9 月，历时一年零九个月的旅程结束，岩仓使团回到日本。此次出访时间比预期时间延长了一年之久，耗资多达百万日元，占明治政府 1872 年财政收入的 2% 以上。① 虽然在外交方面就修改条约一事收效甚微，但在考察西方文物制度方面却收获良多。岩仓使节团通过欧美之行，加深了成员对西方社会的了解，获得了多方面的新认识，对日本社会产生了深远的影响。

思考讨论

1. 从岩仓使节团一行人的考察过程中，我们能学到他们什么样的精神？

2. 在考察了各国政治体制后，为什么岩仓使节团会将德国作为学习的目标？

案例解析

明治初年，新政府虽然推翻了幕府的封建统治，但以往日本面临的巨大内外压力并没有随着旧政府的垮台而消失。面对严酷的国际形势和

———————————

① 汤重南：《岩仓使团出使欧美》，《世界历史》1985 年第 8 期。

复杂的社会矛盾，明治政府决心变法图新，以摆脱日本沦为殖民地的危机，实现富国强兵的目的。但由于缺乏相关知识、经验，一些改革方针在实行中遇到了许多困难，取得的效果不理想，一些政策还因施行不力反倒激化了国内的社会矛盾，致使先前"倒幕阵营"里的一部分力量走到了政府的对立面，各地起义接连不断，旧士族伺机反扑。为了更好地指导国内进行改革，明治政府决定派出考察团出访欧美，求取资本主义"改革真经"。

明治政府高度重视此次的欧美之行，专门拟定了详细的考察大纲——《派全权大使事由书》。此次使节团出行有两项重要使命：一是与各国政府交涉修改不平等条约之事；二是考察欧美各国先进文化和制度，以供日本实现现代化作参考。根据《事由书》规定，考察团成员分为政治、经济、军事及文化教育等班子，要求凡是对本国有益的事项均在考察范围之内。此外，使团首脑也各有分工，如岩仓具视考察各国帝室制度，木户孝允重点考察各国宪政，大久保利通重点考察各国产业发展状况等。《事由书》还要求使节团设立专门的理事官、书记官，详细记录使团的考察和研究情况，对每项考察提出看法，说明其能否在日本国内采用、实行，采用、实行的具体方法以及欲达到的效果，考察结果还需每月向国内报告两次。

使团成员每到一处，就把日本的政治、经济、文化与当地作对比，从中找出西方国家强盛的原因和可以作为日本改革参考的内容。通过这种方法，他们对西方资本主义社会有了更为清晰的认识，为日本资本主义改革的深入发展提供了许多新思路。岩仓使节团在思想上获得的新认识是多方面的，下面试从三个主要方面作总结：

第一，认识到只有重视工商业的发展，日本才能富国强兵，只有富国强兵，方能独立自主。

通过欧美之行，特别是对英国的考察，他们认识到欧美国家富强的根本原因在于注意发展工业和国际贸易。大久保利通回国之后，向政府提出了以西方国家为榜样，大力推进"殖产兴业"的方针。他在《关于殖产兴业的建议书》中说道："大凡国之强弱由于人民之贫富，人民之贫富系于物产之多寡。而物产之多寡虽基于人民之是否勉力于工业，但追本溯源，未尝不仰赖政府官员诱导奖励之功。"① 可见，岩仓使节团的出访，使日本找到了发展资本主义经济的"楷模"，认识到了政府奖励诱导的重要作用，为以后利用国家权力充分干预经济，促进和推动日本资本主义近代企业的产生和发展奠定了基础。不仅如此，他们还认识到要想搞好"殖产兴业"，铁路交通的建设、机器设备的运用是必不可少的。因此大久保将铁路与机器设备看作是"当前政务最紧迫的任务"②。于是，在大久保的倡导和推动下，日本很快就走上了发展工商业致富治国的道路。后来日本采取的"产业立国""贸易立国"等比较符合日本国情并卓有成效的方针，很大程度上就源于此次岩仓使节团的欧美之行。大久保也因此被誉为"日本近代化之父"。

岩仓使节团在与欧美列强进行修改不平等条约的协商受挫后，意识到了"国际丛林"弱肉强食的残酷，特别是听取了俾斯麦的说教后，他们更加意识到日本唯有实现富国强兵才能争取到与列强平等之外交地位。回国后，大久保依据自己在德国的见闻，将"强兵"看作是"富国之本"，积极支持山县有朋的军事改革，使日本军事实力迅速强大起来。

---

① ［日］大久保利谦：《近代史资料》，吉川文馆出版社1973版，第177页。转引自廖建林：《岩仓使节团的欧美之行与日本的近代化》，《武汉大学学报（人文科学版）》2005年第3期。

② 汤重南：《岩仓使团出使欧美》，《世界历史》1985年第8期。

同时，随着日本军事实力的大幅提升，日本也走上了对外侵略扩张的道路。1874 年大久保一手策划了对中国台湾的侵略战争，第二年又挑起侵略朝鲜的"江华岛事件"，迫使朝鲜在 1876 年签订了《江华条约》。

第二，认识到急需改革日本的政治体制，健全法制，实行集权主义统治。

岩仓一行看到，"欧罗巴洲列国感触于佛郎西革命，民伸自由之理，国变立法之体，尔来星霜仅经八十年。中虽奥国继续帝威，二十年来亦已改为立宪之体。俄国之独裁，十年来略图与民自由。欧洲之文明源于此改革之深浅，其精华发而为工艺产物，利源滚滚而出"[①] 他们认识到文明愈是开化的国家，自由、民主的宪政体制实行得愈是彻底，日本要想强大起来，也需紧跟欧美列强步伐，改革政治体制，制定国家根本大法。重点考察欧美各国宪法的木户孝允认为，日本现在处于落后阶段，人民知识水平低，宪政要靠天皇和官僚来带领实施，才能逐步将国民引入文明社会。在看到德国情况后，他断言德国普鲁士宪政最适合当前日本国情。岩仓具视也认为"普鲁士宪法最适于渐进主义"[②]，应以普鲁士宪法为榜样，逐渐在日本实行立宪政治。木户孝允回国后，开始草拟日本国家宪法大纲。后来，伊藤博文掌握政府权力中枢后，制定和颁行的明治宪法也是以德国宪法为蓝本。通过效仿德国体制，日本成为亚洲第一个宪政国家，但德国政治中带有的浓厚封建色彩也被保留了下来，这是岩仓使节团欧美之行的消极后果之一。

第三，认识到要想改变日本的落后面貌，不仅要实行经济和政治改

---

① ［日］久米邦武：《特命全权大使美欧回览实记（第五篇）》，宗高书房出版社 1975 年版，第 1 页。转引自王新生：《日本明治时期近代化的得与失》，《史学理论研究》2022 年第 6 期。

② 张立芳：《从梁启超到鲁迅：关于国民素质改造问题》，《山东社会科学》1998 年第 3 期。

革，还要移风易俗，改革教育。

使团中专门负责考察教育的田中不二麿发现，欧美各国虽立政体制各有不同，但对教育之事都出奇一致地重视。木户对美国教育考察后更力倡普及教育，以造就"千载无尽"之人才。他们进而认为东西方国民贫富差别，就是由此而产生的。岩仓使节团还通过比较分析，发现东西方传统思想的不同导致两者在教育内容上亦有根本差异。"西洋人勉力于有形之理，而东洋人则骛于无形之理"①，东方人对"济生之道用意不足，靠高尚之空理度日"② 是东方不及西方的原因。因此使团一行人深切地体会到日本不仅要进行政治改革和经济改革，还必须移风易俗，即进行"文明开化"，从而改造日本的封建文化，建设资本主义精神文明。而"文明开化"的基础就在于国民教育。以这种认识为基础，1872 年，明治政府颁布了学制，制定了强行普及全民教育的规划，确立了近代学校体制。

总之，通过欧美之行，岩仓使节团学到了一些有助于日本实现独立富强的有用经验，找到了一条日本发展资本主义的切实可行的道路。同样，在借鉴国外经验的同时，他们也保留了一些维护军事封建性的糟粕，这些都对日本近代化的发展产生了深远的影响。

延伸阅读

1. 胡黎：《论岩仓使节团的欧美观》，《长白学刊》2001 年第 6 期。

---

① ［日］久米邦武：《欧美回览实记：第 1 卷》，岩波书店出版社 1980 年版，第 163 页。转引自廖建林：《岩仓使节团的欧美之行与日本的近代化》，《武汉大学学报（人文科学版）》2005 年第 3 期。

② ［日］久米邦武，《欧美回览实记：第 2 卷》，岩波书店出版社 1980 年版，第 253 页。转引自廖建林：《岩仓使节团的欧美之行与日本的近代化》，《武汉大学学报（人文科学版）》2005 年第 3 期。

2. 朱庭光：《外国历史大事集（近代部分）》第三分册，中国社会科学出版社 2017 年版。

教学建议

本案例设置的主要目的在于通过介绍岩仓使节团欧美之旅，巩固前面明治维新的知识，让学生们明白为什么日本明治维新时期，政治、军事改革要以德国为蓝本。同时让学生体会到岩仓使节团在访问过程中所体现出的强烈的问题意识以及使节团一行人将目光不仅仅停留在学习器物上的远见卓识。

本案例教学过程中，可将李鸿章一行人出访欧美考察作比较，体会中、日考察团之间存在的差异。

案例四 《大日本帝国宪法》

案例呈现

日本经过明治维新后，大量的西方文明思想在国内广泛传播，特别是英、法、美三国的民权学说备受当时日本知识界的追捧，如福泽谕吉就主要介绍英美两国思想，著名民权思想家中江兆民则大力翻译法国革命思想。这些西方学说深刻地影响着日本的整个社会，自由、民主、平等观念逐渐被国民所接受向往，他们纷纷要求政府开设国会、制定宪法，民间刮起了一股私拟宪法的时代风潮，自由民权运动因此而兴起。

自由民权运动使得明治政府意识到制定明确的宪法和开设国会已是大势所趋，但民主意识在社会迅速传播的同时也让伊藤博文等掌权者倍感不安，先后颁布了《谗谤律》《新闻纸条例》《集会条例》等法令，压制言论自由和民权活动的空间，同时大力鼓吹德国学说。尤其是日本陆军之父山县有朋，公开发表文章鼓吹向德国学习，他不能容忍民众批评政府，对英国式的民主政体感到十分厌恶，他把自由民权运动家视为敌人，指责自由民权运动妄议政治、批评官员、评价政事。不仅如此，他的主张还得到了日本知识界的追捧，一批右翼官僚学者成立了独逸学协会，创办独逸学协会学校，专门教授德国学说。就这样，在伊藤博文、山县有朋等日本政坛保守主义者的支持下，自由民权运动逐渐走向低潮，而崇拜德国的思潮弥漫日本社会各个角落。在这样的背景下，伊藤博文等人踏上访问欧洲各国之旅，不同于先前的岩仓使节团，此次考察之旅主要是为了找到发展日本立宪政治之路。

伊藤博文对于德意志宪政的最早接触，始于1871年跟随岩仓使节团出访欧美之旅，在此期间，德国短时间迅速增强的经济军事实力、富有野心而上进的统治阶层给他留下了深刻的印象。德国以皇室作为政治制度建设轴心的模式，契合了国内保障天皇主导地位的传统理念，可以说通过对德意志帝国的考察，伊藤已经初步确定日本宪政参照德意志宪政模式。因而在为期一年的赴欧宪政调查中，伊藤博文一行人主要在德国度过，在这里，他们考察了宪政的起源、皇室制度、内阁制度、上下两院和贵族制等，还听取了格奈斯特、史坦等德意志宪政学大学者关于宪法的基本理论、运用以及他们对日本方面制定宪法的诸多建议，这对伊藤博文宪政思想的形成和制定明治宪法起到了关键性的作用。

经过一年考察的伊藤博文等人回到了日本，设立宪法取调局，在德国法律顾问的帮助下，正式开始了制定宪法、设立日本国会的进程。由于天皇主权观念在日本传统文化中根深蒂固，为了减少实行宪政的阻力，保障宪政得以平缓推行，伊藤博文主张以天皇主权作为实行宪政的基轴。事实上，在宪法制定之前，日本国内各个派别就已经围绕着天皇权力展开了激烈的博弈，首先是虚君派，由明治维新的实力派元老提出，他们支持扩大天皇的权力，将天皇"神"化，但是作为"神"的天皇不能随心所欲地参与政治事务，所以日常政务大权把持在元老手中，天皇只能在各方意见产生严重冲突的情况下亲裁，实际政治参与十分有限，这一派希望天皇在大多数时候成为一个除了崇高地位以外啥也没有的虚君。其次是天皇派，这一派以元田永孚、佐佐木高为代表的侍补集团为主，他们要求建立天皇亲政体系，在他们推动下，天皇亲政运动登上历史舞台。最后一派是激进民主派，主要代表是肥前藩出身的参议大隈重信，他们追求公民权利，希望对天皇权力进行限制，快速建立起真正的代议制体制。伊藤博文，作为明治维新的元老之一，《大日本帝国宪法》的主要起草者，他并非严格意义上属于上文中提到的任何一派，他虽主张在宪法上确立强大的天皇主权，但也明确提出要对天皇的权力进行一定限制，使之运行规范。[①] 因此，天皇在宪法之下有序参与政治的君主立宪制是伊藤所倡导的理想宪政模式。

思考讨论

1. 日本早期有类似于倡导自由民主观念的福泽谕吉，日本政府也大力引进西方思想，以文明开化为立国的三大目标之一，力图使国民素质跟上当时西方列强的水平，为什么后来日本政府和社会日趋保守？这个变化是如何发生的？

2. 许多学者将德国式的《大日本帝国宪法》作为日后日本走上军国主义道路的原因之一，试思考，如果日本不以德国为蓝本，日本的宪政改革能否顺利推行？照搬德国模式体现了日本在学习西方之时怎样的弊端？落后国家在学习先进文明时，又应当注意什么？

[①] 朱华进：《伊藤博文宪政思想研究》，硕士学位论文，湘潭大学，2016年4月，第16页。

案例解析

1889 年 2 月 11 日，经过多次的审议和修改之后，《大日本帝国宪法》正式向全体国民公布。作为德国宪法在东方的翻版，如同德国宪法强调皇帝的权威，日本也突出天皇的特殊地位。

宪法明确规定，大日本帝国由万世一系之天皇统治，天皇神圣不可侵犯，天皇作为国家元首，总揽立法、行政、司法、军事、参政等大权。强调日本民众是天皇的臣民，而不是地位平等的日本公民。规定日本臣民享有言论、出版、集会和结社等自由，但这些权利必须服从法律限度。宪法赋予了天皇总揽统治权的权力，然而为防止君权滥用也对其采取了"依本宪法条规行使之"的限制，这意味着天皇虽尊为元首，但仍需遵循宪法执政，这是伊藤博文践行宪法政治思想的体现。

天皇之下，三权分立，最高行政机构为内阁，由总理大臣和国务大臣组成，只对天皇负责。最高立法机构为帝国议会，议会下设贵族院与众议院，两院权限对等。其中贵族院由皇族、华族和敕任议员（天皇亲自任命，对国家有功劳之人）组成，多数议员终身任职，而众议院则是由具有一定财产资格的选民选举产生。帝国议会的议政作用非常有限，法律经过议会讨论后，还需要经过枢密院（天皇咨询机构）的审议以及天皇的批准才能生效。最高司法机构为最高裁判所，负责诉讼判决，其最高长官由内阁提名再由天皇任命。

军事上，宪法赋予军队独立地位，直接置于天皇的统治之下，同时规定军部与国会、内阁互不隶属，海陆军由天皇所统率，独立于行政、议会与司法体系之外，内阁除了掌有国防预算的制定和审议权外，对军队事务没有干预的权力。

由此可见，《明治宪法》确立的国体赋予了天皇绝对的权力，是一种君主专制体制。然而在宪法制定过程中，由于"虚君派"有着较大的影响力，因而作为"现人神"的天皇，很少干预人间政治，因此这种政治体制的本质，是武人出生的权贵阶层借"天皇大权"之名，行寡头政治之实的体制。

从现实角度来说，《大日本帝国宪法》确立的君主集权体制，在推动日本近现代化发展上具有一定的积极意义，因为当时明治政府刚刚建立不久，整个国家从零开始，如果没有强有力的明智的领导班子，日本就如同在风雨里飘摇的小船，随时有被时代风浪打翻的危险。最初明治政府的元老们饱经历练，具有一定的战略眼光及才能，能够带领整个国家走向近现代化，但是随着早期打江山的元老们的逐渐凋零，宪法的漏洞开始暴露出来，没有了早期元老们的制约，军队变得越来越难以驾驭，民粹主义思想和军国主义思想在全国上下泛滥。最终，日本走向了毁灭世界、毁灭自己的深渊里。

延伸阅读

1. ［美］唐纳德·基恩：《明治天皇》，曾小楚、伍秋玉译，上海三联书店 2018 年版。

2. 肖传国：《近代西方文明与日本明治宪法》，社会科学文献出版社 2007 年版。

教学建议

本案例设置的主要目的在于让学生们了解二战前日本的政治体制结构，理解日本宪政模式特点，为后面的学习内容奠定基础。

本案例教学过程中，可将前两节学习内容联系起来，引导学生形成对日本近代史的一个宏观认识。

案例五　弃官从商的涩泽荣一

明治六年（1873 年），年仅 33 岁，时任大藏省少辅（相当于今日的财政部副部长）的涩泽荣一，宣布辞职下海经商，这在当时还以入仕为荣的日本社会引起了轩然大波。人们都在猜测为什么他会抛弃锦绣前程，选择弃官从商？

涩泽荣一出生于日本琦玉县大里郡丰里村的一个农民家庭，是家中唯一的男孩。他的父亲虽然以务农为主，但却善于家计和经营，是村里屈指可数的富户。涩泽荣一六岁开始，在父亲的带领下学习汉字，诵读汉书，一年后拜邻村的亲戚尾高惇忠为师，学习四书五经及日本国史、日本外史等书籍。17 岁时，涩泽荣一代替父亲出席领主征收御用金的会议，因为农家子弟的身份，遭到领主仆从的蔑视和嘲笑，这件事成为他的终生记忆，是他后期弃官从商的重要原因之一。蒙受屈辱的他从那时起就痛下决心，无论如何都要成为一个卓越的人，站到比他们更高的位置。22 岁时，涩泽为了继续修汉学和习剑，不顾父亲的劝阻，只身来到江户。之后，受到"尊王攘夷"思想影响的涩泽荣一与其他几位志士准备以武力占领高崎城，杀进横滨，以刺杀在横滨的外国人。

但是在实行计划之前，由于内部发生了意见分歧而中止计划，后又担心计划走漏而带来杀身之祸，涩泽荣一在熟人的介绍下拜在了一桥庆喜的门下，成了封建幕府要员的家臣。一年后，一桥庆喜被任命为德川幕府的第十五代将军，即德川庆喜，而涩泽荣一因为善于理财、办事得力等优点而被德川家重任，成为幕府重臣。

德川庆喜执政后，将自己的弟弟送往法国留学，涩泽荣一作为侍从陪同前往。当时的欧洲正处于资本主义工业化高歌猛进的时代，巴黎成为展示经济繁荣的大橱窗。涩泽荣一在近两年（1867 年 1 月到次年 11 月）的欧洲之行中，随访问团到过法国、瑞士、荷兰、比利时、意大利、英国等国家，参观了大量的工厂（其中主要有针织厂、钟表厂、各类军工兵器厂、钢铁厂、机车制造厂、玻璃厂、造币厂）和社会设施（军队驻地、报社、博物馆、银行），详细考察了近代资本主义大生产的组织和经营方式。

通过这一行程，涩泽对西方近代文明有了全面的了解和全新的认识，看到了一个与日本完全不同的新世界，工业社会中的人际关系尤其是官民与官商之间的平等相处模式是日本社会所没有的。政府官员与商人这种基于平等视角、不卑不亢的对话方式，完全不同于儒家社会里商人在官员面前卑躬屈膝的不平等关系，给来自儒家文化背景的他留下了深刻的印象，他从此认定，日本只有打开国门，融入西方世界，打破官贵民贱的旧习，排除轻商贱商的思想，放开手脚发展工商业，才能国富民强。

涩泽荣一回国后不久，明治政府刚刚成立，正好需要像他这样拥有宝贵出洋经历和出色理财能力的人才。经时任大藏省一把手的大隈重信（两任日本首相，创立早稻田大学，在任期间提出二十一条不平等条约）的反复劝说，涩泽出任大藏省的租税正（相当于日本现在的土税局长）。

大藏省是明治政府领导国家经济建设的最高机构之一，在日本百废待兴之时，涩泽荣一先后参与了有关税租制度、货币制度改革、公债发行、邮政制度的改革等一系列重大决策，一路干到大藏省的三把手。直到1873年，时年33岁的涩泽荣一宣布辞职，走上了充满不确定性的民间企业家之路。

思考讨论

1. 涩泽荣一被誉为日本"商业之父"，结合其个人经历，谈谈为什么涩泽荣一被日本誉为"商业之父"？他对日本的工商业发展作出了怎样的贡献？

2. 结合涩泽荣一的人生经历，谈谈个人机遇与个人奋斗在人生成功中所扮演的角色，我们应如何看待这两者之间的关系？

案例解析

涩泽荣一在大藏省为官的四年经历，得以与伊藤博文、大久保利通、大隈重信、木户孝允、西乡隆盛等明治元勋及其他高官交往，这成为他在日后从商时能在政商两界吃得开的重要因素。

涩泽荣一深知一国的兴旺发达系于实业，需要一批敢于与政府官员平视，勇于开创新事业的企业家，因此在之后的50年里，涩泽荣一参与创办了500多家企业组织，这些企业大多是通过股份募集而建立的，涩泽荣一则在中间起到了组织、牵头的作用。他创办的企业很多都保留到了现在，享誉国内外，例如日本银行、王子制纸、东京电力等。

同时，为了改变当时日本社会利己主义思潮盛行的现状，他提出了"义利合一"理论，这一理论主要体现在他的著作《论语与算盘》中。这本书是他一生实践的总结感想，吸取孔孟思想，从道德修养与物质财富的关系出发，解读人心社会与商业经营的和谐之道。涩泽荣一曾说："我始终认为算盘要靠《论语》来拨动，同时《论语》也要靠算盘才能从事真正的致富活动。因此，可以说《论语》与算盘的关系是远在天边、近在眼前。士魂商才也是这个意思，有士魂还必须有商才。要培养士魂，可以从书本上借鉴很多，只有《论语》才是培养士魂的基础。商才也要透过《论语》来充分培养。但如果能熟读而且仔细玩味《论语》，就会有很高的领悟。"①

涩泽荣一的一生可谓业绩非凡，参与创办的企业组织遍布各行各业，包括银行、保险、矿山、铁路、机械、印刷、纺织、酿酒、化工等日本当时最重要的产业部门，其中许多至今仍在东京证券交易所上市，就连东京证券交易所也是他一手创办的。更重要的是，他热衷于西方经济制度的引进和企业形态的创新，创办了日本第一家近代银行和股份制企业（第一国立银行），率先发起和创立近代经济团体组织。在实业思想上，他把来自中国的儒家精神与效仿欧美的经济伦理合为一体，奠定了日本经营思想的基础。可以说涩泽荣一凭借一己之力，改变了日本"官尊民卑"的封建陋习，在日本创造了一个商业帝国，在创造财富的同时为日本培养了一大批经营管理的商人，促进了日本工商业的建立与发展。

延伸阅读

1. ［日］宫本又郎：《涩泽荣一：日本企业之父》，崔小萍译，新星出版社 2019 年版。

2. ［日］涩泽荣一：《论语与算盘》，李建忠译，中国青年出版社 2012 年版。

教学建议

本案例设置的主要目的在于通过介绍日本商业之父涩泽荣一在日本工商业发展中扮演的重要角色，帮助学生了解日本近代实业的发展历程。

---

① 朱茂男：《涩泽荣一与儒商精神：关于"〈论语〉算盘说"的由来及其影响》，《朱子文化》2019 年第 5 期。

本案例讲解过程中应当结合明治维新时代大背景讲述涩泽荣一的一生，这样不但可以复习前面的知识，还可以更好地促进学生理解日本近代工业的发展过程。

案例六　统治"大东亚共荣圈"

案例呈现

"大东亚共荣圈"这个词，许多中国人并不陌生，在许多以抗日为主题的电视剧、电影中经常提及，它们通常是以这样的场景出现：日伪军在举行宴会时，指挥官发出"共同建设大东亚共荣圈"的祝贺词，随后伴随着的是日军的疯狂叫喊。这其实是一种真实的历史再现。那么"大东亚共荣圈"究竟是什么东西呢？为什么它会引发日军如此疯狂的举动？

"大东亚共荣圈"是第二次世界大战期间日本军国主义政府在东亚、东南亚、澳洲和西南太平洋地区建立以日本为核心的殖民大帝国体系，以排除英、美等其他势力在该地区的影响的侵略计划。"大东亚共荣圈"的提出经历了一个过程。最早可追溯至1936年8月7日广田内阁出台的《国策准则》，该准则主要是为了确保日本在东亚大陆的统治地位，同时为日本向东南亚扩张势力做准备，以确保日本军国主义获得源源不断的军需物资，这是"大东亚共荣圈"的最初设想。随着日本发动全面侵华战争，日本军政当局面临战争长期化的局面，因此，1938年11月3日，日本首相近卫文麿发表关于建设"东亚新秩序"的声明，公开其称霸东亚的野心。随着德军在欧洲战场取得节节胜利，日本担心英、法、荷等老牌殖民帝国在东南亚的势力范围会被德国攫取，因此在

1940 年 7 月，近卫内阁召开"荻洼会谈"，会谈的讨论方案最终整理成《基本国策纲要》。纲要将东南亚包含在"东亚新秩序"的内容中，提出要建立以皇国为核心的，以日满华的强固结合为基础的"大东亚新秩序"，确立包括整个大东亚的经济协同圈，"大东亚新秩序"从一个口号变得有了具体的内容。

《基本国策纲要》发表一周后，日本的外务大臣松冈洋右在上台之后的演说中首次提出要建立"大东亚共荣圈"。随后，松冈开始为他的"大东亚共荣圈"构想四处奔走，希望能获得美、苏、德等世界主要强国的认同，从而在欧洲战场分出胜负之前，将大东亚完全置于日本的势力范围之内。松冈首先会见了德国驻日大使奥特，希望德国承认将法属、荷属印度支那等地区置于日本的势力范围之内。但德国大使对此不置可否，这让松冈意识到"共荣圈"不能只停留于政治口号。1940 年 9 月 27 日，在日本的推动下，德意日三国同盟条约正式签署，日本以"承认并尊重德国、意大利在欧洲建立新秩序的指导地位"换取"德国及意大利承认并尊重日本在大东亚建立新秩序的指导地位"。① 通过德意日三国同盟条约，日本在东南亚的利益得到欧洲霸主德国的承认。为了在接下来的对美、对苏交涉过程中取得顺利，9 月 28 日，松冈在他的《帝国外交方针要纲》中勾勒了他接下来的外交路线："迅速同德意强化以世界政策为基调的合作，主动改善同苏联的关系，同时利用德苏的压力以实现日华的全面和平，继而促进大东亚共荣圈的确立……给英美施加压力，在德英媾和中斡旋，进一步调整日美关系，在日德苏美英

---

① "日本国、独逸国及伊太利国间三国条约"，国立公文书馆，A0302238220。转引自乔柯：《试析日本"大东亚共荣圈"的思想渊源》，硕士学位论文，外交学院，2018 年 6 月，第 17 页。

间设立保障和平的机构，重建世界和平。"①

松冈在对苏交涉过程中，取得了较大的成果。由于苏联主要焦点在欧洲战场，担心陷入东西受敌的不利境地，遂与日本妥协达成《苏日中立条约》。条约的签订使苏联在中日战场上转为中立立场，同时中止了对华的援助。有了苏联的保证，日本加紧了对中国、南太平洋的侵略。值得注意的是，由于松冈在《帝国外交方针要纲》中将英国、美国在东南亚的殖民地也划在了"大东亚共荣圈"的范围内，可想而知，让美国承认"共荣圈"的交涉并不现实。为了减少交涉阻力，松冈以"共同开发大东亚圈"以及承认美国在西半球既存的势力范围作为条件来达成与美国的相关协议。然而从 1941 年 4 月达成的《日美谅解案》来看，美国虽承认有关"共同开发大东亚共荣圈"的内容，但却提出日军退出中国战场，维护东亚、南洋各国的领土主权完整等内容。松冈在得知《谅解案》内容后，感到极为不满，于是提出"松冈修正案"，要求美国默认日本对中国的占领和向东南亚的扩张，但随着二战局势的变化，在随后的谈判过程中，美方的态度也越发强硬，两国交涉陷入困境。

松冈洋右对美交涉的失败，不仅没能让美国承认日本在东亚的势力范围，反而随着国际局势的演进，日本还面临着美、苏、英、中、荷等国对日本的包围态势。1941 年 7 月，日本首相近卫文麿借口内阁改造，将松冈免职，转而任命东乡茂德为外务大臣。面对越发对日不利的国际形势，日本政府感到形势之紧迫，遂以"没有解决方法"为由，直接

---

① "帝国外交方针要纲"（一九四〇年九月二十八日），外务省外交史料馆，B0203051200。转引自乔柯：《试析日本"大东亚共荣圈"的思想渊源》，硕士学位论文，外交学院，2018 年 6 月，第 17 页。

把"共荣圈"构想和日本的"自存自卫"联系在一起，为其南进政策赋予正当性。随后，近卫文麿将"大东亚共荣圈"上升为日本国策，加快"共荣圈"的建设。

1941年10月18日，东条英机上台后，将"大东亚共荣圈"建设转化为实际行动。通过占领"东南亚"，设立"大东亚省"，发表"大东亚共同宣言"，"共荣圈"彻底成为日本挑起"大东亚战争"的理论口实和后勤保障，在"民族解放"谎言下变为日本及其扶植傀儡政权的自我满足。①

思考讨论

1. 许多日本政治家以及学者将早期日本的"亚洲主义"思想作为掩盖二战时期日本实行"大东亚共荣圈"政策罪行的依据，查阅相关资料，探讨早期日本"亚洲主义"的漏洞在哪儿？如何反驳这种言论？

2. 日本经过明治维新的改革成功跻身资本主义列强之列，但是伴随着日本综合国力提高的却是国内民粹主义、军国主义思潮的泛滥。结合本章以及前面所学内容，分析成因。

案例解析

日本所构想的"大东亚共荣圈"的范围包括中国、朝鲜、印度支那（今越南、老挝、柬埔寨）、缅甸、泰国、马来西亚、菲律宾、印度尼西亚（当时称荷属东印度）、英属印度（今印度、巴基斯坦、孟加拉国）、阿富汗、澳大利亚、新西兰等国，范围之大令人瞠目结舌。日本也意识到划定的这些范围必定会触动英、美两国在该地区的利益，引发

---

① 乔柯：《试析日本"大东亚共荣圈"的思想渊源》，硕士学位论文，外交学院，2018年6月，第17页。

两国不满，与英、美两国的战争势在必行，因此日军的作战战场从中国扩展至东南亚以及太平洋。

为了积极准备与英、美两国的战争，尽快整合被占领区的资源以及消除被占领区人们的反日情绪，日本政府将"大东亚共荣圈"粉饰成是将亚洲人从西方白人帝国主义统治下解放出来的运动，并对当时处在欧美殖民统治之下的各国人民许诺，要帮助他们摧毁殖民统治并在战后支持他们实现国家独立、帮助他们恢复经济。例如日军占领新加坡后，东条英机就曾说："希望印度尼西亚民族体谅日本的真意，来合作共建大东亚，我们会尊重希望和传统，把你们从英美的傀儡、荷兰亡命政府的压迫下解放出来。"[1] 但从新加坡占领演讲原稿来看，原来"和印度尼西亚人一同保卫东亚"的文字，由于遭到"平等对待印度尼西亚人并不恰当"的批判，被删除了。[2] 因此所谓的平等、解放、共荣不过是欺人的谎言罢了。

除了包藏"共荣圈"侵略意图外，日本还在亚洲各国建立傀儡政权。"共荣圈"内的各国名义上独立，实际成为日本的保护国，在军事、经济和政治上都被严加控制。日本人搞的傀儡政权，包括南京汪伪政权、溥仪的伪满洲国、伪蒙疆自治政府、菲律宾共和国、缅甸国以及半独立的泰国，新加坡岛被日本吞并后直接改名昭南岛。通过给予傀儡政权盟友身份，将这些国家绑在日本的战车上，接受日本的管理，实质就是接受日本的殖民统治。以伪满洲国为例，在"大东亚共荣圈"提

---

① 《朝日新闻》，1942 年 2 月 17 日。转引自乔柯：《试析日本"大东亚共荣圈"的思想渊源》，硕士学位论文，外交学院，2018 年 6 月，第 22 页。

② "二月九日　第八三回連絡会議"，参谋本部编：《杉山メモ》下，東京·原書房 1989 年版，第 19 页。转引自乔柯：《试析日本"大东亚共荣圈"的思想渊源》，硕士学位论文，外交学院，2018 年 6 月，第 22 页。

出之后，日本大大增强了对中国东北地区的掠夺，当时就有一种提法，吃大米饭的中国人就是经济犯。意思就是这些资源都得拿来供日军发动战争用，人民得勒紧裤腰带，帮助他们进行战争。泰国也是一个很好的例子。当时的泰国还被看作是一个独立国家，原本亲日的泰国政府只因在 1941 年拒绝日军从它领土通过，就立即遭到了日本的报复，泰国也因此被日军打开了国门，被迫签下城下之盟，沦为了日本的附属国。

后期，随着日军在太平洋战场面临的形势急转直下，能够帮助它获得东南亚资源的"大东亚共荣圈"便被视为救命稻草。1943 年 11 月 5 日，日本首相东条英机与各仆从国代表在东京共同召开大东亚会议，并在会后发表《大东亚宣言》，试图让"大东亚共荣圈"为法西斯帝国补血续命。

宣言中的各项条例都似乎预示着要将东亚各国带到一个美好的世界中去，但是通过考察"共荣圈"内各国的实际情况，就会发现日本所做的一切都与宣言中的每一条背道而驰。首先第一条大东亚各国相互提携，确立大东亚的安定，在正义之上建设共存共同的秩序。这里所谓的"大东亚共荣圈"，各国之间的相互提携，并非一种平等的关系，而是以日本为核心的主仆关系，除日本外的各政权并无独立的外交权力，最简单的证明就是没有日本的批准，与会各政权的首脑不能自行决定互访，也不能签订相互之间的双边条约。第二条大东亚各国相互尊重、独立自主，并重视互相合作从而确立大东亚之间的亲密关系。但实际却是，"大东亚共荣圈"中的大部分国家都是由日本军队完全掌控或部分掌控，连基本的主权都没有，又何谈独立自主呢？第三条讲大东亚各国互相尊重各国传统，发挥各民族的创造性，从而发扬在世界上的大东亚文化。然而打着尊重传统口号的日本却给当时对日本最为恭顺的伪满洲国皇帝溥仪指定了一个日本祖先，并要求其随时供奉，逼迫满族皇室更换祖宗的事都能做出来，还谈什么尊重传统呢？第四条大东亚各国在互惠的基础上，紧密提携，促进经济发展，增进大东亚的繁荣。日本作为当时亚洲的唯一工业国，要给其他国家提供经济帮助，似乎具有可能性。但是太平洋战争爆发以后，日本已经完全走上了战时体制，随时处于经济崩溃的边缘，根本就无暇顾及"共荣圈"内各国的经济发展。第五条大东亚各国与世界各国进行密切的交流，废除人种歧视，与任何民族进行文化交流，开放各自的资源，以促进世界的发展。废除人种歧视具有很大的诱惑性，在日本人赶走了欧美各国白人之后，人们很快发现，日军带来的是更为严重的人种歧视。如果不对街头的日本兵鞠躬，轻则会遭到毒打，重则会被刺刀刺死。可以说宣言中的每一条都充满了侵略性、欺骗性以及诱惑性。

已经饱受日本帝国主义铁蹄蹂躏的亚洲各国，成为埋葬日本法西斯的掘墓人。1945 年，随着日本战败投降，亚洲太平洋战场的 550 万日军放下了武器，各国日本的仆从政权纷纷倒台，所谓的"大东亚共荣圈"也随之烟消云散。

延伸阅读

1. 林庆元、杨齐福：《"大东亚共荣圈"源流》，社会科学文献出版社 2006 年版。

2. 杨栋梁主编：《近代以来日本的中国观》，江苏人民出版社 2012 年版。

教学建议

本案例设置的主要目的在于通过介绍日本军国主义政府实施"大东亚共荣圈"政策的演变过程，引导学生认识"大东亚共荣圈"政策的侵略本质，帮助学生形成正确的历史观。

本案例讲述过程中可以适当将日本早期的"亚洲主义"思想联系起来，分析"亚洲主义"思想的演变历程，引导学生全方位地认识"大东亚共荣圈"政策。

案例七　战后经济的腾飞

案例呈现

白手起家创建两家全球 500 强企业，27 岁创办京瓷，52 岁创办 KDDI，仅用一年时间就创造了日航扭亏为盈的神话，这是日本企业家、哲学家稻盛和夫一生的传奇经历。在创造"经济奇迹"时代的日本，创造如此辉煌成就的日本企业家不只他一个，有松下集团的创始人松下幸之助，日本本田汽车创始人本田宗一郎，以及将品牌推向全球的索尼集团创始人盛田昭夫，他们与稻盛和夫一起被统称为日本的"经营四圣"。作为日本二战后经济发展的缔造者与见证者，他们的一生，真实地反映了日本战后经济腾飞的过程。

让我们来回顾一下战后初期日本的经济形势。日本策动的侵略战争，不仅给亚洲人民带来了深重的灾难，同时也让自身付出了巨大的代价。据日本经济安定本部 1949 年报告统计，日本物质财富损失总额达 1057 亿日元，损失率达 36%。[①] 除京都、奈良等文化古城外，包括广岛、长崎在内的全国 100 多个城市均遭受美军飞机的轰炸，约 20% 的房屋被毁，266.2 万户居民受灾，900 多万人流离失所。[②] 大量日本工厂、企业在炮火中被摧毁，到二战结束时，日本生产水平只相当于战前

---

① 李加洞：《冷战氛围下的日本经济复苏》，《中国石油大学学报（社会科学版）》2014 年第 2 期。

② 金重远主编：《战后世界史》，复旦大学出版社 1995 年版，第 73 页。

的 1/3。失业者大量增加，物资极度匮乏，粮食极为短缺，日本民众的生活陷入了极为困难的境地。总之，战后日本政府面临的是一个千疮百孔的烂摊子。

战败的日本可谓满目疮痍，然而仅仅过去了 23 年，日本经济就从战败时一副破败的局面一跃成为资本主义世界第二大经济体。1945 年，日本 GNP 只有 10 亿美元，仅占世界的 0.3% 而已，[①] 然而到了 1968 年，日本国民生产总值就达到了惊人的 1419 亿美元，[②] 成为资本主义世界第二大经济体。尤其是 1955—1973 年间，日本实际国民生产总值平均增长率达到了 9.8%，增长了 4.2 倍，1966—1970 年这 5 年的平均增长率更是高达 11.6%，这一速度相当于当时美国的 2.7 倍，英国的 4 倍，西德的 2.3 倍，法国的 1.9 倍。[③] 经济的快速发展给战后的日本带来的是脱胎换骨的变化。

首先，产业结构的升级，经济现代化的实现。战后初期，日本工业结构占比较大的为农、林、牧、副、渔业，少数技术先进的大企业和大量分散的落后中小企业构成了日本独有的"双重经济结构"。到了 1970 年代初期，战后初期落后的产业结构已经发生了质的变化，工业中重、化工业所占比重达到 68.9%（1970 年），这一惊人比例超过了当时所有发达的资本主义国家，占世界首位。[④] 1970 年代初期，日本基本上实现了国民经济现代化。

---

① 黄晓京：《日本战后经济增长与制度变革》，王晓鲁、樊纲主编：《中国经济增长的可持续性——跨世纪的回顾与展望》，经济科学出版社 2000 年版，第 515 页。

② 吴金兰、李国瑞主编：《现代世界经济与国际关系》，团结出版社 1989 年版，第 97 页。

③ 马春海：《战后日本经济的腾飞给我国社会主义建设的启示》，《潍坊学院学报》2003 年第 1 期。

④ 李真贤：《战后日本经济高速及其对我国的启示》，硕士学位论文，吉林大学，2004 年 4 月，第 7 页。

其次，技术水平和企业竞争力的提高。战后日本引进了大量的外国先进设备和技术，这为本国独立研发工业技术创造了条件。除了引进先进技术外，日本政府还加大了科研经费的投入，培养高科技人才。到了1970年代初期，日本的科研力量迅速增强，日本独创的新产品、新技术、新工艺日益增多，特别在民用消费品领域、电子产品领域尤为明显，取得了技术上公认的领先地位。

再次，日本国际竞争力的增强，金融地位显著提升。随着产业结构的升级，企业生产技术的进步，日本在国际贸易中出口能力不断增强。1950年代到1960年代初的日本还是一个臭名昭著的山寨大国，产品遭到一些欧美国家的抵制，然而凭借技术创新以及先进的管理经验，一大批相当有竞争力的工业企业如雨后春笋般冒了出来，到1960年代末1970年代初，日本制造已经席卷全球。丰田、本田、尼桑等汽车产品将美国汽车企业打得节节败退，索尼、松下等电子产品风靡欧美，几乎找不到对手，就连美国引以为傲的半导体产业也被日本后来居上，日本商品不再是"山寨"的代名词。外贸顺差的结果不但使日本有可能扩大技术装备、原料和燃料的进口，也使日本的黄金外汇储备逐年增加，日元的国际地位不断提高。20世纪60年代中期以后，日本资本输出开始迅猛增长，不仅加大了对亚非拉第三世界国家的投资，还对美国、西欧发达资本主义国家进行资本输出。

最后，日本国民收入增长，人民生活水平提高。随着经济的迅速发展，日本国民收入大幅度提高。1960年池田内阁提出"国民收入倍增计划"，即"国民生产总值从1960年的13兆日元增加到1970年的26兆日元；人均国民收入将达208601日元（合579美元）"。[1] 这一目标

---

[1] 王斯德、钱洪主编：《世界当代史》，高等教育出版社1989年版，第334—335页。

日本政府仅用了 7 年时间，就顺利完成。人均国民收入增长的直接结果就是日本国民消费水平的显著提高，出现了所谓"消费革命"的新高潮。生活条件的改善还表现在文化条件的改善上。日本的国民教育得到普及和提高，仅以 1956—1975 年间为例，进入高中的升学率由 51.3% 上升到 91.9%，升入大学和短期大学的升学率由 9.8% 上升到 37.8%。①

思考讨论

1. 战后初期的日本民生凋敝，日本政府如何做到在短时间内恢复经济并迎头赶上的呢？

2. 中国与日本都创造过"经济奇迹"，比较战后日本经济发展黄金时代与中国改革开放后四十年，你认为一个国家经济腾飞需要满足哪些条件？

案例解析

日本战后奇迹出现的一个重要原因，与当时有利的国际环境有关。在 20 世纪 50 年代及 60 年代间，全球经济整体增长非常快。美国在这方面起到了领导作用，它带头在西方资本主义阵营建立了一个比较开放、自由的贸易体系，例如关税及贸易总协定、布雷顿森林体系，其结果就是在短短 20 年内，世界贸易总额陡增 3 倍。另一方面，海湾国家大量油田的开采使得石油成为一种廉价且可靠的能源，工业因此无需太高成本而得以发展。最后，由于世界经济的开放，日本及其他国家的商界可以依赖各种专利协议，不用花太高费用便可以获取大量最新科技，

① 李真贤：《战后日本经济高速及其对我国的启示》，硕士学位论文，吉林大学，2004 年 4 月，第 9 页。

从半导体到炼钢高炉，应有尽有。

不过，这场战后的及时雨是面向整个资本主义世界的，为何唯独日本的经济发展会特别迅速？有几个国际因素更有利于日本：首先是朝鲜战争在关键时刻刺激日本出口。其次是美国长期驻军及宪法限制日本发展军力，使日本不用负担太高的国防费用。最后是汇率，从1949年到20世纪70年代初，日元对外汇率较低，实际上成为一种出口补贴。

日本政府在美国的主导下实行了积极稳健的改革政策。日本战败后，由美国主导的联合国军对其进行军事占领，依据民主化、非军事化的原则对日本进行了全面的改造，在政治上进行了一系列符合时代进步的改革，包括在政治上实行民主化改革、解散财阀、农地改革和劳动改革。

依据反私人垄断、反不正当竞争的原则，战前日本四大财阀（三井、三菱、住友、安田）的本社相继解体，一些中小财阀、大企业被分割，财阀失去对旗下中小企业的控制权，占据重要职位的家族成员相继下野，充满干劲而又富有冒险精神的一群新世代管理人则开始崭露头角。企业正常的经营活动相继展开，竞争性市场得以恢复，极大地激发了资本主义市场的经济活力。新世代的企业管理人趁势而上，充分利用"第三次科技革命"成果，将大量资金投资于新领域、新技术上，并通过精妙的营销策略，将日本产品推向了全球。举例而言，日本大名鼎鼎的索尼公司，其创立人是两个富有冒险精神的年轻人盛田昭夫和井深大，盛田昭夫负责营销和日常事务管理，井深大主管技术和产品研发。在此之后，索尼推出了一个重磅产品——晶体管收音机，在营销策略家盛田昭夫的推动下，该产品一经推出就大获成功，在日本国内大卖特卖。随后索尼再接再厉，研发出了特玲珑电视，由于该项产品具备超高亮度和领先全球的画质，一举引得各国消费者踊跃抢购，索尼公司也至此走出了国际化的第一步。

在农业领域，日本战前还维持着封建式的小农制和地主制的农业生产模式，地主凭借高额地租剥削小佃农，导致农村出现阶级矛盾突出、贫富差距过大的问题，这严重阻碍了日本农业的生产发展。战后，在美国指导下，日本进行农地改革，颁布一系列法规，以低价收购地主的大量土地，并转售给佃农。经过改革，九成日本农民获得了自己的土地，地主土地私有制自此被废除。同时，为保障工人合法权利，一系列劳动法相继出台，各企业工会相继涌现，全国性的工会最终成立，工人的社会地位得到提高。

通过解散财阀、农地改革和劳动改革，日本战前贫富差距悬殊现象得到改善，工人和农民地位得到提高，这都不断地扩大了日本中产阶级这一群体，再加上战后日本出现的"婴儿潮"，日本形成了一个庞大的国内市场，并且在战后很长的一段时间里，美国市场也对日开放。在国内外市场的加持下，日本的制造业想不快速发展都难。

战后日本为提高产品的国际竞争力，淘汰了一大批劳动密集型产业以及夕阳产业，转而推行"产业合理化"政策。出台一系列产业政策法，扶持了一大批钢铁工业、机械工业、石化工业和电子信息产业。同时搭上第三次科技革命的顺风车，引进海外新技术，更新机械设备推行自动化生产，加强自主研发能力，引领技术革新，增强工业产品的国际竞争力。通过减免税收、低息贷款发展重点产业，电子信息、半导体等新兴产业迅速崛起。通过以上政策，日本产品在国际市场中逐渐站稳脚跟。社会消费水平提高，出口不断增长，拉动日本创造了一个又一个经济奇迹，日本综合国力显著提升，再次成为第一个步入发达国家行列的亚洲国家。

此外，美国的扶持政策也是一个重要的原因。由于特殊的地理环境，日本成为冷战时期美国全球战略在亚洲的重要据点。为了拉拢日本，美国不仅未追究其战争责任，免除了日本的战争赔款，还采取了一系列的扶持政策，使日本经济迅速发展起来。背靠大树好乘凉，在冷战格局下，日本作为美国的"小弟"，在西方资本主义阵营里备受重视，欧美国家在先进生产技术、市场、资金等方面对其一路亮绿灯，日本也充分把握住了时代大势，才创造了经济快速发展的黄金时代。

延伸阅读

1. ［日］谷内满：《日本经济：演进与超越》，杨林生、工婷译，江苏人民出版社 2016 年版。

2. ［日］野田悠纪雄：《日本的反省：悬崖边上的经济》，马奈、裴琛译，东方出版社 2013 年版。

教学建议

本案例设置主要目的是让学生能够更好地理解日本经济是如何在二战的废墟上以如此惊人的速度发展起来的，使学生认识到改革是解放生产力，科学技术是第一生产力的道理。

本案例讲述过程中可以向学生介绍日本成为经济大国后，开始谋求政治大国地位，军事力量膨胀，右翼势力抬头的历史，提醒学生警惕日本军国主义复活，增强反对战争维护和平的观念。

案例八　面对战争罪孽：教科书风波

案例呈现

日本、德国都是二战的发动者以及法西斯主义的元凶，但同为战败国，在面对战争责任的问题上，德国则要显得真诚勇敢得多。与反省并切实承担战争责任的德国相比，日本不仅不承认自己在二战时所犯下的罪行，还一心想要抹掉那段历史，战后多次掀起的"教科书风波"就是其否认历史、逃避责任的真实写照。

日本修改历史教科书的传统由来已久，其历史可以追溯至二战日本战败伊始。日本投降后不久，编撰新的教科书已经来不及，因此当时日本学生所用教材仍然是二战时的，但是有关军国主义思想的内容都经过了涂改，这类书也被称为"墨涂教科书"。虽然敏感内容被涂抹掉了，但是军国主义的教育体系仍然没变，依然潜移默化地影响着日本学生。

这样的情况并没有持续多久，两年过后（1947年），在当时驻日盟军总司令的督促下，按照禁止进行军国主义和超国家主义的教育指示，日本政府开始对教科书体系进行改革，允许私营部门的学者撰写教科书，地方教育工作者可以自主选择使用哪些教科书，而国家文部省只能审定历史事实，不能强行规定历史观点。同时，教科书中宣扬军国主义和极端民族主义的内容被统一删除，代之以提倡个人尊严的新思想。这一时期，由于同盟国对日本的军事占领，且刚经历战争影响的日本人开始接受社会主义和马克思主义理念，因而，教科书是朝着"向善"的方向进行改进的。

但是到了20世纪50年代，出于冷战需要，美国改变对日的占领方针，允许日本保留有限度的军备并扶植日本经济发展，有意将日本培养成在亚洲对抗苏联社会主义阵营的桥头堡。在美国的纵容下，日本国内保守势力顺势抬头。1955年，日本民主党发起所谓"教科书纠偏运动"，攻击中小学教科书是马列主义的和平教科书，因此提出政府应该监督私营部门编撰的教科书，强化国家对教科书的审查权，使得教科书打上了强烈的国家意志。这也导致越来越多的教科书因所谓不符合国家意识形态而被拒用，以此为契机，文部省要求教科书避免对日本发动太平洋战争进行批评，并且要完全避免提及日本侵略中国的史实。这一举动遭到许多教科书编撰者的抗议指责，其中最具代表性的就是日本著名历史学家家永三郎。

1963 年，家永三郎以自己所写历史教科书遭到文部省大量修改为由，将日本政府告上法庭，控诉文部省将其原稿审定得"面目全非"，大量有关 731 细菌部队、南京大屠杀、慰安妇等内容遭到全文删改①。这场日本政府与私人之间关于教科书编撰问题的拉锯直到 1997 年才落下帷幕，最终日本最高法院做出裁定，宣判文部省做出的有关南京大屠杀和 731 细菌部队等 4 处审定意见确存在一定错误，并责令国家赔偿家永三郎 40 万日元。

20 世纪 80 年代，日本经历战后 30 多年的发展，一举成为经济大国，综合国力显著提升，战败的阴云烟消云散，民族自信心空前提升。日本政府不满足于经济上的得势，提出要向"政治大国"迈进。1982 年，日本文部省在新一轮的教科书评定中，将日本在战争中的罪行进行了淡化处理，引起中、韩、朝等国家的强烈不满，日本教科书审定制度首次引发重大外交问题。迫于国内外压力，日本于 1982 年 11 月，将"邻国条款"作为文部省的一个审定标准，即教科书在有关邻国的历史叙述中，应该体现出尊重邻国国民感情以及寻求国际和谐的要求。

到了 20 世纪 90 年代中期，日本政治右倾化严重。一批由日本右翼分子成立的"自由主义史观研究会""新历史教科书编撰会"，主张否认战争的侵略性质，推卸战争责任，企图编撰新的历史教科书。其中最

---

① 步平：《家永三郎和日本教科书诉讼案》，《社会科学战线》，1995 年第 5 期。

具代表性的就是由自民党出版的《大东亚战争总结》和由扶桑社编撰的、经由文部省批准的《新编历史教科书》，前者否认日本发动战争的侵略性质，否认东京审判的合法性和正义性，后者则淡化粉饰甲午战争，将"大东亚共荣圈"说成是"解放亚洲"，把"九一八事变"归咎为"中国人的排日运动"，将"七七事变"说成是"有人向在北京郊外卢沟桥演习的日本军开枪"等等①。尽管此等篡改历史、否认侵略的行为屡屡遭到国内外进步势力的抗议指责，但是日本教科书的"向恶"倾向却没有得到较大改善，反而愈演愈烈，即便进入 21 世纪，教科书风波依旧在日本频频上演。

思考讨论

1. 面对日本蓄意篡改历史的做法，作为中国学生的我们，应该持什么样的态度？我们为什么要如此强烈地反对这样的行为？

2. 同样作为二战发动国与法西斯元凶，为什么德国能赢得世人的原谅与尊重，而日本却遭到亚洲各邻国的谴责与抗议？

案例解析

深究战后日本频频上演教科书风波的背后原因，远因可追溯至明治维新以来日本形成的皇国史观、军国主义思想，近因则是与美国在占领期间没有根除日本右翼势力生长的土壤，没有真正解决日本的战争责任、历史认识及其他战争遗留问题有关，因此，教科书问题才会随着日本国内局势以及国际环境的变幻时而发作。

日本右翼极端民族主义分子时常不忘对战前"大日本帝国"的怀

---

① 刘永江：《论正确认识中日之间的历史问题》，http://un.china - mission.gov.cn/xnyfgk/200511/t20051103_8324204.htm.

念与宣传，对建立"政治军事大国"的理想更是根深蒂固，因此他们一抓住机会便为日本战前的政府辩护，对其侵略历史进行翻案，从而为恢复昔日的荣光扫清障碍。特别是战后日本经济迅速恢复并获得长足的发展，逐步成为世界第二经济强国，与当时的美欧形成三足鼎立之势，在世界经济发展中扮演的角色越来越举足轻重，大国意识再次成为国家信念，为了谋求成为政治军事大国、改善日本的历史形象，教科书中有损国际形象的内容自然就会被删改。同时，进入20世纪90年代，日本经济进入停滞状态，经济萧条，回升乏力，导致失业率加重，人民生活水平下降，再加上中、韩的崛起，特别是中国在经济上取代日本成为世界第二经济强国，前后的落差让日本民众对日本政府越来越失望，日本为转嫁国内政治矛盾，不断煽动民族情绪，否认所犯下的历史罪行。

二战后美苏冷战爆发，日本由于其特殊的地理位置，成为美国在亚洲对抗苏联社会主义阵营的桥头堡，于是，出于自身的战略利益考虑，美国不但没有完全废除天皇制，而且还免除了昭和天皇的战争责任，天皇作为日本的象征被保留下来，成为君主主义思想借尸还魂的利器，也为右翼势力抬头提供了精神上的支柱。美国未对日本提出战争赔款，还扶持日本经济，使得日本经济在战后迅速发展起来，并在朝鲜战争期间帮助日本建立自卫队，恢复军火生产，日本正是在这一时期，大发战争横财。冷战结束后，美国解决了其头号大敌苏联，转而将目标对准中国，将中国看作威胁其霸权统治的重要敌对国，日本再次在美国的远东战略中扮演了重要角色，被看作是美国参与亚洲事务的重要据点。因此，在对待日本一再否认历史、美化侵略的行为上，美国往往采取隔岸观火的态度，一再纵容日本，不愿意对日本这一行为进行抵制谴责。同时，为制衡中国，美国不愿看到一个和平稳定、繁荣发展的东亚，时常借助中日韩在历史上的遗留问题搅局东亚局势。

频频触犯历史底线的行为对日本产生负面影响。由于日本在侵略历史问题上死不承认的态度以及拒绝作出道歉的行为，多次修改历史教科书、参拜靖国神社，常常引起中国、朝鲜、韩国等国的不满，引发与邻国之间的信任危机，导致与周边国家关系雪上加霜。再加上许多历史和领土问题悬而未决，常常挑起邻国人民民族情绪，爆发冲突，大大增加了不稳定因素，严重威胁到东亚地区的和平与安全。与此同时，也阻碍了三国的正常经济文化交流，中日韩自由贸易区之所以迟迟建立不起来，与日本不能正视自己的历史问题息息相关。

延伸阅读

1. ［荷］伊恩·布鲁玛：《罪孽的报应：德国和日本的战争记忆》，倪韬译，广西师范大学出版社 2015 年版。

2. 苏智良：《日本历史教科书风波的真相》，人民出版社 2001 年版。

教学建议

本案例设置的主要目的在于通过介绍日本历史教科书风波，理清风波的来龙去脉，引导学生认清日本更改历史教科书的真实动因，教育学生时刻牢记历史、居安思危，能在大是大非面前维护我国的主权与民族尊严。

本案例讲述过程中可将德日在战后反省自身罪行时所采取的不同态度与行为作对比，让学生认识到日本修改教科书行为背后的险恶用心，让学生自觉抵制这种行为。

致　　谢

　　本书是电子科技大学 2021 年度规划教材立项建设的最终成果。本书的出版首先要感谢我的同事刘宗灵教授的提议和推介，可以说没有他的督促就不会有这本案例集。本书的编辑柯亚莉女士在校审过程中做了大量工作，没有她精益求精的专业精神，本书不可能顺利出版。

　　本书各章分工如下：导论和第一、二、三章由朱晶编写；第四章和第六章由刘宗灵编写；第五章由唐登蓥编写；第七章由刘岩岩编写。感谢几位老师的辛勤付出。

　　电子科技大学马克思主义学院 2020 级硕士研究生何雨婷、钱慧和 2021 级硕士研究生刘秘在百忙之中协助了本书第四、六、七章内容的资料搜集与文稿校对工作。在此一并致谢。

朱　晶

2023 年 2 月于电子科技大学

图书在版编目（CIP）数据

"大国兴衰史"教学案例集 / 朱晶主编 . — 秦皇岛：
燕山大学出版社，2023.6

ISBN 978-7-5761-0385-4

Ⅰ.①大… Ⅱ.①朱… Ⅲ.①世界史－教案（教育）－
高等学校 Ⅳ.①K1-4

中国版本图书馆CIP数据核字（2022）第144476号

"大国兴衰史"教学案例集

DAGUO XINGSHUAISHI JIAOXUE ANLIJI

朱 晶 主编

出 版 人：陈 玉			
责任编辑：柯亚莉		封面设计：方志强	
责任印制：吴 波		排 版：保定万方数据处理有限公司	
出版发行： 燕山大学出版社 YANSHAN UNIVERSITY PRESS		地 址：河北省秦皇岛市河北大街西段438号	
邮政编码：066004		电 话：0335-8387555	
印 刷：英格拉姆印刷(固安)有限公司		经 销：全国新华书店	

开 本：710mm×1000mm 1/16		印 张：23.75	字 数：280千字
版 次：2023年6月第1版		印 次：2023年6月第1次印刷	
书 号：ISBN 978-7-5761-0385-4			
定 价：88.00元			